中国社会科学院离退休干部工作局 首都图书馆 ● 编

文明探源：考 古 十 讲

EXPLORING THE ORIGIN OF CIVILIZATION

ARCHAEOLOGY LECTURE

社会科学文献出版社
SOCIAL SCIENCES ACADEMIC PRESS (CHINA)

前　言

　　2013 年 9 月，中国社会科学院与首都图书馆共同创办了以传递正能量、共圆"中国梦"为宗旨的公益讲座平台——"社科讲堂"，至今已举办 50 场。"社科讲堂"坚持正确的政治方向和价值导向，组织中国社会科学院学术造诣深厚的知名老专家学者，面向北京市民开坛设讲，旨在传播、普及马克思主义世界观、价值观和哲学社会科学知识，提高民众人文社科素质，为推进社会主义文化强国建设作贡献。

　　2017 年，"社科讲堂"举办了"文明探源"考古主题系列讲座十讲。由中国社会科学院学部委员、考古研究所原所长刘庆柱研究员领衔主讲，十位考古研究所的资深专家学者围绕考古学基础知识、社会民众关注的热点焦点问题等进行科普性讲座，展示我国考古事业的最新发现和研究成果，多角度呈现灿烂悠久的中华文明，让听众从中领略我国丰富的历史文化内涵，增强文化自信。该系列讲座深受听众的欢迎，场场爆满、座无虚席，现场积极互动、踊跃提问，讲座结束后还有许多人围着主讲人进行讨论，请求签名合影。鉴于此，主办方邀请各位主讲人在现场讲座内容的基础上，整理编辑了《文明探源：考古十讲》一书，以期能够满足更多读者的需求。

本书内容通俗易懂又不失学术性，力图从考古学视角探寻中华文明的起源和发展。内容涵盖：考古学视角下的"中国"诞生史，中国文明的起源以及早期发展历程与特质，从全球文明史的视角看待中国文明的初兴；中国古代都城、秦阿房宫遗址、西汉海昏侯墓葬实验室考古实施情况，展现汉代生活的画像石；中国文化美好象征符号——"凤"的考古发现；礼仪用玉器的起源及与社会发展的关系；以考古学实证说明民间传说"禹会诸侯于涂山，执玉帛者万国"的真实性；以玛雅文明著名城邦洪都拉斯科潘遗址的"中国龙"介绍中美洲文明与中华文明的关联；日本考古简史；等等。不仅包括我国的考古发现，还将中国历史文化放到世界的大背景中进行分析，首次向公众公开大量图片，使内容更加生动有趣，帮助读者更深层次地认识中华文明。

本书的出版面世得到中国社会科学院老年科研基金的出版资助，更得益于考古研究所各位主讲人和社会科学文献出版社的大力支持。中国社会科学院离退休干部工作局刘红、曾军、石蕾、张嘉桐、徐桂敏，考古研究所刘政、陈星灿、吴海燕，首都图书馆陈坚、王海茹、李凌霄，以及社会科学文献出版社蔡莎莎在本书编辑和出版过程中付出了辛劳和智慧，在此谨致衷心感谢！

书中不足之处，敬请批评指正。

中国社会科学院离退休干部工作局

首都图书馆

2020 年 4 月

目录
Contents

文明探源：考古十讲

主讲人简介

　　刘庆柱，中国社会科学院学部委员、国家哲学社会科学研究专家咨询委员会委员、德国考古研究院通讯院士、国家级有突出贡献专家，中华炎黄文化研究会学术委员会主任、中国古都学会名誉会长、中国圆明园学会名誉会长。中国社会科学院历史学部原主任、中国社会科学院考古研究所原所长。先后参加并主持秦城阳城遗址、汉唐帝陵、秦汉栎阳城遗址、汉杜陵陵园遗址、汉长安城遗址、秦阿房宫遗址考古调查、勘探发掘与研究。研究领域为中国古代都城、古代陵墓和汉唐考古学研究。已发表论文300多篇，出版专著20多部，其中专著曾获中国出版政府奖、中华优秀出版物奖、中国社会科学院优秀成果奖、夏鼐考古学研究奖、郭沫若历史学奖。

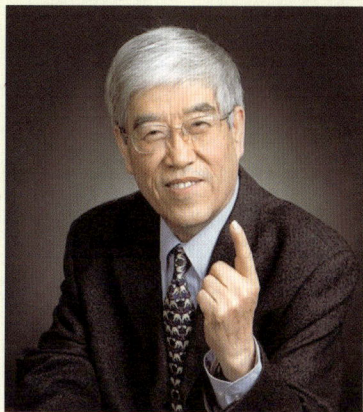

感悟

　　从考古走向历史，从历史走向未来！

推荐书目

中国社会科学院考古研究所编著《汉杜陵陵园遗址》，科学出版社，1993。

中国社会科学院考古研究所编著《汉长安城未央宫1980～1989年考古发掘报告》，中国大百科全书出版社，1996。

刘庆柱：《中国古代都城考古发现与研究》，社会科学文献出版社，2016。

刘庆柱：《古代都城与帝陵考古学研究》，科学出版社，2000。

刘庆柱：《古都问道》，中国社会科学出版社，2016。

刘庆柱：《从考古走进历史》，中国文史出版社，2019。

五千年不断裂文明与中国古代都城

刘庆柱

我们经常听到一句话："中国是世界四大文明古国之一。"在这四大文明古国中，中国有一个区别于其他三国的最大特点，就是她有着五千年不断裂的文明，这个特点是其他文明古国所不具备的。

地中海文明（包括西亚地区的两河流域文明和北非的埃及文明）、中南美洲的玛雅文明和印加文明、南亚次大陆的印度文明，加上东方的中国文明，是世界公认的四大文明。我们经常说中国的历史是世界上最悠久的，但实际上并不是，两河流域文明和埃及文明的起始年代比我们还要早。虽然中国文明并不是最悠久的，但唯有中国的文明保存至今，其间没有断裂。

大家都知道的《史记》，其记载从五帝开始，第一篇叫《五帝本纪》。根据历史记载，五帝时期距今 5000 年左右，当时的第一个领导人叫"黄帝"，"黄帝"跟我们后来叫的"皇帝"不一样。"五帝"指的就是黄帝、颛顼、帝喾、尧、舜。五帝时代之后是夏王朝，夏的国王是大禹，夏王朝之后是商、周王朝，再后为秦、汉、魏晋南北朝、隋、唐、宋、辽、金、元、明、清，一直没有断裂。世界范围内，保持五千年文明没有断裂的这批人就是我们的祖先，我们认同这些朝代创造的文明，认同历史上不同时期的先人就是我们的祖先。但是现在的埃及人认为埃及文明不是他们的祖先创造的。因为现在埃及当地人大多信奉伊斯兰教，其历史可以追溯到阿拉伯时代公元 7 世纪。那时的西亚地区包括伊拉克、伊朗、土耳其和叙利亚，它们的罗马文明古迹与现代人的宗教信仰、思想信仰都不同，所以现在的埃及人认为这些文明不是他们祖先创造的。而我们中国人认为从五帝到夏商周、秦汉魏晋南北朝、隋唐宋辽金元明清，是一脉相承的，是一代代传下来的，这就是我要讲的"五千年不断裂的文明"。

一、五千年不断裂的文明

1. 文明

"五千年不断裂的文明"的"文明"是什么概念呢？其实"文明"这个词早在中国先秦时代文献中就有，如《周易》的"见龙在田，天下文明"，《尚书》的"睿哲文明"等。这些"文明"与我今天讲座的"文明"意义不同。这里的"文明"是美国人类学家摩尔根在 19 世纪时写的一本非常有名的书《古代社会》中提出的概念。他将人类的历史发展分为从蒙昧到野蛮再到文明三个阶段。后来恩格斯在一篇文章中提到过这本书，他认为在西方，摩尔根运用不同于马克思的方法，证明了人类社会发展的历史。可见恩格斯对摩尔根的评价非常高。

那"蒙昧"又是什么呢？大家知道周口店旧石器时代，那时人不知道其父亲母亲是谁，人群之间的血缘关系也不太清楚，那个时期叫"蒙昧时期"。通过考古学的方法知道他们使用的工具基本是石器，属于早期打制石器。那时没有金属器，也谈不上家庭。

从"蒙昧时期"到了"野蛮时代"是一种进步，但野蛮和蒙昧都是人类的原始社会阶段。进入野蛮时代就进入了旧石器时代晚期和新石器时代，人开始知道社会团体，有了氏族。但是这个时期还没有社会性的结构，只有以血缘为单位的团体，比如说只认母亲，即母系氏族。世界公认的一点就是，在没有国家之前，都叫蒙昧和野蛮，有了国家也就进入了文明时代。

2. 不断裂

什么叫不断裂的文明？一个国家，怎么证明从头到尾就是不断裂的呢？"不断"指的是什么？我们的上辈是父辈，父辈的上辈是祖辈……再往上是祖先，这祖先怎么证明？有一个生物学名词叫遗传基因，通过 DNA 能够测出来。比如考古发现了 10 万万年前的古人遗骸，那怎么证明是中国人的祖先？就要用我们现在中国人的 DNA 去与古人比对，如果基因相同，那就说明其属于"同一群人"。

一个国家的历史，也有它的文化基因。我们要找的那个不变的文化基因是什么？中国历代政治家建立的历代王朝，从四五千年前的五帝时代，到 4000 年前的夏王朝、3600 年前的商王朝、3046 年前的周王朝，再到公元前 221 年的秦王朝及后来的汉王朝……这些王朝个个有着相同的"政治文化传统"，那就是中国的历史文化基因。从 5000 年前一直到现在，相同的东西是什么？是对国家的认同，正是这种认同构成了五千年中国不断裂的文明历史。

我们现在谈文化，有民俗文化、宗教文化、科学技术文化、各种艺术文化等。但是讲到我们历史上的文明，讲到国家不断裂的文明，实际就是国家文化。从古到今，凡是有国家的地方，就有国家文化，这种文化就是我们研究国家文明不断裂的最主要佐证。

考古学和传统的文献历史不一样。考古学在某种程度下，与现在的法学类似，主要是拿实物来证明。我们搞考古的，在某些方面和检察院有点相似，检察院破案就是找证据，重证据、重调查研究，不轻信口供。我们要读书，离开书不行，但也不能全靠书上的文字记载，而是要拿证据、拿实物来证明我们有五千年的文明史，这就是接下来要讲的内容。

二、国家文化的体现

国家文化体现在哪？都城是其重要体现之一。都城中又体现在哪？体现在城门、宫城、宫门、宫殿和宗庙、社稷、圜丘（天坛）等礼制建筑。比如北京城，就体现在故宫等。往前推，明清的故宫和元大都差不多，元大都和金中都差不多，金中都和前面的开封城差不多，开封城和洛阳城差不多，洛阳城和汉长安城差不多……再往前推，又推到夏商时期的都城，它们的规制理念基本都是一脉相承的，这样我们就可能找到了都城的共同点。历代不管哪个民族的人当权，都是认同这些东西的。

再比如体现在鼎。鼎最早出现在距今 8000 年前。中国有个词叫"问鼎中原"，古代有些人想当皇帝了，要"问鼎中原"与"定鼎中原"。鼎是什么呢？鼎是国家象征。为什么在中原？因为首都在中原。鼎成了国家的象征，一言九鼎，九鼎就代表国家。随着社会的发展，鼎变成了老百姓家里的香炉，香炉就是鼎的一种变形。香炉一定是供在家里最重要的位置，不管是供佛供祖宗供牌位还是供家谱的，总是放在正中间。由此看出，鼎作为器物来说，变成了国和家最有代表性和权威性的一个物化载体。汉武帝"得鼎汾水上"，于是改纪元为"元鼎"。"鼎"在中古时代以后变为"香炉"，"香炉"为礼祭祀活动的重要供具，放在"供桌"的中央，由此可见"鼎"在中国人心目中的崇高地位。例如，1995 年为祝贺联合国成立 50 周年，中国向联合国赠送"世纪宝鼎"；2006 年为庆祝西藏和平解放 50 周年，中央政府又向西藏自治区赠送"民族团结宝鼎"。

国家文化在中国本土的象征，还有玉圭、玉璧等。大家都知道祠堂的牌位，有一种和牌位一样的东西叫"圭"。我们现在收藏家收藏的很多玉器是不具有"中华五千年不断裂文明"这一特点即"不断裂"国家文化性质的，但这些玉圭、玉璧是具有国家"五千年不断裂文明"特点的。古人要举行祭天、祭祖等重大祭祀活动，历朝历代都用圭作为重要"祭品"之一，这就是证据。

三、文明的物质载体

我们想要通过考古研究来证明连续不断的文明，那我们要找什么呢？文明和国家是同义语，因此我们就要找国家。我们先讲一下国家和国家的变化。现在国家的社会管理单位分成村庄、乡镇、县市、省、中央政府五级，而古代分三级，叫聚、邑、都。村庄的"村"字大约出现在南北朝时期，村庄的"庄"字可能比"村"字出现还要晚。所以，"村"以前叫"聚""落"，有时"落"也写成"格"。此外，还有"屯"的叫法，屯是古代农垦部队住的地方，后来农垦部队走了，名称留下来了。"邑"相当于几个村子，和"镇"一样，或者略微大一点。"都"又比"邑"大。过去的国家小，最早的国只是相当于现在的一个县。因此看古书时发现有很多国，如海昏侯的封地就叫海昏国。北京在汉代叫燕国，它相当于汉王朝的一个省级单位。有的国、侯国就只相当于一个县级单位。因此过去的都，是指那个国里的首都。后来国家逐渐变大了，有了郡县制，国家有了中央、郡、县三级政府，其下又设乡、亭、里等机构或社会基层单位。在中国，考古工作者通过对国家政权机构所在地——都城及其他城市的研究及关于社会组织的考古发现就可以了解这个国家的整体管理情况。

考古要找物证，但古代政府从事管理工作的人都去世了，如何来复原当时的社会呢？要找国家，就要找国家政府留下的东西，拿那些东西来证明国家的存在与国家的文化特点。中国古代国家的存在至少有几个标志：

一有都城，二有金属器，三有文字，还有礼制建筑与礼器等，这些标志的功能各不同。

1. 都城

最早的国家和现在的国家差不多，政府不能随便出入，办公的地方周围要有围墙等。那么这个围墙就变成了"城墙"，办公的地方就变成了"城"。城最早是管理社会的，管理城内和城外的地方，城里有管理社会的政府机构，也就是宫殿、官署等建筑，这是一个文明的标志。

从古到今，凡是国家就有都城，都城有四个功能：政治统治中心、文化礼仪活动中心、经济管理中心和军事指挥中心。有人说首都是政治中心、经济中心、文化中心、军事中心。政治中心是对的，文化中心也就是文化礼仪活动中心，但都城并不一定是经济中心，准确地说应该是经济管理中心。例如，如果北京是经济中心的话，那么上交所和深交所这两个最大的股票交易所就不能设在上海和深圳了，而应该设在北京。事实上，虽然这两个交易所金融交易量最大，但是管理金融交易的最高行政机构在首都，这在全世界都是一样的。

搞考古的人，要想弄清楚国家是什么样子的，不可能把 960 万平方公里都挖开，因此要抓主要问题，抓核心，抓缩影。什么是缩影？有国家就有首都，都城就是国家的缩影，是国家的象征。宫城及其大朝正殿是都城的政治中枢，城门、宫门是都城的规制象征物。

关于这个象征，举个众所周知的例子。全国各地来北京的人大部分都要看看故宫，在天安门前留个影。其实天安门就是首都北京的象征，而首都北京是中国的象征，因此，天安门就成为一个符号了，好多仪式都在那里举行。还有好多人都看过电视剧《大宅门》，一提大宅门，就不是一般的人家，是大户人家。在胡同里，看哪家怎么样，看大门就知道。在古代也是这样，一个门就标志这是个什么单位。像天安门那样的门，只有在明清时期的北京有，它有五个门道。五个门道的门，中国五千年来只有中古时代及以后首都有，秦汉以来或北魏开始都城宫城设"一门三道"并成为都城制度之一，例如午门三个门道，正阳门三个门道，永定门三个门道。这就是中国古代都城的一大特点，而有三个门道的门就是首都的象征了。

随着历史发展，人们对陵墓、墓葬的关注点从"墓内"发展到"墓上"，从"看不到"，到"看得见""给人看"。此外，国家帝王（古代皇帝）的陵墓也是国家的缩影。一说到陵墓，有人就想到金银财宝，其实古人的金银财宝我们是看不见的，都埋在陵墓里面了，我们能看到的主要是陵墓上面的东西，这些东西反映了当时的制度。因此，要了解古代首都是什么样子的，我们只要看当时皇帝的陵墓。

比如，你想知道明代的首都是什么样的，到十三陵一看就知道了。从司马道一路走来，就是当时上朝时的样子。从北往南，先是石人，左文右武，接下来是石马、仪仗队，再后来就是各种吉祥动物。当然这些吉祥动物是有代表性的，真正上朝时不用，上朝时是仪仗队和文武百官。陵墓和首都的大殿也是一样的，比如明长陵的大殿和故宫的太和殿大小基本相同，柱子也都是楠木的，只是太和殿的柱子是红色的，陵的柱子是木头本色的。虽然存在不同之处，但大体上是相同的，这就是古代人讲的"陵墓若都邑"。

再比如你到西安去，唐代长安城全埋在地下，已经不在了。所以想要知道唐代长安城是什么样子，就要到武则天墓去看一看。武则天墓的北边是她和唐高宗的合葬墓，有一圈陵园围着陵墓，这就相当于当时的皇宫。陵园有四个门，东西南北各一个，就像现在故宫的午门、玄武门、东华门、西华门这四个门一样。陵园的南面是南门；继续往南走还有一道门，就是"双乳阙"，这是象征着皇城的皇门，即唐长安城的朱雀门；再往南走又有一道门，还有两个东西分列的出土遗址，叫"阙"。上面的南北三组"阙"，就是三重门，是中国古代都城的一个传统。

五千年不断裂文明的核心，其物化载体就是物证。因此，都城和陵墓对一个国家的历史来说特别重要。

2. 金属器

文明形成、国家出现的第二个标志是金属器。我们先来谈谈国家、社会出现以前的原始社会，生产力低下，生产只能维持生产者物质所需。随着生产工具的进步，生产力提高了，不仅仅是生产东西给自己吃了，还有了剩余的东西，社会出现了贫富分化、社会分层，社会组织由部落发展为酋邦、邦国、方国、古国。在此基础上，最早的国家就出现了。国家需要有一批人脱产进行管理工作，这些脱产的人就是官吏，这些人并不种地，不是直接生产者。如此看来，有了国家就有一批人不再从事生产工作，也就出现了社会分工。随着社会的发展，从事第一产业的人越来越少。就像现在衡量社会发展的标准之一是第三产业的产值高低，这个指标体现着社会发展的程度。如何提高生产力呢？就要革新工具。考古学上石器时代、青铜时代、铁器时代的说法，就是按照生产工具的不同来进行历史分期的，这一说法最早出现在 19 世纪初。石器时代用石器做工具，通过生产来获得食品；青铜时代是用铜器及石器工具来生产产品；铁器时代也是一样的，再后来就到了资本主义时代即蒸汽机时代。工具实际上是推进社会进步的第一要素。在研究中国历史时，一定要注意什么时代出现什么器物。工具的变化伴随着国家的变化，国力也随之变化。包括现在国家强调制造业，强调实体经济，其实就是强调国力发展，也就是"科技是第一生产力"的体现。因此，在考古学中金属器等不同时代的生产工具是非常重要的。

在中国古代，以铜为原料制造的青铜礼器也是国家文化的物质载体，如铜鼎就具有象征性。铜鼎最早是从陶鼎发展来的。将泥土烧成陶器，下面架上火，古人用它来炖肉（图1）。古代人觉得肉是最好的食物，因此烧香上供都用肉，烧香上供的时候，将肉放入铜鼎里煮，摆放在正中间，后来鼎就成为专门用于祭祀的一种礼器。现在我们中国版图分成 34 个省级行政区，古代夏禹把全国分为九州，这一称呼最早出现在大禹统治时期。九州送来青铜，大禹铸成九鼎就象征着九州，"鼎"也就成为国家象征。

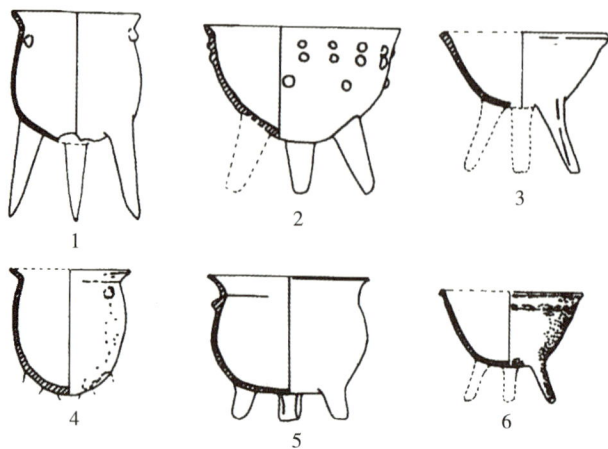

图 1　裴李岗遗址出土陶鼎

3. 文字

文明形成与国家出现的第三个标志是文字。文字为什么重要呢？因为国家要进行管理，就要有档案和办公文件。如果没有文字，光靠记忆力，国家很难治理，就乱成一团了。所以如果一个时代连文字都没有，很难说这是一个成熟的国家。

中国各地考古发现距今 5000 年左右的新石器时代晚期与末期遗存中的不少"符号"已经具有早期"文字"特点，距今 4300 多年山西襄汾陶寺遗址中，已发现了可确认的汉字，而且其一直延续到现在，其间还有 3000 多年前的成熟汉字——甲骨文及其后的周代"金文"（青铜器上的铭文）、秦汉时代的小篆、隶书及其后的楷书等，汉字成为中国五千年不断裂文明的突出代表。

四、中国

介绍过国家文化和文明的物质载体，我们再来讲"中国"。

世界上有些国家的国名是古代时就用的，比如朝鲜，中国古书上就有提及。研究外国历史，好多外国的国名是根据地名命名的。但中国的国名和其他国家的国名不太一样，"中"不是一个地名，"中"是一个空间位置，"国"是个名词。"国"是什么呢？"国"就是城。在周代称首都为中国，首都四周的诸侯国叫诸夏，诸夏的外围叫四夷，四夷是指东边的东夷、西边的西戎、北边的北狄以及南边的南蛮。现在如果有人称呼南蛮，感觉好像是北方人不尊重南方人，其实在古代，这只是个区域称谓，东西南北是平等的。

为什么首都叫中国呢？是因为中国人特别讲究位置和空间。举个例子，一个单位开会，领导肯定是坐正中间，座位离中间的领导越近，说明职位越重要。到照相馆照全家福，中间是辈分最高的，如祖父或父亲；两边呢？老大在这边，老二在那边，一个个往下走。中国人讲究公允、辈分，左右对称往外排。吃饭也是一样，既显出公允，也看出亲疏关系。

叫"中国"是因为"中"的原因。1963年陕西宝鸡出土的西周铜尊之上铭文"宅兹中国"，就是记载要在国家"中"部建立都城，当时都城就称"国"，因此"中国"就是都城，古书记载都城乃"京师"。其实"中华"也是因为"华"在"中"。中间的这些人，特别爱花。5000多年前，人们用的彩陶碗和碟子上面绘有图案，图案全是花卉和植物。6000多年前的半坡人用的器物上绘的是鱼，6000年前到5300年前的庙底沟人用的器物上绘的就是花了。在1600年前，中国字里没有"鲜花"的"花"字，只有"中华"的"华"字，"花"就叫"华"，爱好花的这批人所在的地方就叫"华"。中就是在中间，中间的这批人特别喜欢花，因此就成了"中华"了。

五、择中立都

过去要建一个国家，国家要建首都，因此定都是国之大事。在古代都是皇帝直接管首都，建都第一责任人大多是丞相或朝廷重臣。如汉代刘邦定都长安，就是萧何负责建都。在古代，关于建都的观念就是要"择中立都"。社会发展到要建立一个权力集团的时候，统治者要选天下之中建都，有两点考虑：一是在中间这个地方，对任何一个地方不偏不倚，"中"对各方而言都是平等的；二是在中间的位置，等距离比较好管理，这就是中国人的智慧，一直流传下来。

为什么一些人能当皇帝管理国家，因为是"天"授命的。因此古代国家的领导人叫"天子"，是天的儿子，代表天来管理。谁管天子呢？天帝。为了让天子和天帝的距离最近，首都的位置就要通过从天中间到地中间的这条直线来确定，这是最近的距离。天的中间在哪儿？大家知道北极星，古人认为北极星所在位置就是天之中。如果找到北极星，北极星向下的这条直线指的就是地中，因此中国人在 6400 年前对着北极星测地中。

对此，在考古发掘中已有所发现。1987 年在河南濮阳，发现了一个6400 年前的墓，挖掘出土的东西令大家感到非常吃惊（图 2）。墓葬里仍保存有人骨架，在他的左右两边各有一个用蚌壳摆的堆塑，是一米六七长的两个动物造型，一条青龙，一只白虎。在他脚下是一个用骨头和蚌壳做成的形

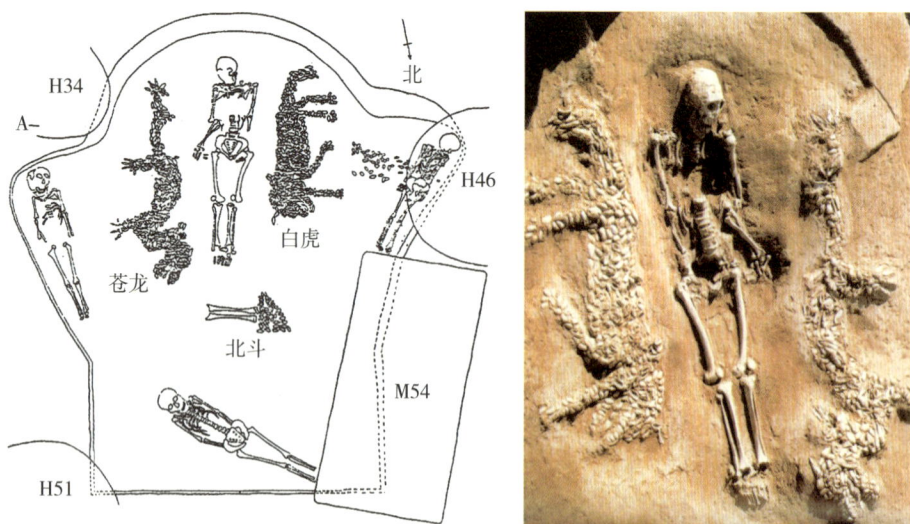

图 2　濮阳西水坡 45 号墓"青龙""白虎"与"北斗"蚌塑

状相似的曲尺形北斗星。故而有人推测这是当年的一个酋长或者巫师，是测中的人。

另外一件测地中的器物是在陶寺出土的"表"，上面有黑、绿、粉三种颜色，这就是测中的仪器（图3）。测中完成后，就要在"中"的地方建都了。

不同时期的"中"并不相同，公元前6400年到前4500年"中"在哪儿呢？在现在河南东北部濮阳和山东西南部菏泽一带。到了公元前4100年，就挪到了山西。根据古书记载，尧舜禹时期，古代尧建的首都位于平阳，也就是

粉红 石绿 黑色
0　　　20厘米

图3　三色木表和置表以悬的方形玉器组成的测中仪器

现在的山西省襄汾县，在晋南地区。到了夏代，当时有一个人是商王朝第一个国王汤的六代祖，夏王朝的领导人委托他去测中，结果测到了现在的河南，即嵩山少林寺所在地。嵩山现在有世界文化遗产"天地之中：东汉以来的建筑群"。我们都知道中国最有名的五座山，是西岳华山、东岳泰山、南岳衡山、北岳恒山、中岳嵩山。中国人从夏代开始，首都也就建在嵩山附近，现在考古发现的二里头城址是夏代晚期的，而早期的城址在嵩山旁边一个叫王城岗的村子。

夏代以后"中"的范围基本在黄河流域中游一带的"大中原"地区，即"西安—洛阳—开封"东西轴线上。如商代都城的郑州商城、偃师商城、殷墟，西周成周城与东周王城，东汉和魏晋及北魏、隋唐洛阳城，北宋开封城均在中原腹心地区，西周丰镐二京、秦咸阳城、汉长安城、隋唐长安城均在"大中原"的西安一带。宋代以后都城北移至北京地区，临安是南宋统治者"临时"的"安置"都城。

北京城800年的建都史就是从金开始的，金代的首都原来在黑龙江，叫金上京。后来统治者觉得要想做中国的皇帝，在黑龙江并不能很好地管理中国，必须南下。于是就迁都到了北京的宣武区，改名叫金中都。海陵王是当时迁都的皇帝，他说这里就是天下之中。那时候的女真人有两批，一批是辽宁女真，也就是后来清朝的满族人；一批在现在黑龙江那一带，北到现在俄罗斯的西伯利亚南部。如果要从南西伯利亚算起的话，到北京城的距离，和从北京城到广州的距离应该差不多，如此而言，北京也位于中国南北之中了。此外，金朝的皇帝明确说，我们金国的制度要强慕华风，要学习汉人，要强化管理，首都建在他们认为的"天下之中"——燕京也有这个原因。

六、中国古代都城

中国古代都城包括宫城、皇城和外郭城。宫城就是皇帝办公的地方，皇城是现在所说的中央各部委办公的地方。王国时代都城是没有皇城的，到了秦始皇开创的多民族统一中央集权帝国时代（公元前 2070 ～前 1600 年），国家更庞大了，出现了皇城，都城变成三个城圈了。

1. 夏

夏代都城遗址有早期的河南省登封市王城岗城址、中期的河南新密市新砦城址和晚期的二里头城址，其中后者开展考古工作最多，收获最大，已发现宫城及其中的多座宫庙建筑遗址，其中尤以宫城之中的第一、第二号宫庙建筑遗址与一号宫殿院落的南门"一门三道"遗址最为重要（图 4）。这是中国古代都城中发现的最早的"一门三道"。我们通过历代都城（从北京城到元大都，从元大都到金中都，从金中都到开封城，从开封城到洛阳、西安），推到夏代的"一门三道"了。

二里头宫城遗址中的一号宫殿建筑与二号宗庙建筑西、东并列于宫城之

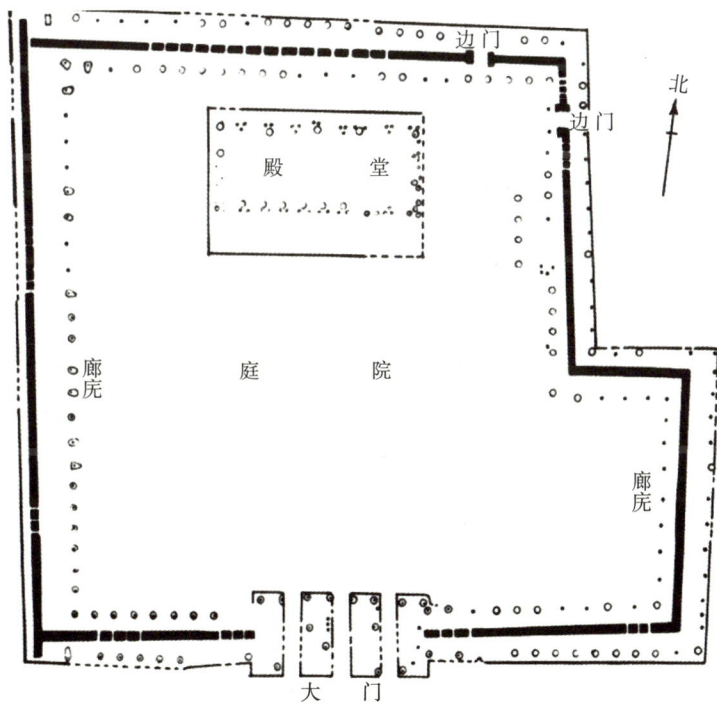

图 4　二里头一号宫殿遗址平面图

内，形成最早的都城之宫城"双轴线"规制及其反映的地缘政治与血缘政治结合特色，是其考古发现的重要历史意义。

2. 商周

商周都城遗址中偃师商城遗址考古发掘较为完整，早期城址由宫城与外城组成，后期由外城变为大城与原来宫城组成。宫城之中，东部为宗庙建筑，西部为宫殿建筑。公元前1300年，盘庚迁殷。1998年在殷墟遗址北部考古发掘出来殷墟早期的都城遗址（洹北商城），城址平面为方形，边长2150～2200米。大城中南部为宫城，平面为长方形，南北长795米，东西宽515米。考古发掘了其中两座宫殿遗址。周代都城遗址考古发现以东周时期秦雍城、楚纪南城、齐临淄城、燕下都、郑韩故城、赵邯郸城、魏安邑城为主。图5展现的是1976年陕西省岐山县凤雏村发现的西周甲组建筑基址。

3. 汉

西汉都城长安城遗址平面近方形，周长约25千米，面积约24平方公里（图6）。城墙之内外有环城道路与城壕。都城四面每面各辟三座城门，各城门均为"一门三道"。城内干道为"一道三涂"。城内有未央宫（皇宫）及后妃之长东宫、北宫、桂宫与明光宫，城内西北部为官办手工业区与市场，东北部为居民区，城外南部为宗庙、社稷、辟雍等礼制建筑区。皇宫未央宫是世界文化遗产，是丝绸之路的起点。皇宫2250米见方，面积有5平方公里，是中国现在已经发现的最大的皇宫。大到什么程度？我们可以拿其他的来做比较——故宫是0.7平方公里，大明宫是3.2平方公里，而未央宫面积是故宫的7倍之多。

未央宫平面是方形的，前殿（金銮殿）居中间。中国最早的金銮殿叫路寝，到了秦始皇时称为前殿，因为皇帝的办公大殿在皇宫之内其他宫殿建筑的前面，因此而得名。曹操的儿子当皇帝时，又把金銮殿叫作太极殿。金銮殿的位置在北京城也是一样的。故宫太和殿就是金銮殿，太和殿前面是太和

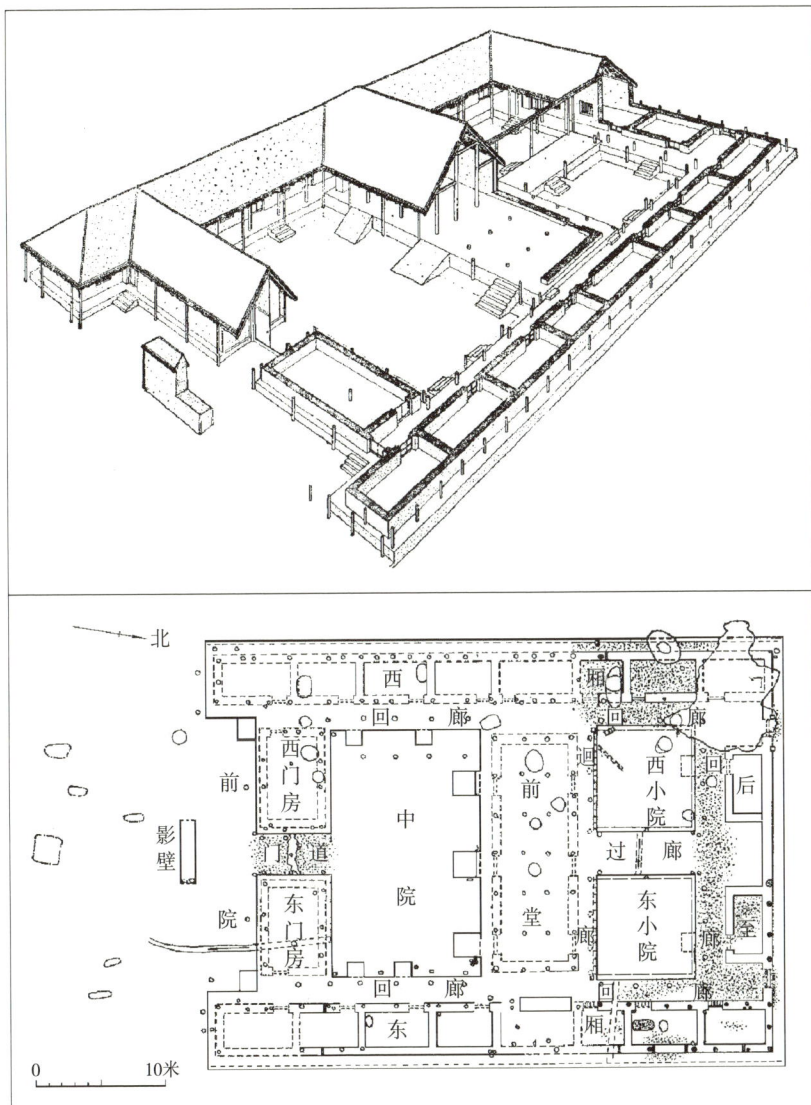

图 5　岐山凤雏西周甲组建筑基址平面及复原图

门，太和门前面是午门，午门前面是天安门，天安门前面是正阳门，正阳门前面是永定门。太和殿前面的只有门没有殿。"前"指的是皇帝的太和殿前面，只有门没有殿，因此说中国古代皇宫的特点是"大朝正殿居前"。

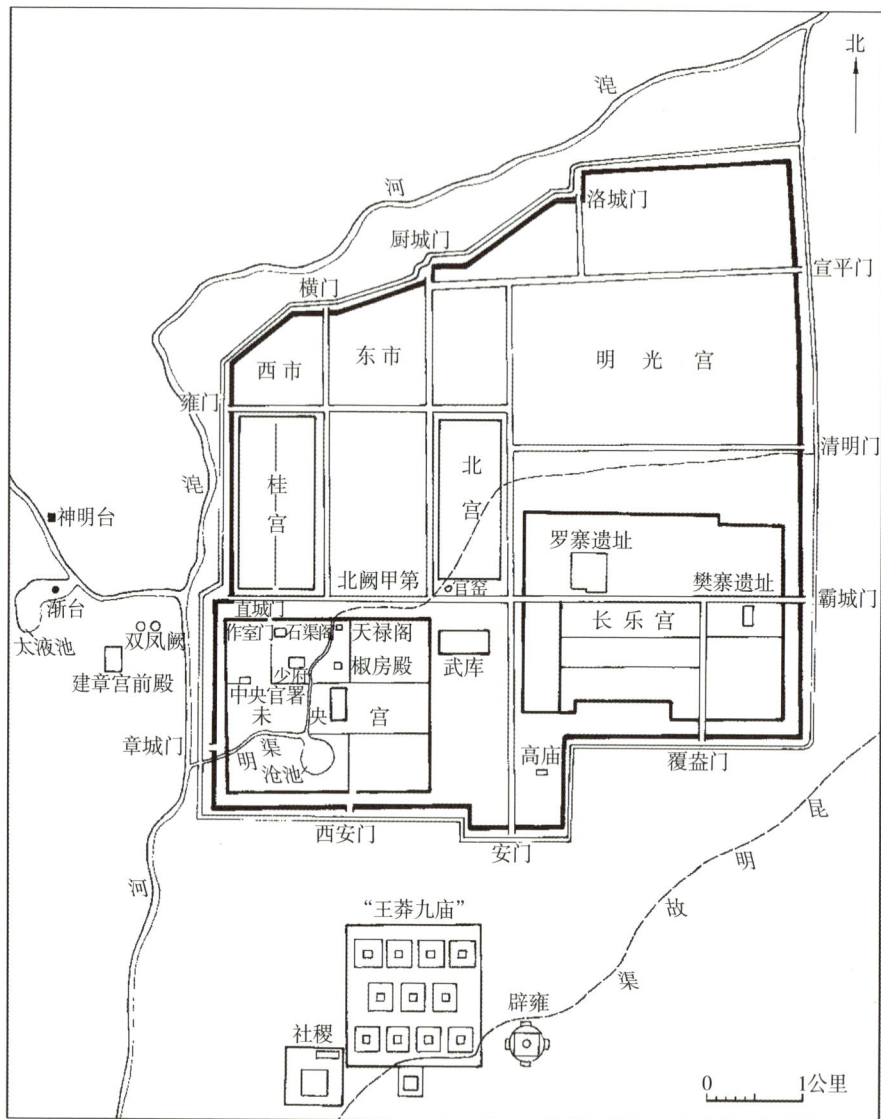

图6 汉长安城遗址平面图

　　汉长安城遗址的宗庙、社稷、辟雍等礼制建筑，是目前中国古代都城考古中唯一构成"前朝后寝""左祖右社"的重大考古发现，它们是目前考古证实的时代最早的"左祖右社"制度，从而可推测"左祖右社"与帝国时代的关系，即它折射的是地缘政治的强化与血缘政治的削弱。宗庙遗址（"王莽九庙"）在汉长安城南城墙之外 1200 米，由 12 座建筑遗址组成，其中 11 座在"庙院"之内，庙院呈平面方形，边长 1400 米，其中每个建筑在一方形院落中央，院落边长 280 米，四面各辟一门。中心建筑边长 55 米，四面对称。大院落南边中心建筑边长 100 米。

一个国家离不开土地和粮食，因此"社稷"就成了国家的代名词。考古发现了汉代国家的社稷坛，其他地方也有，但并不属国家管辖（图 7）。社稷坛是祭什么的呢？一是祭土地，即"社"；二是祭生产粮食的神，名叫"稷"，也就是中国古人眼中的"农神"。

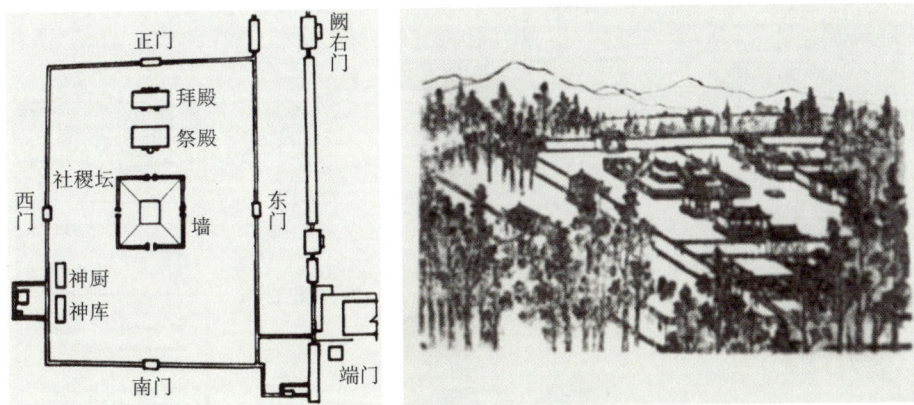

图 7 社稷坛平面图与示意图

4. 北魏

北魏是鲜卑人建立的王朝，鲜卑人从大兴安岭南下到盛乐再到大同，定都这里为平城。鲜卑人为了统一中国北方，又南下到了洛阳，洛阳号称"天下之中"，北魏在此建立了首都。洛阳是东汉到北魏时期丝绸之路东方的起点，它的都城规制与东汉、魏晋时期的都城洛阳基本一样（图 8）。北魏洛阳城宫城正门阊阖门对其后历代中国都城皇宫正门产生了重要影响，1000 多年后的明清北京城皇宫（故宫）的正门——午门就可溯源到北魏洛阳城阊阖门。鲜卑人的北魏洛阳城宫城阊阖门、太极殿，体现着鲜卑对中华民族传统文化的认同。

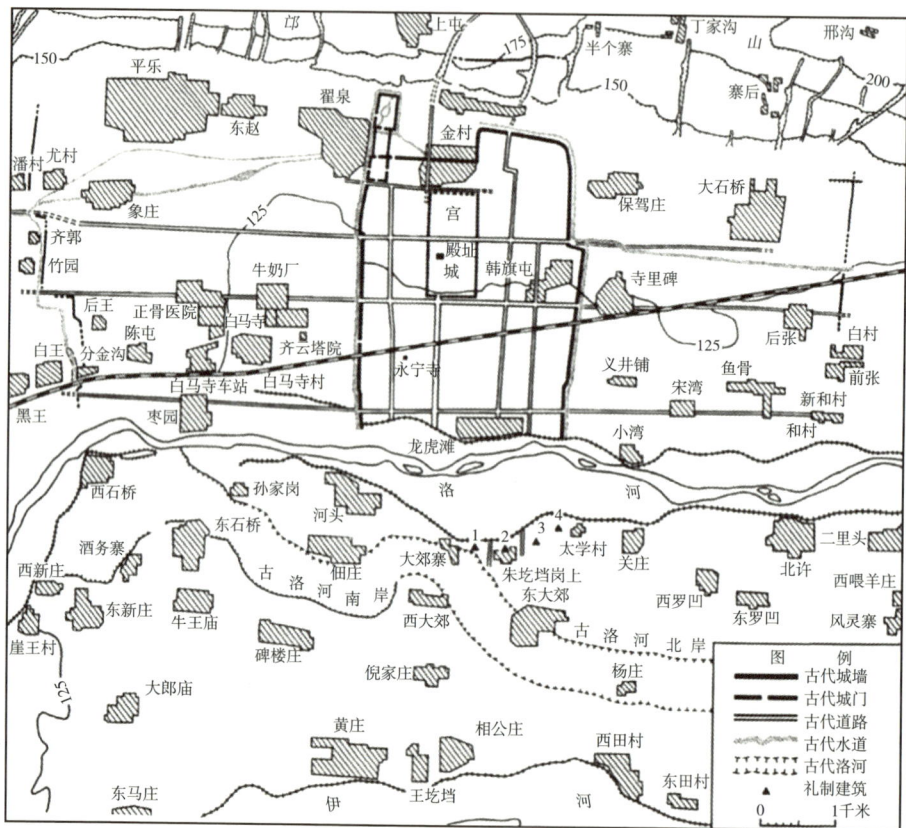

图8　北魏洛阳城遗址

北魏洛阳城有外郭城，里面是内城，相当于北京的外城与皇城，内城之北为宫城，太极殿在宫之中，体现出择中立殿，形成了完备规整的都城中轴线，开了中国都城中轴线发展的先河（图9）。中轴线的观念出现得很早，完整的都城中轴线在鲜卑人的北魏洛阳城就出现了，并影响到此后的隋唐长安城、北宋东京城、金中都、元大都与明清北京城。

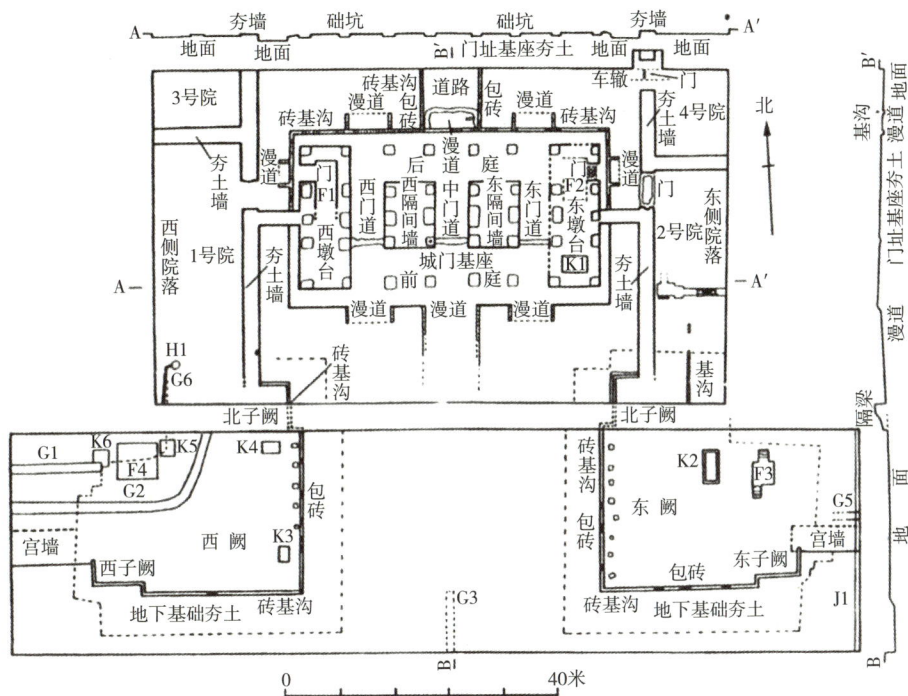

图9 北魏洛阳城宫城阊阖门遗址平面图

5. 唐

唐长安城是中国中古时期最标准的一个都城（图10）。唐太宗为其父太上皇修建的用于避暑的行宫——大明宫在唐长安城北城墙之外。唐长安城东西居中处，自北向为宫城，包括太极宫、东宫和掖庭宫，宫城之南为皇城，宫城和皇城之南与东西两侧为外郭城，其中有规整"里坊"，犹如围棋盘。长安城太极殿、宫城正门承天门、皇城正门朱雀门与外郭城正门明德门形成都城的南北向中轴线。都城正门明德门"一门三道"，其宫城门均为"一门三道"。唐长安城对以后中国古代都城乃至"汉文化圈"的日本、韩国古代规制影响深远。

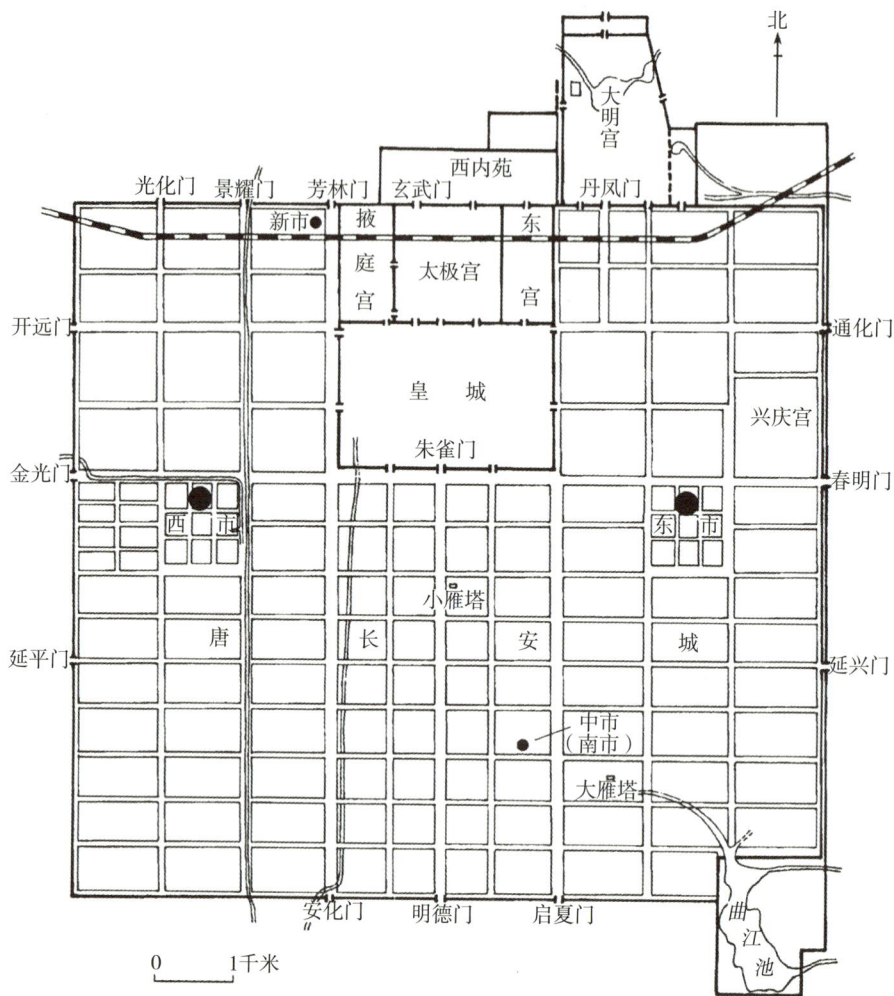

图 10　唐长安城遗址平面图

6. 北宋

北宋的开封城，有外城、内城、皇城，皇宫在外城、内城之中央，东西南北四面居中（图 11）。

外城每面各辟 3 座城门。外城近方形，南北略长，外城周长 29120 米，内城周长约 11550 米，呈南北向长方形。内城是都城之中的中央和京师官

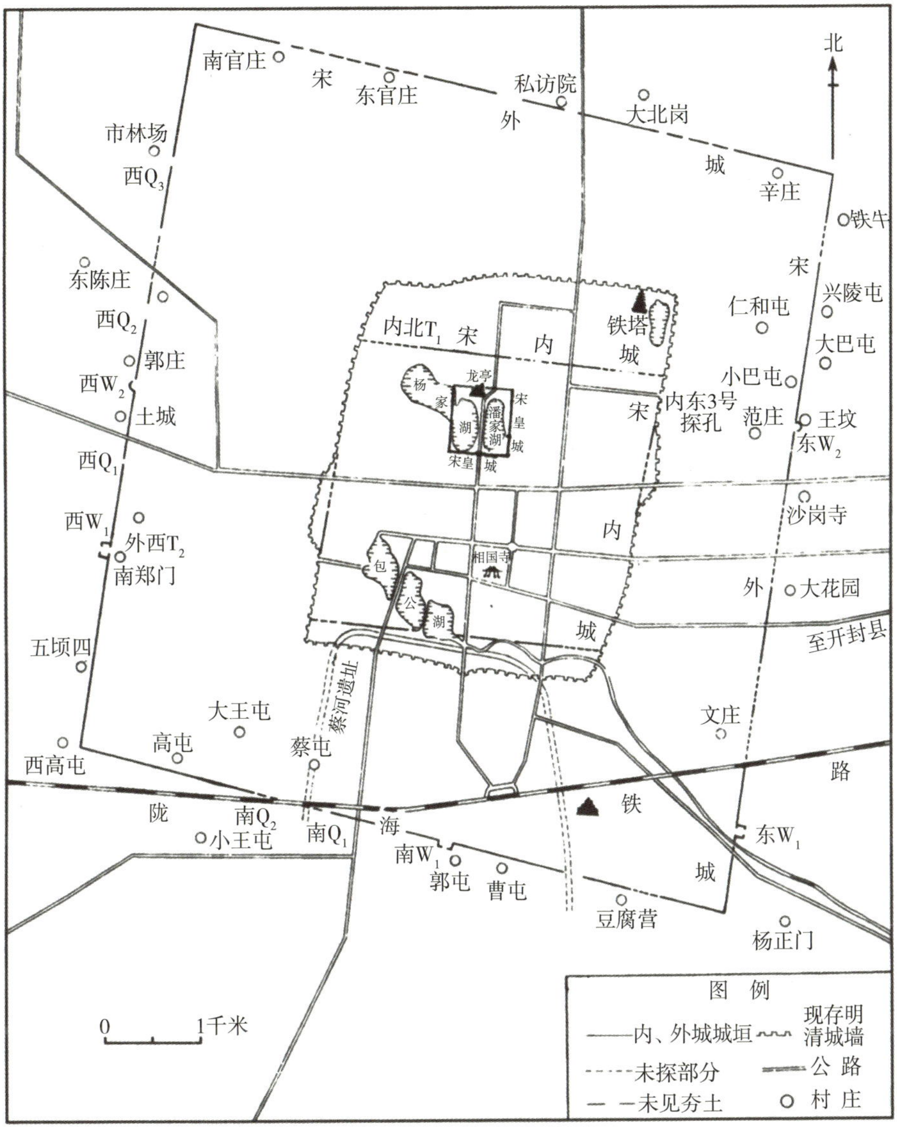

图 11　北宋开封城平面图

署所在地，其中还有大量市场、寺院等，张择端的《清明上河图》描绘的
就是内城的繁华景象。皇城平面略呈方形，周长约 2520 米，东西长 570

米，南北宽 641 米，四面辟门。正门是南门宣德门，宣德门为"一门五道"。大庆殿是皇宫中的大朝正殿。从大庆殿向南依次为大庆门、宣德门、州桥、朱雀门、龙津桥、南薰门，形成都城南北中轴线。这应该是中国古代都城中最为标准的中轴线，它对金中都、元大都、明清北京城产生了重要影响。

7. 金

金中都位于北京市宣武区，它和汉代燕国都城实际是重叠的。金中都仿照北宋的都城而建，中都由宫城、皇城和大城组成。大城平面近方形，东西为 4750～4900 米，南北约 4510 米。皇城位于大城中部偏西，宫城位于皇城中部。大城有 12 座城门，每面有 3 座城门；皇城和宫城各有 4 座城门，每面有 1 座城门。大城、皇城与宫城正门均为各自的南门。3 座正门与宫城中央的大朝正殿大安殿形成南北向的都城中轴线，它继承了中国古代都城中轴线的重要规制。金中都的上述各种重要都城建设规制，对元大都、明清北京城产生了重要的影响。

8. 元

元大都是元朝的都城，元灭金之后，在金中都故地东部营筑。元大都由外郭城、皇城、宫城组成（图 12）。外郭城为长方形，南北 6730～6680 米、东西 7590～7600 米。外郭城共有 11 座城门，东、西、南城门各 3 座。皇城位于外郭城南部中央，四面各辟一门，正门为南门（灵星门）。皇城内有太液池，此地名沿用汉武帝建章宫之太液池，池西岸南北分布有隆福宫、兴圣宫等重要宫殿。宫城分布在皇城内东部，东西 740 米，南北 947 米。宫城四面辟门，南门为正门，即"崇天门"，"一门五道"，规制同北宋东京城宣德门。宫城大朝正殿为大明殿，其南为大明门，再往南为皇城南门灵星门与外郭城南城门（正门）丽正门。由北而南的大朝正殿大明殿向南经大明门、灵星门、丽正门为元大都中轴线。元大都代表着中华民族成员之一的蒙古族建立的元朝，其都城规制传承了中华文化基因。

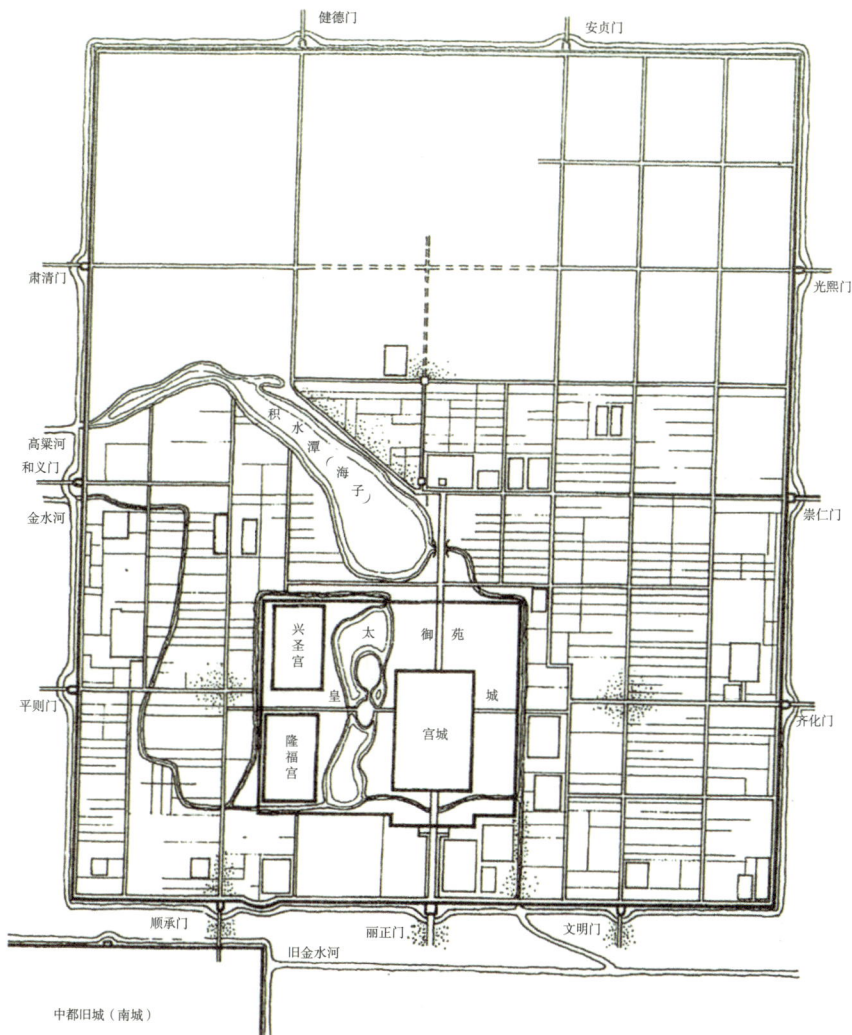

图 12 元大都新城平面复原图

9.明清

　　明朱元璋建都南京。朱元璋去世，其子朱棣"靖难"为帝，永乐元年（1403 年）迁都北京，在元大都基础之上营建明北京城，此后又基本为清代北京城所继承（图 13）。清北京城由外城、皇城和紫禁城组成。紫禁城（故

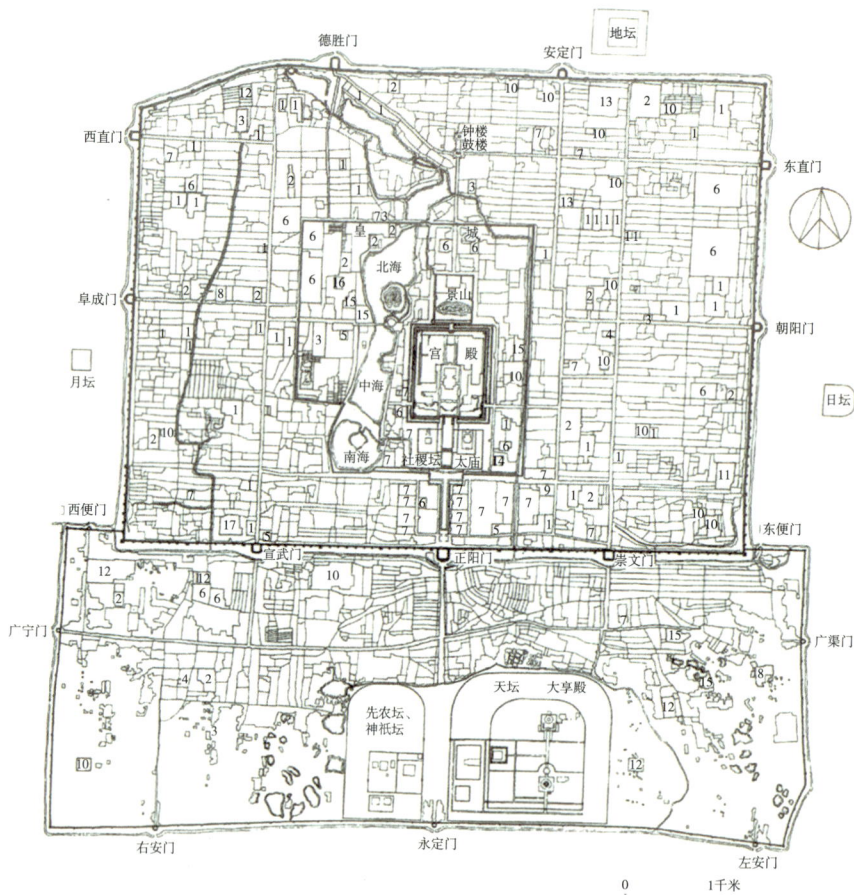

图10 清代北京城平面图（乾隆时期）

1. 亲王府　　　2. 佛寺　　　　3. 道观　　　　4. 清真寺　　　　5. 天主教堂　　6. 仓库
7. 衙署　　　　8. 历代帝王庙　9. 满州堂子　　10. 官手工业局及作坊　11. 贡院　　12. 八旗营房
13. 文庙、学校　14. 皇史宬　　15. 马圈　　　　16. 牛圈　　　　　17. 驯象所　　18. 义地、养育堂

图 13　明清北京城平面图（乾隆时期）

宫）在都城中央，其南北961米，东西753米，面积17万平方米。紫禁城中
太和殿居中、居前，是紫禁城与整个都城的核心建筑，以其为基点向南依次
连接的太和门、午门、端门、天安门、正阳门、永定门是都城中最为神圣的
中轴线。紫禁城四面辟门，太庙、社稷在皇城之内，位于中轴线东西侧。皇

城西侧自北向南有北海、中海与南海，它们源于明北京城皇城之中的东、西、南、北"四海"，而"四海"又源于汉武帝在皇宫所建的"太液池"。大城之中的"天坛""地坛"等礼制建筑则由汉长安城礼制建筑发展而来。至于天安门的"一门五道"与午门、正阳门、永定门等都城和宫城门之"一门三道"也是传统都城文化的继承。

清北京城的帝王庙继承了明南京城与北京城中的帝王庙并得到全面发展，成为中国古代的一座"国家博物馆"（图14）。乾隆曾提出中国历代王朝的帝王均有"庙享"地位，于是从三皇五帝到历代王朝帝王188位均供奉于此，使之成为"国家宗庙"，成为"多民族统一国家"的"完整"历史缩影，传达了"中华统序的一脉相承"，表现了"中华统序的一体多元"。

图14　帝王庙

27

七、国家认同与五千年不断裂的文明

　　宋代皇帝赵匡胤的赵姓是百家姓的第一姓，他是中原汉族人。其实汉族人的血统也不纯，汉族中很多姓氏特别复杂，比如很多姓刘的都是匈奴人。汉唐时期尤其唐朝有很多外国人在这里做官，表现好的皇帝就会赐姓，如"安""白"等，后来与汉族人通婚，他们与其后代也就变成汉族了。还有一些匈奴人的后代，改姓刘，建立大夏国。为什么叫大夏呢？因为中国第一个王朝是夏王朝，所以他们的国名叫大夏国。为什么改姓刘呢？因为刘是大姓，刘姓人当皇上时间长，赐姓赐得多。以上这些少数民族并没有认为自己不是中国人。

　　还有清朝满族人当皇帝，将中国五千年来不管哪个民族的皇帝，都供奉在帝王庙里。满族皇帝为什么要供奉他们呢？因为他觉得这些帝王是中国不同时期的领导人，中国是一脉相承的。这实际上就是对一个国家的认同。如果你是一位汉族的皇帝，那么无所谓，因为你属于人数最多的民族。但恰恰是少数民族当了皇帝，这就反映了对国家的认同。

　　此外，对国家的认同也表现在都城的建设方面，清朝继续沿用明朝皇帝的都城，并使之更加丰富。同样，明代的北京城是在元代的基础上建的，而元代统治者是蒙古人；元代的元大都又是在金和宋代的基础上建造的。通过都城可以看出来，我们中国有着五千年不断裂的文明。

🄶 主讲人简介 🄴

李毓芳，中国社会科学院考古研究所研究员。生于1943年，1967年毕业于北京大学历史系考古专业，曾任中国社会科学院考古研究所汉长城考古队队长、阿房宫考古队队长。享受国务院特殊津贴，被国务院授予"全国先进工作者"称号，被中央国家机关工委授予"巾帼建功活动标兵"称号，被中国社会科学院授予"巾帼建功先进个人"称号。长期从事中国考古学中秦汉考古、古代都城考古、帝陵考古的田野考古发掘与研究。几十年如一日，现在仍然坚持在考古第一线。在她参加的所有考古发掘工作中，不断有新的重大考古发现，为中国考古事业做出了不懈的努力。

🄶 感悟 🄴

既要海阔天空地想，更要脚踏实地地做，要在平凡的岗位上做出不平凡的事迹。

🄶 推荐书目 🄴

刘庆柱、李毓芳：《西汉十一陵》，陕西人民出版社，1987。

中国社会科学院考古研究所编著《汉杜陵陵园遗址》，科学出版社，1993。

中国社会科学院考古研究所编著《汉长安城未央宫1980～1989年考古发掘报告》，中国大百科全书出版社，1996。

李毓芳：《秦阿房宫的考古收获》，科学出版社，2009。

中国社会科学院考古研究所、日本奈良国立文化财研究所编著《汉长安城桂宫1996～2001年考古发掘报告》，文物出版社，2007。

中国社会科学院考古研究所、西安市文物保护考古研究所编著《秦汉上林苑2004～2012年考古报告》，文物出版社，2018。

中国社会科学院考古研究所编著、刘庆柱主编《汉长安城未央宫骨签》，中华书局，2018。

秦阿房宫遗址考古记事

李毓芳

2002 年夏季的一天，我老伴（刘庆柱）对我说："小白（白云翔，中国社会科学院考古研究所副所长）让我转告你：国家文物局希望你和西安市考古所一同去做阿房宫。"我一听就说："我明年就退休了，还是让我在汉城队干到最后吧！再者，我脾气特别急，影响了和西安市（文物部门）的关系怎么办？"我老伴也认为我办事太较真，怕合作不好，说："你不想去就算了。"过了几天，我老伴又对我说："国家文物局还是坚持要你去做阿房宫，那你就去吧。"我说："那也只好这样了。"后来，西安市文物保护考古所成立十周年，庆祝大会之后参观库房，然后组织了一个座谈会，会上听国家文物局关司长说："根据李岚清副总理'赶快做好阿房宫的调查工作，以便进行保护'的指示，要尽快成立考古队，去做阿房宫的考古工作。当时考虑到在全国秦汉考古工作者中，刘所长和李老师做都城考古，对宫殿发掘经验丰富，去做阿房宫比较合适。但刘所长不可能长期蹲在一个考古工地，而李老师有条件盯在考古现场，所以我们请李老师去做这个工作了。"

2002 年 8 月，我到西安与市文物保护考古所协商组队问题。中国社会科学院考古研究所由我和张建锋（平时张在汉城队工作，测图时再到阿房宫考古队）参加。西安市考古研究所由所长孙福喜、副所长尚民杰及副研究员王自力参加。我担任领队，孙福喜为副领队，我们一致同意聘请刘庆柱当顾问，自此阿房宫考古队正式成立。

王自力同志在赵家堡租到了一处农家小院，进行了简单修缮，买了床、桌椅、板凳、被褥等。西安市考古研究所派了两个技工（小王和小严）住进了考古队驻地，由女房东负责做饭。10月份考古队就地招进了农民工，开始了对阿房宫遗址的勘探和发掘。

考古队工作目的很明确，就是要确定阿房宫的范围，给国家制定保护阿房宫遗址的规划提供科学依据（图1）。

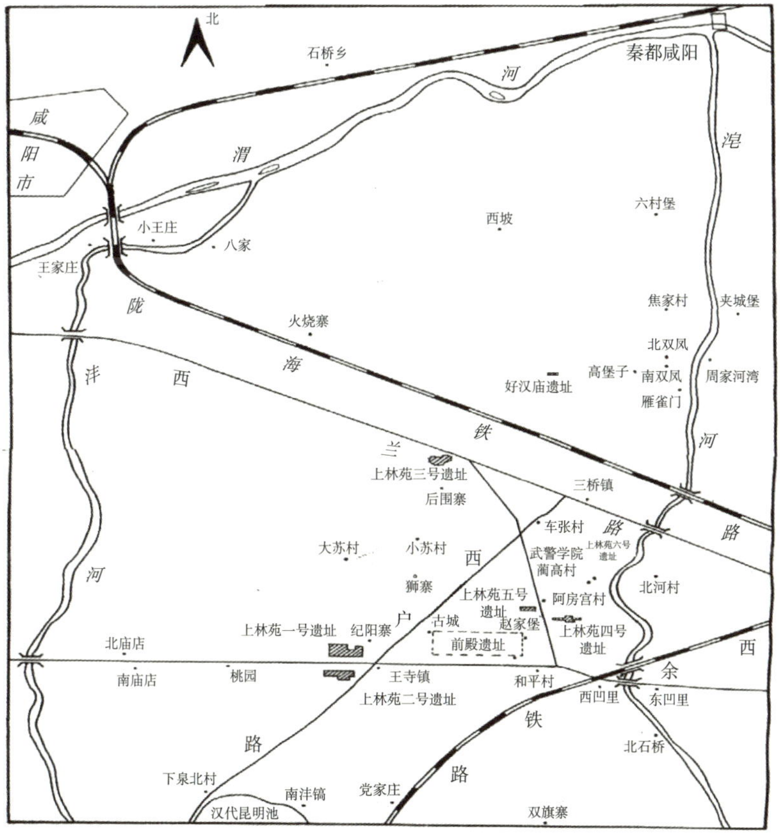

图1　阿房宫考古队调查、勘探发掘范围

图 2　阿房宫前殿遗址西部

考古队首先选定了立有保护标志的阿房宫主殿即前殿遗址做工作（图 2）。那一天，我、老刘、孙所长、王自力同志等同技工和全体农民工（扛着探铲）浩浩荡荡一起登上了位于西安西郊、三桥镇西南的前殿遗址夯土台基。台基很大，除了果树全部是麦田。我们决定从殿址西部入手开始勘探。当时老刘还对大家说："台基这么大，上面应该是个宏伟的宫殿建筑群，有皇帝办公的大朝正殿、下朝后休息的寝殿、皇后的宫殿及大臣、警卫、宫女们等所待的地方……"

因我在汉城队的发掘任务还没结束，所以当时我还要回到那里去，但要经常到阿房宫队来。这里的日常工作就由王自力负责。

钻探了一个多月后，未发现秦代宫殿建筑遗迹，我决心挖两个探方看看情况。结果在探方内也未见秦代文化层，未见秦代建筑材料，也未见宫殿建筑遗迹，只有东汉乃至宋代的砖瓦残块。看到这情况，我觉得真是从头凉到脚了。站在探方内，我半天说不出话来。怎么会是这样？在阿房宫前殿遗址的夯土台基上居然没有秦代堆积层，没有秦代建筑材料（砖、瓦、瓦当等），没有秦代宫殿建筑的一点遗迹，这太奇怪了。我发掘了几十年的秦汉宫殿建筑，从没出现过这样的情况。那么阿房宫的建筑哪里去了？

2003 年春节回到北京，我也没跟老刘说此情况，心情一直很郁闷。春节刚过，正月初七，我就到了阿房宫考古工地布置工作，加大力度，使钻探、发掘工作向夯土台基东部推进。我采取了密集的布梅花点的方式勘探，1平方米钻5个探孔。即使这样，我还是怕遗漏掉任何一点遗迹现象。密集之处，隔0.2米就钻1个孔。钻探的同时，还开探沟数十条，最长的探沟长65米，最宽的探沟宽4米。

考古队的勘探和发掘工作抓得很紧，过了春节就开工，次年春节前夕才停工。工作进展很快，到了2003年12月，夯土台基上面未被房屋、水泥路面等覆压的部分基本都进行了考古钻探和发掘工作。12月5日，考古队召开了新闻发布会，由我介绍了阿房宫考古队一年多来的考古收获。国内多家新闻媒体（新华社、人民日报、光明日报、文汇报、中央人民广播电台及陕西省和西安市的电视台、报纸）都参加了。当我带着各路记者到夯土台基上参观现场时，我很不经意地对记者说："我们在台基夯面上怎么没发现一点火烧痕迹呢？看来好像项羽并没有烧阿房宫。"谁曾想，就这样一句话，第二天，各电视台、大报小报，铺天盖地，都说我给项羽平反了，项羽根本就没有烧阿房宫。中央人民广播电台驻陕西记者站的站长当时就让我对全国人民说"项羽没有火烧阿房宫"。一时间大江南北都知道了这一消息，那时考古队的电话都快被打爆了。我从工地下班回来不停地接各地媒体的电话，一直到半夜，他们都想了解详细情况。印象最深刻的就是一天晚上11点半的时候，我接到了浙江电视台的一位女记者给我打来的电话，她非常激动，说："太难了，今天是上天保佑我，终于给您打通了电话，我们这里早已准备好了画面，就是请您给这画面配音，让观众亲耳听到您这位阿房宫考古第一线的专家根据考古资料说出项羽根本就没有火烧阿房宫的事实。"当然我满足了她的要求。

当时，全国文物考古工作会议正在广州召开。有个别学者不了解情况，长期脱离田野工作，居然说："项羽火烧的垃圾在农业学大寨农民平整土地时被拉走了，所以才没有发现火烧痕迹。"我想反问：假如下面被火烧的秦文化堆积层（即火烧的垃圾）被拉走了，为什么上面的东汉、唐、宋等时代的堆积层却还存在着？这是不可能有的事，这是最一般、最普通的考古常识。为了找到更有力的证据，我在村子里又进一步进行调查访问。功夫不负有心人，我居然找到了当年在阿房宫夯土台基上面平整土地的两位生产队长。一位王姓长者住聚驾庄（几年前已过世），另一位张姓长者住赵家堡。二位老人异口同声地说："当时在夯土台子上只是平高垫低，把北部高处的土（台基北部因为有北墙，故地势较高）往南部低处垫了垫，并没有把台子上的土拉走。"聚驾庄的长者还说："平整土地开始时，我们刚在土台子下面西北角拉了几架子车土，就被市里文物部门来的人给制止了。说这土台子要保护，不能把土拉走。我们就再也没拉过土了。"中央电视台《发现之旅》和《走近科学》栏目组都对二位长者进行了拍摄，全国人民都听到了他们说的话，这就有力地反驳了前面那些人的观点。我所科技中心副主任赵志军研究员还特地去了那里，在夯土台基各部的不同深度取回土样，在北京进行植硅石分析，也得出了"夯土基址未被大火烧过"的结论。

我们在阿房宫前殿遗址上做了两年多的考古工作，彻底探明了前殿遗址的范围。其东西长 1270 米，南北宽 426 米，台基高 12 米（从秦代地面算起）。在台基南边缘还发现了汉、唐时代的壕沟。在其南还发现了一处秦到汉初的铺瓦遗迹。我们在台基上进行了密集钻探和发掘（凡是没有被房屋所压及未被水泥面所覆盖之处，包括厕所、兔子窝旁、花池中、羊圈内）。发现夯土台基上西、北、东三面有夯筑土墙，南面还未筑墙。我们对北墙进行了发掘，墙顶部有护瓦塌下来。而在三面墙里的台基上面未发现秦代堆积层及秦代砖、瓦、瓦当等基本的建筑材料，未发现廊道、散水和壁柱、明柱及其础石，未发现吃水、排水遗迹等属于秦代宫殿建筑的内容。这就是说在夯土台基上面根本就没有秦代宫殿建筑，当时只是建筑了一个庞大的夯土台基。

20 世纪 90 年代，西安市文物部门发表的考古资料说，阿房宫前殿遗址台基南面是大广场，并且有三条向北的登殿大道。通过钻探和发掘，我们了解到不存在广场，台基南面全部为上下三层路土。最上面一层路土在汉代层的扰土上面，质量不太好，即后来的路土；下面两层路土均为当年修筑台基时劳役们踩踏而成，呈南低北高的坡状，通入台基内。当西安市文物局的副局长向德同志和国家文物局考古处的李培松同志来工地视察时，我都向他们做了详细介绍，告诉他们考古资料表明根本就不存在登殿大道和殿前广场，他们都表示认可。

阿房宫前殿遗址的考古工作历时两年多全部完成，得出了"阿房宫前殿没有建成和没有被火烧过"的结论。去阿房宫工作前，我并没有查文献资料，因为我不愿意带着条条框框去做工作，而是要用实际的考古资料去说明问题。而反过来我在查找文献时，看到《史记》载：（始皇）三十五年（公元前212年）"乃营作朝宫渭南上林苑中，先作前殿阿房……阿房宫未成"。这里要说明一点，战国、秦、汉都是先建殿再建宫，最后再建城。这里司马迁明确指出，秦始皇在修建阿房宫时，先建的前殿。而从考古资料来看，前殿根本没有建成，只筑了一座夯土台基，上面没有宫殿。南宋程大昌的《雍录》载，"上可坐万人，下可建五丈旗者，乃其立模，期使及此"就说明了这一点。故司马迁在《史记》里说："阿房宫未成；成，欲更择令名名之。作宫阿房，故天下谓之阿房宫。"显而易见，阿房宫根本就没有建成。我和老刘心里都明白，从考古资料来看，连前殿都未建成；从文献分析来看，其他地方就不应再有阿房宫的建筑了。但是为了有更多考古资料作依据，我们还应该做更艰苦细致的考古工作。2004年，中央电视台《发现之旅》栏目组的宫导和《光明日报》驻陕西记者站站长在前殿采访我时都说："李老师，根据你们的考古资料和《史记》的记载，阿房宫就应该只是这个土台子，别处应该没有了。"《光明日报》则用了半版篇幅，以《成未成，烧未烧》为题详细介绍了多名学者的意见，认为阿房宫没有建成，只建成了上面夯筑有西、北、东三面墙的台基，亦没有遭到大火焚烧。央视《发现之旅》《走近科学》《讲述》等栏目组都以这个主题在当年就拍了专题片。

而考古队当时则以更加认真负责的态度扩大范围——北到渭河，南到昆明池北岸，西到沣河，东到潏河，在135平方公里范围内进一步寻找阿房宫的其他建筑，以便确定阿房宫的范围。

在阿房宫前殿遗址西南1200米处，有立着"阿房宫烽火台遗址"保护标志的一座建筑遗址。我们对其进行了勘探和发掘，确认该建筑的性质为一座高台宫殿建筑而非烽火台（试问阿房宫内需要烽火台的设施吗？）。从其反映的时代来看，它属于战国时代的秦国上林苑的建筑，即它比阿房宫建筑的时代要早（图3）。在前殿东500米处有立着"阿房宫遗址 上天台遗址"保护标志的建筑遗址（图4、图5）。通过勘探和发掘，我们确认这里是一处以此高台建筑为核心的宫殿建筑群，其时代从战国延伸到了汉代，属于秦汉上林苑的建筑。该遗址发掘结束后，当时陕西省考古研究所焦所长和陕西省历史博物馆马馆长来参观时，我向他们做了详细介绍。对他们讲了前殿没有建成（即阿房宫没有建成）和所谓"上天台"不是阿房宫的建筑

图3　上林苑二号遗址远景

图4　上林苑四号遗址现存的夯土台

等的情况。焦所长听了以后说："我完
全同意您的观点，可是假如阿房宫建
成了，那么这些建筑是否会划到阿房
宫的范围里面去呢？"我回答说："不
可能实现的假设是毫无意义的，事实
上是阿房宫根本就没有建成。这个问
题只有去问秦始皇了。"

在前殿遗址东北 2000 米的地方
有立着"阿房宫磁石门遗址"保护
标志的遗址。通过考古钻探和发掘工
作，我们确认这里根本不是门址，而
是一座秦汉上林苑中的高台宫殿建
筑。传说磁石门是阿房宫的北门，是

图 5 "阿房宫遗址 上天台遗址"保护标志

一座能检验出铁兵器的安检门。可是从战国、秦代、汉代的考古资料来看，
秦代是以铜兵器为主，故阿房宫也就没有必要设置磁石门了。我们在对该遗
址进行勘探发掘时，一位长者（武警学院离休干部）主动跟我说："70 年代，
我在这里主持基建工作，要盖楼房，发现这个土台子都是层层土（夯土），就
赶紧向市文物部门做了汇报。一位文物干部来了以后，查看了一下，就用手
一指，说：'这就是阿房宫的磁石门遗址。'事后也没见他们像你们这样工作，
就立起了'阿房宫磁石门遗址'的保护标志碑。"听了他的话，我不禁联想到
"阿房宫烽火台遗址"和"阿房宫遗址 上天台遗址"的保护标志是否也是这
样立起来的呢？因该遗址在武警学院内，故得到了很好的保护。他们还建了
一个大牌楼，凡是有外国武官来交流时，他们都会把这些武官带到这里来参
观。现在牌楼外面立了不少拴马桩，在土台子上面安装了不少从农村找来的
石磨和石碾子，这里已成了学员们早读的场所。当我把考古资料证实的"这
里不是阿房宫的建筑，更不是磁石门遗址，而是战国时期秦国修筑的上林苑

建筑"这一结论告诉武警学院宣传处处长时，他当时很惊讶，进而就说："这更好嘛，它比阿房宫的时代还早。"后来《解放军报》就登载了武警学院某宣传干事的文章，以我们的考古资料为基础，论述了"该处不是阿房宫的磁石门遗址，而是战国时秦国修建的上林苑。其一直沿用到了汉代，自然又成了汉代上林苑的建筑。"考古队开始在这里工作时，宣传处处长被我们认真负责冒雨工作的精神所感动，要干部、学员都和我合影留念。每到课间休息时，学员们都会把我围起来，不停地问这问那。当他们得知我是北大考古专业毕业并且已经做了几十年的田野考古工作时，都发出了赞叹的声音说："老师，您真了不起呀！"当然我也不失时机地向他们讲解考古知识和宣传每个公民都有保护文物古迹的义务等。

2007 年 12 月，考古队确定阿房宫范围的工作基本完成。在 135 平方公里范围内，除了前殿以外，再也没有发现与其同时代的建筑，却发现了多处秦汉上林苑的建筑和一处新石器时代遗存。从考古资料来看，秦阿房宫的范围与前殿夯土台基的四至是一致的。也就是说现在立着"阿房宫前殿遗址"保护标志的建筑遗址就是后来人们所看到的、文献里所记载的秦始皇在两千多年前修建的阿房宫遗址。《水经注·河水》载："池水北经镐京东，秦阿房宫西。"这里的"池水"指西周已有的"彪池"。虽历经沧桑，但池水低洼的地势仍清晰可见。它向北流经的就是"阿房宫前殿遗址"西面。这充分说明了《水经注》里所叙述的秦阿房宫指的就是阿房宫前殿。此外，在不少文献叙述阿房宫的时候，都把秦阿房宫称作"阿城"。《汉书·东方朔传》载："举籍阿城以南……"师古曰："阿城，本秦阿房宫也。"唐《扩地志》载："秦阿房宫亦曰阿城。"又宋敏求《长安志》载："秦阿房一名阿城。……西、北、东三面有墙，南面无墙。"而考古资料表明，"阿房宫前殿遗址"夯土台基上面东部、北部、西部三边缘都有夯筑土墙，而南部边缘未见夯筑土墙遗迹。这与《长安志》中所描述的"阿城"是一致的，这充分说明了"阿城"当时指的就是阿房宫前殿，也就是后来人们所认为的秦阿房宫。

考古资料表明，阿房宫前殿没有建成，即后来人们所认为的秦阿房宫没有建成。司马迁当时亦看到了没有建成的"阿房宫前殿遗址"，他认为秦阿房宫是一个没有完成的宏伟工程，所以他在《史记》里明确地指出："阿房宫未成。"《汉书·五行志》亦论述了秦阿房宫没有建成：秦"复起阿房，未成而亡"。

此外，考古资料表明，阿房宫前殿没有遭到大火焚烧，即后来人们所认为的秦始皇未修成的阿房宫没有遭到大火焚烧。《史记·秦始皇本纪》载："项籍为从长，⋯⋯遂屠咸阳，烧其宫室，虏其子女，收其珍宝货财，诸侯共分之。"这说明项羽烧的是咸阳宫（20 世纪 70 年代我和老刘在咸阳的考古发掘充分证实了这一点），没有烧阿房宫。现在看来，因为秦阿房宫只是一个东、西、北三面有墙的夯土台基，没有建成宫殿，项羽也就没有必要渡过渭河来烧一个土台子了。

阿房宫考古队进行勘探和发掘期间，联合国教科文组织官员及美国、日本、韩国等外宾和部分全国人大代表、政协委员，以及国家文物局和陕西省各级领导和文物部门的同志都到了现场；特别是陕西省内外不少考古界同行都到过我们的发掘工地，中国社科院考古研究所汉唐研究室所属的各个考古队也都到过我们的现场。他们均对我们的工作给予了充分的肯定和认可。秦俑博物馆 40 多位同行由馆领导带队曾到我们发掘现场参观。考古队长刘占成在夯土台基上对我说："李老师，你们探得太密了。"我说："这样钻探，就是为了不漏掉任何一点遗迹现象，做到万无一失。"后来张仲立副馆长还接受了中央电视台和《光明日报》的采访，对我们的工作给予了很大的支持。在考古专家石兴邦老先生 80 岁生日的聚会上，陕西著名秦汉考古专家王学理先生对我说："我们考古工作者支持你！"后来王先生还和考古专家巩启明先生到我们的工地去参观。王先生在接受中央电视台《发现之旅》栏目导演采访时说："我们相信李毓芳对出土瓦片、瓦当的分期，因为几十年来，她主要是挖了宫殿了，光和瓦片、瓦当打交道了。"在中央文史馆和陕西人民政府合办的"长安雅集研讨会"上，听了我关于秦阿房宫的发言后，台湾学者张先生问王学理先生："李先生对阿房宫做出的结论有问题吗？"王先生肯定地回答说："没问题。"这事是张先生亲口对我讲的。西北大学文化遗产学院副院长、原秦俑考古队队长段清波先生在参观了我们的考古工地后，很快就在相关杂志上发表文章全面论述了秦阿房宫没有建成的问题等。西安市文物局文物处张达宏先生1993年曾负责在阿房宫做了三个月的考古勘探工作，他也来到了我们阿房宫考古队勘探发掘现场，并对我说："你们勘探比我们密得多，当年勘探时，我们基本上是10米一个探眼，所以不可能得出什么正确结论。"陕西师大历史系的师生来到我们的发掘工地，认为值得他们学习的东西太多了。后来他们又邀请我去师大做了关于阿房宫的演讲。2007年12月回北京的前一天晚上，我给西安市文物局总工韩保全先生（已70多岁了）打了一个多小时的电话，向他详细叙述了阿房宫考古队5年多来所做的考古工作及所得出的"秦阿房宫既没有建成也没有被火烧"的结论。他说："我曾经写过一些关于阿房宫的文章，但是都没有正式的考古资料作依据，现在阿房宫的问题应该以你们的考古资料为准。"

2007年12月，我参加了全国政协文史委组织的视察中国大运河的活动。在河南开封清明上河园内碰到了国家文物局局长单霁翔同志。他立刻对我说："李老师，我在报纸（《光明日报》在报眼位置登载了秦阿房宫既没有建成亦没有被火烧的文章）上面看到了有关阿房宫的报道，我们就承认这个考古事实吧！"他的话像一股暖流，流遍了我的全身，我所承受的巨大压力一扫而光。风吹、日晒、雨淋；冬天在工地寒风刺骨，双脚冻得生疼；左胳膊从肩膀到手指发麻长达几个月；左膝盖不慎扭伤；胃肠功能紊乱的毛病多次复发……我仍然坚持在发掘现场，咬紧牙关终于挺过来了。当时只有一个信念，那就是坚持到底，要很好地完成国家文物局交给我的任务。关于阿房宫的问题要给全国人民一个满意的答复。因为精神压力太大，当年我的血压已上升到了158～162mmHg。我到河南开会时，省人民医院的一位男医生见到这种情况，立刻把他自己的降压药倒给了我，并对我说："无论您是回到西安还是回到北京都要到医院去看，要坚持吃降压药，千万不能大意。"后来工作结束了，精神压力小了，我的血压也恢复到了正常水平（其实我一片降压药也没吃过）。在清明上河园内，我还跟单局长说："那些不属于秦阿房宫的秦汉上林苑建筑也应该保护起来。"单局长说："那当然，因为那些也是两千多年前的建筑呀。"听了他的回答，我一直提着的心终于放下来了。同时这也给了西安市文物保护部门很大安慰，即不会因为阿房宫没有建成而缩小其保护范围，应该保护的文物古迹范围反而更大了。

我们做阿房宫考古工作期间，我的老伴刘庆柱是考古队的顾问，当我们每做完一个遗址的发掘工作时，他都会在百忙之中去现场考察，对我在发掘后所做出的结论（每个遗址的时代和性质）都非常认可。这就给了我很大的支持和鼓励，使我能够鼓足勇气，在种种压力下，克服重重困难，圆满地完成了国家文物局交办的秦阿房宫考古工作任务。同时，也交上了一份让考古工作者乃至全国人民都满意的答卷。人民出版社 2010 年出版的《中国考古发现与研究（1949～2009 年）》一书中充分肯定了我们对秦阿房宫遗址考古的最新成果；中国社会科学出版社 2010 年出版的《中国考古学·秦汉卷》一书中详细论述了我们对秦阿房宫做出的"没有建成亦没有被火烧"的科学结论。江泽民同志作序、由中国社会科学出版社于 2012 年 7 月出版的中国社会科学院历史研究所编写的《简明中国历史读本》明确无误地指出，根据考古资料，秦阿房宫没有建成，也没有被火烧。

我现在虽已是古稀之人，但仍然活跃在考古第一线，希望有生之年再为我所钟爱的考古事业做一些工作！

主讲人简介

　　李存信，1959 年生。中国社会科学院考古研究所副研究员，中国考古学会文化遗产保护专业委员会秘书长，中国文物保护技术协会理事。1989 年毕业于首都联大中国社会科学院分校中文专业，主要工作领域为考古出土遗存现场应急处置保护技术和实验室考古项目研究。

　　近年来负责实施的实验室考古项目有山西翼城大河口西周墓葬、安徽蚌埠双墩春秋时期墓葬、江苏盱眙大云山汉墓、江苏扬州隋炀帝夫人萧后墓葬、江西南昌西汉海昏侯墓葬、贵州遵义南宋时期土司杨价夫妇墓葬、内蒙古呼伦贝尔谢尔塔拉和岗嘎墓葬（蒙古族源项目）、河南偃师二里头二期墓葬、河北行唐故郡东周时期车马坑、浙江衢州庙山尖西周墓葬等。

　　著有《考古现场处置与文物保护技术》，在出土遗存处理保护及实验室考古研究方面发表论文 40 余篇。

感悟

　　祖国的文化遗产如此丰富，需要秉承科学、严谨、务实之保护理念，采用具有针对性的分析检测手段，理清考古出土遗存材质与劣化成因，为处置保护提供准确信息和数据，使遗存得到长期有效保护，让诸多具有考古学术研究价值的文化遗产发挥积极作用，为社会进步服务。

推荐书目

罗红杰、容波等：《考古发掘现场脆弱文物安全提取与临时固型技术研究》，科学出版社，2018。

李存信：《考古现场处置与文物保护技术》，中国社会科学出版社，2016。

中国社会科学院考古研究所文化遗产保护研究中心编《文化遗产研究》（第1辑），科学出版社，2010。

中国社会科学院考古研究所文化遗产保护研究中心编《文化遗产研究》（第2辑），科学出版社，2013。

中国社会科学院考古研究所文化遗产保护研究中心编《文化遗产研究》（第3辑），科学出版社，2017。

中国社会科学院考古研究所：《考古资料整理的方法与技术》，文物出版社，2019。

陕西省文物保护研究院、扬州市文物考古研究所编著《花树摇曳 钿钗生辉——隋炀帝萧后冠实验室考古报告》，文物出版社，2019。

江西南昌西汉海昏侯墓葬 ⅂
实验室考古实施情况

李存信

实验室考古是采用多种科技手段开展的古代文化遗存发掘清理和处置保护的行为。通过对相关遗迹遗物的现场进行观察与分析研究，可以探索和研究古代人类的生产、生活及科学技术等问题。发掘清理、分析检测、保护处理、研究复原为其基本工作要素。在对遗存进行妥善保存和保护的基础上，就其品类、型制、结构、工艺、用途等进行系统研究，可为遗存资产的陈列展示与合理利用奠定基础。根据遗存原始出土状态，保护和记录处置对象所蕴含的信息，保存所发现的脆弱质遗存及痕迹，可为考古学综合研究提供更为翔实的信息数据和实物资料。

实验室考古的基本理念，是在以考古学研究和文物保护为主、兼顾文物展示及制作工艺研究的指导精神下，把遗存处置和保护程序前置于考古现场，将考古发掘、文物保护和展示利用融为一体。实验室考古中，利用环境可控的工作空间，采取多学科结合的方法与形式，随时对遗迹遗物采集样品实施科学分析检测，并对出土遗存进行适宜有效的发掘处置和保护保存，避免或减缓不同遗存的劣化进程，保存保护遗存的原始形态。

实验室考古应是田野考古的分支，但有形式上的区别。实验室考古具有较多优势，如环境可控、时间可控、节奏可控、可进行全方位发掘、有安全保障。

基于海昏侯刘贺墓葬出土数量较多且包括不同材质遗存之特殊情况，实施的技术路线与操作程序为现场包装、异地迁移、室内清理、标本分析、样品检测、物理支撑、试剂加固、维护保存、展示利用等。

一、海昏侯墓葬基本情况

海昏侯墓园位于江西省南昌市新建区大塘坪乡观西村东南约 600 米的墎墩山上，2015 年以前称之为墎墩汉墓，其东北面为新建区铁河乡的汉代紫金城城址和铁河汉代古墓群及昌邑乡游塘汉代城址。据文献记载，该墓园是西汉昌邑王（海昏侯）刘贺的封地，历史背景清楚。刘贺由昌邑王到被立为皇帝，后被废，10 年后改封为海昏侯的这段历史，在西汉时期仅此一例。目前的调查勘探和考古发掘情况表明，该墓葬为中国江南地区大型汉代列侯墓葬，具备汉代高等级墓葬所包含的许多特点及要素，是西汉诸侯国"制同京师"的体现，对于研究西汉列侯园寝制度具有十分重要的学术意义和价值。

海昏侯刘贺的一生及其社会关系非常具有戏剧性，受其祖父汉武帝刘彻、汉朝权臣霍光等人的影响很大。史书记载，刘贺（前 92～前 59 年）系汉武帝刘彻之孙，其父是昌邑王刘髆——西汉第一代昌邑王。后元元年（前 88 年），昌邑王刘髆去世，谥号哀王。刘髆死后，年仅 5 岁的刘贺嗣位，成为西汉第二代昌邑王。元平元年（前 74 年），汉昭帝刘弗陵驾崩，因无子，刘贺（19 岁）被拥立为帝，成为西汉第七位皇帝，在位仅 27 天。史书称其因荒淫无度、不保社稷而被废，他也是西汉历史上在位时间最短的皇帝。被废后依旧回故地山东巨野昌邑封地。10 年之后，即元康三年（前 63 年），被封为海昏侯，移居豫章国（今江西省南昌市北部）。神爵三年（前 59 年），刘贺去世，享年 33 周岁，史称汉废帝。目前学术界对刘贺的形象问题仍有争议。

海昏侯墓葬是我国目前发现的结构较为完整、布局比较清晰、保存基本完好的汉代列侯墓园，同时也是目前我国唯一一座具有皇帝身份的王侯墓葬。保护挖掘工作于 2015 年展开，挖掘之初考古人员并不知晓此为海昏侯刘贺之墓，称其为墎墩汉墓。

海昏侯刘贺墓葬本体规模宏大，上有高达 7 米的覆斗形封土，地表之下有 8 米深的甲字形墓穴，墓穴内建有面积达 400 平方米的方形木结构椁室，由甬道、东西车马库、回廊形藏阁、主椁室构成（图 1、图 2），设计严密，

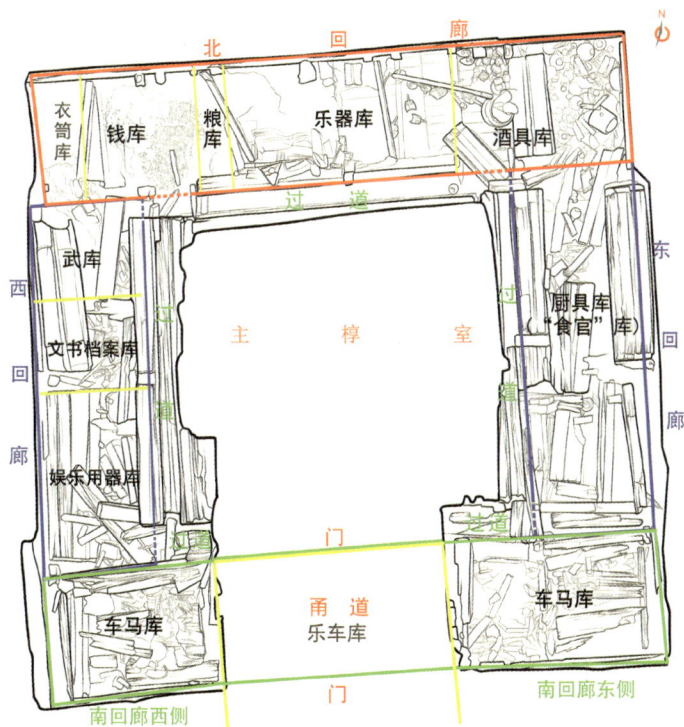

图 1　方形木结构椁室

图 2　主椁室

结构复杂，功能清晰明确，是西汉中晚期列侯等级墓室的典型范本，对于认识和研究西汉列侯等级葬制具有重要价值。

海昏侯主棺的出土遗物基本保持完整，虽然出现了部分木质文物（外棺和内棺侧板）断裂破碎及缺失现象，但棺内不同材质遗存的位置多数没有发生移动，器物大多完整且较为丰富。由于椁室坍塌，棺木侧板破损，棺内遗存叠压情况严重，少数遗存被挤压散落棺外，特别是脆弱质遗物的出土量占相当比例。如果在现场进行常规考古发掘清理，缺乏合理性和针对性，还可能使原始有效信息较快劣化或消失，其他遗存在较短时间内发生断裂、损伤、缺失等。海昏侯考古现场处于自然环境状态，难以有效控制相对区域的温度湿度变化，这也是造成上述遗存劣化的主要因素。为此，数位国内著名汉代考古学者及文物保护专家依据现场的出土状况和环境条件，主张与赞同对主棺及其他重要出土遗存通过现场包装、异地迁移的方式，在室内环境可控的前提下，进行实验室考古发掘清理和处置保护的相关程序。

根据支撑材料的差异，选择现场箱体包装物品和实施形式也是不相同的。

目前，考古现场出土遗存底部支撑材料可分为四种：一是黏性土体，其底端的支撑体为土质结构，该土体内含有一定胶质，属黏性土壤，支撑力度较强，且不易松散垮塌。二是沙化土体，我国西北地区大部和北方半农半牧地区多属于这种沙化土壤结构，该土体内部胶质含量较少，水分蒸发导致块状土体极易松散垮塌，其支撑力度较差。三是石质地层，由开凿山体岩石所形成的遗存葬埋区域，其遗存底部紧贴山体岩石，无法使用常规土体遗存箱体包装的方法进行。四是遗存出土层位较多且复杂，存在着上下叠压现象。海昏侯墓园主棺整体包装的实施方式就是根据第四种情况决定的。

二、墓葬包装

海昏侯刘贺主棺部分由棺床、外棺和内棺组成，主棺的实际长度近380厘米，宽约160厘米（图3）。主棺部分呈现目前这种非规则形态，其主要原因是椁室坍塌。椁室盖板由若干根长约800厘米、宽约60厘米、厚25厘米的条状木料组成。由于长时期浸泡在水中，完全处于泡水状态及密封环境，很大程度上增加了木质的实际重量，其木质结构和外观完整程度基本保持着原始加工状态。椁室盖板及上方土体塌陷时形成巨大压力，对主棺侧板和端板造成了十分严重的破坏，致使该部分遗存或变形，或崩裂，或粉碎，或缺

图3　主棺出土状况

失。根据考古工地现场这一遗存出土情况判断，内外棺侧板和端板的规格形制、结构信息等已难以查找。其下方支撑体是双层排列有序的椁室底板，规格与椁室盖板等同。椁室底板同为出土遗物，同样需要进行有效保护。棺床底端不具备实施掏挖的任何空间，采用何种方式对主棺部分进行整体套箱包装，则是需要思考与商榷的。根据考古工地现有条件，要在保证上下层遗存均保持出土状态的前提下，规划设计一种简单易行、方便操作且行之有效的方法形式和技术路线。

1. 金属框架结构固定

主棺下方的棺床呈日字形框架结构，单一木质边框的高度约为 23 厘米，宽度约为 20 厘米。纵木与横木之间的榫卯连接方式清晰可辨，木质框架虽有部分缺失，但基本保持着原有形态，其木材质量还具备相当的牢固程度，可以为主棺整体起取提供良好的材质基础。

使用符合国家标准的槽形钢材，将其加工成与棺床规模相适宜的长宽程度，分别在其两端钻出孔眼，放置于棺床四周底端，使用锚杆形式将两侧槽形钢材加以固定，使外侧金属框架与棺床形成牢固整体（图 4）。

2. 箱体侧板端板组合

此后，把制作完成的套箱四个边框置于金属框架上方，并在木质边框之间实施有效连接（图 5）。

图 4　金属框架固定

图 5　框架连接

3. 箱体底板安装

棺床部分与金属框架、木质箱体已经连接为整体，其稳定程度是有把握的。使用起重设备将整体套箱包装的一端缓慢抬起，其高度与底板厚度相一致，空间距离具备了，把加固完成的底板快速穿置于金属框架底部，并予以临时支垫处理。随后把起重设备转到箱体包装的另一端，按照上述操作方式对该范围内底板实施置放，程序完成拆下吊装绳索。至此，金属框架下方底板全部放置到位，使用加工完成的扁铁将底部插板和箱体侧板相互连接（图6），套箱的两侧、两端和底板部分成为一个整体，组成完整的独立包装箱体。

图6 底板与侧板连接

4. 发泡材料填充

箱体就位之后，使用柔软纸张铺设于棺内遗存表层，此上再铺设一层聚乙烯薄膜（确保不存在破损漏洞）。遗存与木质边框之间的缝隙需要使用潮湿土体或其他包装材料予以填充（图7），并对其进行拍打稳固，避免液态聚氨酯材料的渗入。将多数盖板固定于箱体侧板之上，留出部分盖板之空隙，作为浇入液态聚氨酯材料的入口（图8）。随后，对聚氨酯材料进行合理配比及搅拌，快速将其均匀灌进入口处，此后迅速固定盖板，聚氨酯材料在较短时间内膨胀，由液态转化为固态，并且可

图7 填充包装物

以填充至任何空隙之处，保证了遗存原有状态的稳定性，主棺箱体现场包装程序结束。

图8　填充发泡材料

5. 吊装运输

主棺包装箱体虽然具备一定体积，但由于箱体内侧缝隙处及上方空间内填充了部分发泡材料，为顺利和安全吊装奠定了良好基础（图9）。运输过程中应采取相应的防震措施，如在运输工具底部衬垫一层较厚的泡沫，泡沫之上衬垫海绵，包装箱体四周与运输工具的边框之间也置放间隔防震材料。另外，由于包装箱体内考古遗存均比较脆弱，故在运输工具、行驶道路等方面妥善安排，在运输途中车速不宜太快，力求平稳，避免或减少颠簸及碰撞，并且做好各种安全防范工作。

图9　吊装

三、外棺清理

1. 开启外棺

主棺的吊装和运输程序稳妥而顺利，安全抵达了设在大约一公里外的海昏侯文物保护工作用房（实验室考古操作间）。该操作间内配置了环境控制、移动航吊、液压升降与液压移动等必要的设备，以及部分适宜的便携式分析检测仪器，为正常的实验室考古发掘清理和处置保护活动提供了良好基础。

包装箱体就位之后，使用工具对箱体盖板实施拆除。将填充的聚氨酯发泡材料按不同区域分组分块予以切割并逐一清理干净，保持棺盖表层完整和清洁。主棺的外棺盖保持着原有的基本形态，南端较低（墓主头部）、北侧偏高、中部区域略有凹陷，厚度约 8 厘米。棺盖四周边缘下方与侧板和端板的衔接处，出现部分破损及缺失现象。从棺盖的外表观察，外观表层比较完整，其牢固状态应具有一定的强度。经过充分协商和论证之后，决定了外棺盖开启的方法形式和技术路线。

首先，在主棺南侧棺盖底端寻找与下方连接的缝隙，在缝隙上方加入一层衬垫，用金属工具插入缝隙之内，通过杠杆作用，进行缓慢撬动。其次，随着缝隙不断扩大，交叉替换不同型号工具，使缝隙能够达到 10 厘米左右，迅速将加工制作成统一型号的木棒横向插入缝隙空间，并抽出金属撬动工具。再次，抬起木棒两端，使棺盖底端缝隙逐渐向内侧移动，待其空间距离能够容纳另一根木棒时，插入第二根木棒。此时，需要将插入的两根木棒进行同步抬升，插入第三根，下一步操作程序以此类推。这样棺盖下方横向插入若干根木棒，基本属于等距置放，使每一区域的受力程度均衡，避免了棺盖在操作过程中可能出现的弯曲变形及断裂破损现象。

随之，使用航车把制作完成的木质框架吊运至适宜高度，在框架与木棒之间用绳索互为连接，绳索捆绑距离和松紧状态需要协调一致，确保棺盖在起吊程序中的同步性。

2. 遗存清理处理

外棺盖开启操作顺利结束，棺内遗存主要集中在外棺头厢位置。上层出

图 10　漆木盒

图 11　头厢出土遗存

土一个制作精良的漆木盒，表面和四周侧面均嵌有不同人物及动物形状的金箔饰片。受上方棺盖重压的影响，漆木盒已完全破损变形，被压成平铺状（图 10）。漆木盒下方出土了两枚玉璧，呈大小两种规格形式，后者盛装于上下可以扣合的木盒之中。相关考古资料记录完成之后，将上述遗存按照程序逐一取出。底层则出土了不同规格、数量各异的黄金制品，其中有麟趾金、马蹄金、金饼、金板等（图 11）。随后，按照编号分门别类予以取出。至此，外棺头厢出土遗存的清理工作告一段落。

四、内棺清理

1. 开启内棺

主棺内棺开启方式与外棺开启操作程序相似，棺盖保存状况基本完整，只是靠近北侧的棺盖存在局部断裂现象，厚度 6 厘米左右。在南端棺盖下方找到连接的缝隙，使用金属工具插入缝隙之内，缓慢进行撬动。待缝隙能够达到一

定高度时，迅速将木棒横向插入缝隙空间。内棺棺盖下方横向插入数根木棒，同样也是等距置放，使受力程度分散且均衡，防止棺盖在操作中出现不可预测的情况。随后，使用航车进行起吊，并将其置放于支撑托板之上（图12）。

图12　揭取内棺盖

由于顶部椁室倒塌，形成巨大压力，内棺侧板和端板被挤压成破碎状，且外形变化严重，散落于棺外周边。棺内所有出土遗存被压缩至约为5厘米厚的空间内，多数遗存呈扁平状，形状出现扭曲，并且互相叠压。由于埋葬环境及水土内含有较高浓度的酸性物质，墓主人遗骸完全朽蚀而不复存在。墓主腰间至脚端上方表层似保留着已经泥化的纺织物品（图13）。

图13　棺内遗存

2. 第一层遗存

内棺棺盖至内棺底板表面，其实际空间高度有限，棺内多数遗存几乎均呈断裂破碎状。

图 14 头厢遗存

内棺南侧头厢部位出土了十几个规格不一、大小不同且存在叠压关系的漆木盒和一个青铜质长方形盒。上述遗存均被内棺盖板压成扁平状，盒内能够出土何物还有待于开启之后方可解读（图 14）。

内棺头厢北侧区域为墓主人头部，上方覆盖一层夹纻髹漆覆面（也称温明），覆面表层置放两枚直径各异、厚度不一的玉璧。

墓主颈、胸、腰等部位清理出土规格各异的玉璧 15 枚。

上述遗存的影像拍摄、图表绘制（纸本及电子图）、登记编号、三维模型构建、文字描述等资料记录程序全部结束后，按照考古规程将该遗存一一取出，并且予以分类妥善包装。

3. 第二层遗存

内棺南端为墓主头部范围，当将覆盖于脸部的玉璧取出之后，下方是墓主人的上下颌牙齿，保存状况大体良好，具备一定的牢固程度（图 15）。对其采取了适宜的固定支撑处置后，在保持出土时原始状况下，将其妥善取出，放入密封包装盒内，以待后用。

墓主头部下方为一镶玉木枕（也称玉枕），已被压成平板状，表面为髹褐色漆。从现有遗存来看，在玉枕表面和侧面镶嵌着数块素面玉饰，分别位于墓主头部下方、前侧面和左右两端；在玉枕两端相互对称的位置上，呈侧立状放置着数枚规格不一的乳丁纹玉璧和透雕玉环，但多数已断裂破碎，并有部分缺失（图16）。

墓主身体两侧中部，左侧出土一把较完整的青铜质且带剑鞘的玉具剑，右侧出土一把铁质带剑鞘玉具剑，剑鞘为木质夹纻髹漆，后者存在断裂情况。玉质的剑首、剑格、剑璏、剑珌虽有部分断裂破碎，但基本保持完整形态。

在墓主的腰间及身体两侧，出土了多件玉质、玛瑙质、琥珀质和角质的小型饰件。其腰间右侧出土一组合串饰，包括玉质印章、铁质书刀、觽形佩及两枚水晶饰件（图17）。墓

图15　墓主牙齿

图16　镶玉木枕

图17　第一层遗存揭取后

主腹部下端，出土了一枚玉质的肛门塞（可能为替代品），应该是玉衣的组成构件。

古人认为玉制品有特殊的功效，以玉殓葬，施覆于人体各部位可以保护尸体，防治腐朽。葬玉是指这类专门为保护尸体而制造的随葬玉器，主要有玉衣、玉琀、玉握、九窍玉塞、玉枕、玄璧和镶玉棺等。海昏侯不是王及以上级别的人物，不能使用玉衣。

王级别以上的人，一般用金缕玉衣来防止身体与外界接触。刘贺墓中及身体部位有玉琀、玉握、九窍塞、玉枕、玄璧等陪葬品。

玉衣又称"玉匣""玉押"，一般是帝、王死后的殓服，即用金属丝线将玉片穿缀而成的尸罩，可分为金缕、银缕、铜缕、丝缕玉衣。

玉琀是含于死者口内的葬玉。玉琀各代形制不一。商周玉琀有玉蝉、玉蚕、玉鱼、玉管等，春秋战国时玉琀有玉猪、玉狗、玉牛、玉鱼等。大约任何较小的玉件都可充当口琀。汉代以后大量使用玉蝉做琀。

玉握又称"握玉"，是握于死者手中的葬玉。汉代常见的玉握是猪形即"玉豚""玉猪"，其他如璜形玉器有时亦作玉握使用。

九窍玉塞是指填塞死者九窍的玉塞，指的是眼盖、耳塞、鼻塞各两件，口塞、肛门塞、生殖器罩盒各一件，共九件。

玉枕，一般是皇帝和王公大臣用的镶玉的枕头。

玄璧是一种深绿色或青色的玉璧，璧面上一般阴刻两周纹饰带，内周为蒲纹或涡纹，外周刻兽首或凤鸟纹，还有三周纹饰带的玄璧。这种玉璧一般成组放置于墓主尸体的前胸和后背，有一定的排列方式，并以织带相连接，然后又在玉璧表面普遍粘贴一层织物，把前胸和后背的玉璧编连在一起。

4. 第三层遗存

第三层遗存为金缕编缀的琉璃席（图18），包括琉璃席四周的包边，厚度与内侧琉璃席片相近，底层为植物纤维，中间层由不规则且无规律的金箔片和红色彩绘互为镶嵌点缀，表面则覆盖一层云母片。云母片材质十分脆弱，多数已呈破碎状，并有一定程度的缺失。

图 18　琉璃席保存状况

从墓主人头端开始到膝盖部分，此区域的每一块琉璃席虽然断裂破碎，局部略有残损，但基本没有缺失，并且具备相应的牢固强度。起取的方法为：统一编号后，按照纵排横排顺序，使用适宜的小托板将每一块的组合部分进行拼接码放，装入合适的包装盒内，以待后期实施清理、拼合、粘接及复原。

而膝盖以下至脚端，其下方的琉璃席片多数表面已经高度粉化，内侧材质完全泥化，边缘部分已较难识别。对此采取的措施为：使用玉石文物加固剂对琉璃席片进行滴渗加固，待其达到一定强度时，将横排作为一个单位，于其表面铺设一层医用纱布，把加热呈液态状的薄荷醇涂刷至纱布表面，透过纱布与琉璃席片互为衔接，两者能够快速成为一个组合体。纱布作为有效支撑体，可以对横排琉璃席片实施整体揭取，确保了下方遗物的完整形态。

5. 第四层遗存

琉璃席片的处置揭取程序结束之后，其底端则是相对距离一致、规格相同的金饼，合计为 100 枚（图 19）。

图 19　金饼保存情况

从金饼的外表观察，其边缘和底端部分非常光洁，中部区域略有凹陷，上部表层呈虚弱状蜂窝形态。这种情况的存在，与铸造金饼的模具有关，主要原因为模具与液态铸造金属之间的温差及排气不顺畅。百枚金饼多数是素面的，只有数枚的底端出现十分规律的"V"字形（图 20），这是在模具加工时留下的印迹，寓意不详。另外，也有数枚金饼在铸造完成后，在底端光洁处有数量不一的刻画文字（图 21），其含义不详。

图 20　金饼底端的"V"字形

图 21　金饼底端的刻画文字

受埋藏时间久远、金饼体积小比重大、上层遗存和土体的重压等多重因素影响，将金饼逐一摘取之后，内棺底板表层留下了百个深度不一的坑窝（图 22），纵向横向原始排列，代表了每一块金饼的摆放位置。

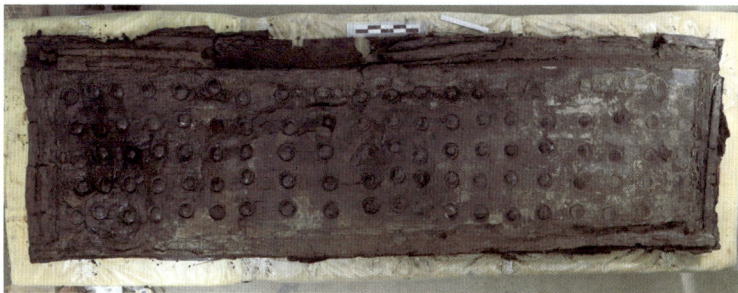

图 22　内棺底板

五、棺床清理

前面已对承载外棺和内棺的棺床有过简单介绍，其木质外观保持基本完整。棺床由两条纵木、三条横木、四个木质轮体和表面铺设木板组成，纵木和横木以榫卯结构连接，形成"日"字框架形状，框架顶端加工有榫槽，用于棺床表面铺设木板的嵌入固定。

纵木：两端及中部有榫卯结构。两条纵木表面内侧各有宽高约 6 厘米的榫槽，用于置放棺床顶端木板。在纵木底部两端的相对区域，分别掏挖出长方形孔洞，将木质轮体镶嵌于其中。长方形孔洞的左右两侧，有两个掏挖成圆形的孔洞，用于固定轴体。而在放置轮体的纵木部位，局部呈破碎缺失状。

横木：三条横木两端各有榫卯结构（与纵木连接），南侧和北侧两条横木与纵木相似，表面内侧均有榫槽，与左右横木内侧榫槽处于同一高度，用于置放棺床顶端木板。

棺床轮体：数量为四个。由于长期处于重压之下，轮体已严重变形，并有断裂、错位及部分缺失，但棺床东北角轮体保存较为完整。轮体中间有一圆形孔洞，内置木质轴体，但均已出现断裂、残损和缺失现象。

棺床之床板：平铺于棺床框架之上，床板基本完整，局部有裂隙现象。两端和中间的底端均有支撑，而没有支撑的区域则出现了部分凹陷，使床板表层呈波浪形。

棺床之上置放外棺底板，外棺底板表层呈素面，整体外观较完整。

通过发掘清理，在海昏侯主墓中发现了大量的文物。包括海昏侯刘贺的私印以及大量的马蹄金、麟趾金、金板、金饼、玉璧、琉璃席、玉石器、漆木器等，以及四周回廊出土的青铜礼器、青铜使用器、五铢钱、乐车、兵器、谷物和植物核、漆木器、竹简、木牍等，其陪葬规格较高。刘贺虽然不是王以上级别的人物，但是陪葬品有许多超出了其地位应有规格，如陪葬玉璧较大，且部分还具备战国玉器风格。漆木器在考古发掘中出土数量较多，研究价值和保护保存价值非常高。

到目前为止，海昏侯主墓已出土的不同材质遗存数以千计，数量之巨，在西汉时期诸侯王墓葬中实属罕见，再现了西汉时期高等级贵族的生活，具有极高的历史价值、艺术价值和科学价值。其中，出土了整套乐器，包括编钟、编磬、琴、瑟、排箫、笙和众多的伎乐俑，诠释了西汉列侯的用乐制度；出土的偶车马特别是两辆偶乐车与实用安车，为西汉列侯车舆制度作了全新诠释；大量工艺精湛的错金银、包金、鎏金车马器、乐器和图案精美的漆器，显示了西汉时期高超的手工业工艺水平。

中国现代考古学发掘研究工作已经有90年的历史了。90年间发掘了许多遗址、墓葬，出土的众多遗存存放于各大博物馆，这些工作使得我国文化遗产得到了有效的保护和展示、研究、利用。但是近百年的考古也使得我国的考古资源越来越少，考古资源已是稀缺品。而实验室考古则可以利用较少的资源，对保存完整的遗存实施全方位的发掘清理，并进行有针对性的处置保护；同时，根据出土信息和不同材质遗存的具体状况形态，在保护保存的前提下，具备了陈列展示功能和研究利用价值。

我国每年考古发掘项目数以百计，出土的不同材质遗存数量众多，为考古学研究提供了十分丰富和信息准确的实物史料。由于时期和地域的不同，出土状况和保存形式也存在着较大差异，特别是出土量占相当比例的脆弱质遗存，需要在现场操作处置过程中采取适宜的方法措施，使不同类型的遗存的原始状态得到有效保存。考古田野现场均处于自然环境状态，难以有效控制相对区域温度和湿度的变化，需要根据不同遗迹遗物出土状态，运用实验室考古现场应急处置的办法手段，对部分保存大体完整、出土状况复杂、无法在相应时间内完成发掘程序的各种遗存实施整体套箱包装处理。在温度和湿度完全可控的环境里，对遗存实施合理发掘清理和有效保护。

考古现场有效处理是做好文物保护十分重要的一个环节，这一问题解决的优劣程度直接影响到文物保护最终结果。发掘工作进行中，地下遗存原有的稳定环境和平衡状态被打破，可能直接导致有机质遗存腐化、灰化等结果，无机质遗存也存在着酥解、破损等情况。如何在现场与考古发掘进程中保持同步并先期介入，对出土脆弱质遗存进行应急处置保护，在此基础上，对规模较大、保存完整的遗存采取整体套箱包装就更加凸显其重要价值。充分利用实验室考古环境可控、节奏可控、时间可控及设备仪器的优势，把不同材质的文物保护保存下来并加以利用，为考古学科进一步深入研究提供了准确信息和实物资料。

主讲人简介

　　王仁湘，中国社会科学院考古研究所研究员，中国社会科学院研究生院教授，南京师范大学、首都师范大学特聘教授，上海交通大学人文学院特聘研究员。著有或主编《史前中国的艺术浪潮》《中国史前考古论集》《半窗意象》《凡世与神界》《藏王陵》《混沌初开》《饮食与中国文化》《往古的滋味》《善自约束——古代带钩与带扣》等学术著作百余部。近年重点关注早期中国艺术品中的信仰内涵研究，相关撰述即将陆续出版。

感悟

　　涓涓细流，最终一定能汇成江河入海；有限人生，可能有无限的发现与创造。

推荐书目

王仁湘、贾笑冰：《中国史前文化》，商务印书馆，1998。
王仁湘：《凡世与神界》，上海古籍出版社，2019。

C 发现中国凤 ①

王仁湘

　　凤与龙初见于中国文化里，已经是年代很久远的事了。凤作为一种神物，其原型有说是孔雀的，有说是锦鸡或野雉的，也有说是鹤的，更有说是家鸡的。《山海经·南山经》有云，丹穴之山有鸟"其状如鸡，五彩而文，名曰凤凰"。《尔雅·释鸟》也说，凤形为"鸡头蛇颈，燕颔龟背，鱼尾，五彩色"。上古指鸡为凤，或是鸡凤互名，这样的事也是有的。

　　见过凤的人，肯定没有。可没听说过凤的人，大约也没有。《说文》有"凤，神鸟也"。龙凤带来了许多的神话，在国人心里飞翔的凤，比起龙来要亲近许多，凤的柔美艳丽带来许多的精神慰藉。历代艺术家的创造，让我们的心中都住有一只完美的凤。当然凤并不是一开始就这么完美，这完美经历了漫长的完善过程。于是我们会发问：凤的形象是如何创造出来的呢？

　　人世有祖先崇拜，也有神灵崇拜。一些特别选定的动物被神化后，进入人类的崇拜范畴。有走兽，有飞禽，也有臆想中的龙凤与怪兽。凤作为神鸟，

① 本文图片采自王仁湘著《凤舞邮苑》，中州古籍出版社，2017。

是在史前造神运动中被创造出来的。史前之神是万物有灵观念的结晶，神灵崇拜出现应当很早，但造出可供祭祷的各类神像可能是六七千年前才开始的艺术活动。这个造神运动经历 1000 多年的过程，随之发展到一个高峰。在史前的中国，这是在美玉作为介质被造神运动认可之后的事情。凤，应当就是在造神运动中出现的，虽然古文字学家在甲骨文中认出了"凤"字，不过凤的模样并不清晰，最终还是考古揭开了这层面纱。

一、商代王后的千年藏品

1928 年开始的殷墟考古断续进行 40 多年之后，1976 年 5 月发掘出一座墓葬，墓葬规模在殷墟并不算太大，但随葬品非常丰富，大量铜器铭文都指向一个人——妇好，表明这是妇好之墓。这位妇好，一般认为就是商王武丁的王后。

妇好随葬玉器类别有琮、璧、璜等礼器，大量饰品中有各种动物形玉饰，包括龙、凤、怪鸟兽，及大量野兽、家畜和禽鸟。那件编号为 M5：350 的玉凤（图 1），是从未见过的新发现，其精工美形引起了广泛关注，觉得这是考古所见最完美也是年代最早的凤的造型。

妇好墓出土了玉凤，也出土了玉龙。玉龙有多件，而玉凤仅此一件。妇好玉凤为双面片雕玉饰，造型与商代甲骨文中的凤字相似，是一只神气满满的神鸟。发掘者只用"作侧身回首形，阳纹浅浮雕，相当精细"15 字做了描述，细观玉凤，长喙圜眼，高冠卓然，长尾两歧，短翅半展，隐足亭立。乍观体态

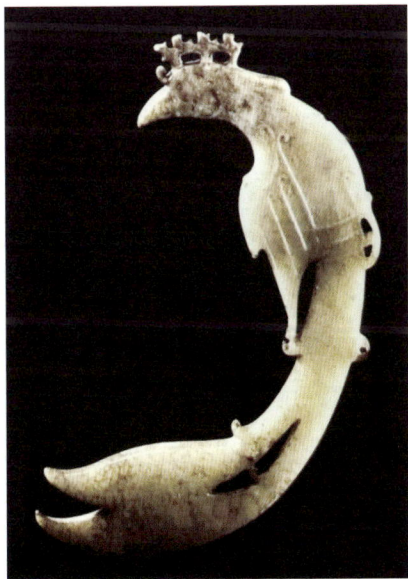

图 1　妇好墓出土的双面片雕玉饰

修长，似回首欲飞去；静睹羽色晶莹，觉飘逸之风起。此乃考古发现中第一枚真凤玉件，非一般凡鸟造型。

玉凤一定是妇好心爱之物，对它的来历却颇费猜测。发掘者坚称玉凤为商代玉器，也有人认为属于龙山文化遗物，还有几位学者先后提出了质疑，认为它应当是南方石家河文化的遗物，时代早出殷墟千年上下。

石家河之玉，从遥远的时空进入妇好的世界，这期间发生过怎样的传承故事呢？

妇好是一位王后，她以率兵打仗的女将军身份进入商代历史。殷墟出土的甲骨文记录了她攻克诸多方国的战绩，她前后击败北土方、南夷国、南巴方以及鬼方等20多个小国，为商王开疆拓土。在商王武丁60多位"诸妇"中，有3人拥有王后地位，妇好列第一位。妇好可以从商王那儿得到赏赐，可以因战功获得自己的封地，她也会由战事获得自己所欣羡的战利品。那枚玉凤为她所喜欢，有可能通过这样一些途径得来。只是在她得到玉凤之前，这心爱之物在世上已经流传了上千年。

二、凤诞石家河

一位商代王后喜爱的玉凤，来自数百公里之外近千年之前江汉区域的石家河，这中间发生的故事早已烟消云散，不过漫长的时光并不能消除我们的好奇，凤最初是由石家河人创造出来的吗？

根据妇好墓发现之后陆续获得的考古证据，特别是比对近年湖北天门石家河遗址新出土玉器资料，综合考定玉凤确非商代制品，而是更早时代长江中游石家河文化器物。以往在湖南澧县孙家岗一座石家河文化墓葬中发现凤形透雕玉饰（图2），在湖北天门石家河罗家柏岭发现团凤玉饰（图3），还有石家河发现的对鸟（双凤）玉佩（图4），表明石家河居民对凤怀有特别的情感认同，他们应是神凤最初的缔造者。最初的凤形，应当是诞生于石家河文化，从此凤崇拜也成为一种规范的信仰方式，并且很快汇入史前造神运动的潮流中。

　　石家河罗家柏岭玉凤形体稍小，团身直径4.7厘米，圜眼，冠羽后卷，长尾两歧。由造型比较，妇好玉凤与罗家柏岭玉凤虽存有一伸一屈的区别，凤首凤身和凤尾的造型却是完全相同。从制作方法上比对，两凤的工艺也是一样，纹饰都采用减地阳刻，这与妇好墓同出的其他玉器明显不同，多数玉器纹饰采用的都是两阴夹一阳的工艺，不用减地技法。石家河新出土的展翅玉鸟和对鸟玉佩，也都是采用这种减地阳刻工艺制作，表现了高超的玉作水平。

图2　湖南澧县孙家岗的凤形透雕玉饰

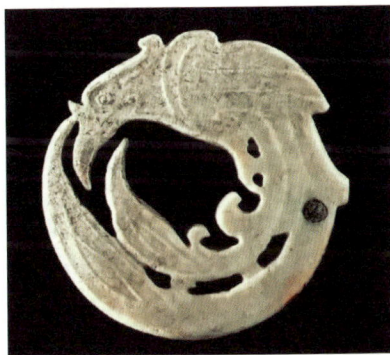

图3　湖北天门石家河罗家柏岭团凤玉饰

图4　石家河发现的对鸟玉佩

　　研究发现妇好墓所出玉器中还有一些可能是石家河原玉的改制品，有的环璜类饰品都琢有成排的立鸟形扉牙（图5），明显属于石家河文化风格。石家河文化不仅有玉团凤，也发现有玉团龙，类似玉团龙在妇好墓也有出土，两者造型及细部特征非常接近，形体也都很小，妇好墓的这一玉龙很可能也来自石家河文化（图6）。团龙（C形龙）在东北红山文化和东南崧泽文化中都有发现，只有在石家河文化中团龙与团凤共存，也许这里才是最先将龙凤合崇的部族，这也为后来同地生长的楚文化奇诡的信仰涂上了浓厚的底色。

图5　石家河的环璜类饰品

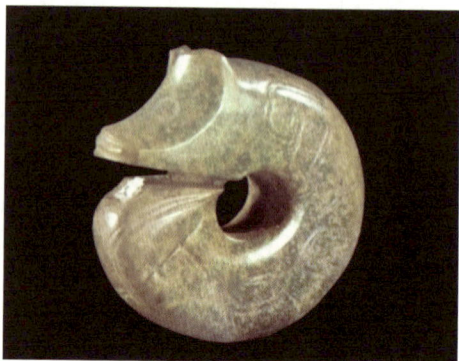

图6　玉团龙

　　石家河文化及后石家河文化的玉器制作工艺水准，在史前已经达到巅峰。采用巅峰技术，制作出第一枚精致玉凤，让玉凤一诞生便显出高贵优雅，这是石家河人一个重要的文化贡献。

　　石家河人的玉作除了精致，还有小巧、奇俏、灵动、别致等诸多特点。构形具象与抽象共存，彰显象征内涵，少见纯粹意义的饰品。玉凤，同玉龙、玉虎、玉蝉一样，都是在神话背景下催生的艺术品，它们都应当具有特别的含义。

　　依照后世的概念判断，凤为百鸟之王，凤为阳之精，五行属火。石家河新发现的凤鸟纹圆形玉佩，圆润的玉佩中用阳刻工艺刻画出一只展翅的凤鸟，应当是寓意阳鸟负着太阳飞翔，可以看作石家河人奉行太阳崇拜和阳鸟崇拜的实证。

图7　石家河凤鸟形冠玉两面神

　　石家河人不仅制作出单体和双体的凤鸟玉佩，还制作出非常诡谲的凤鸟形冠玉神面，玉神面常常雕刻成两面神（图7），正背是表情不同的神像。有人认为这可能是太阳神，也与太阳崇拜相关联。

由崇阳到崇凤，这可能是石家河人创造出玉神凤的来由。当然，凤在中华文化中还有另外的担当，对此我们还要细细追踪。

三、阳鸟与神祖

《说文》中说凤为"神鸟也"，这是汉代之前的传说。《说文》引天老之言说："凤之象也，鸿前麐后，蛇颈鱼尾，鹳颡鸳思，龙文虎背，燕颔鸡喙，五色备举。出于东方君子之国，翱翔四海之外，过昆仑，饮砥柱，濯羽弱水，莫宿风穴。见则天下大安宁。"具有多种动物特征的凤，它一出现便天下安宁，这是吉祥神鸟。

凤被认作鸟中之王，应是由多类鸟崇拜并成的集合崇拜，就像多类动物崇拜合成的龙崇拜一样。鸟崇拜的出现，主要是族群认同与太阳崇拜的结果。

成都金沙遗址出土太阳神鸟金箔的外围环飞着四只鸟，让一些学者想到《山海经·大荒东经》中"帝俊生中容……使四鸟"的传说。金箔表现的是太阳飞速旋转，四只神鸟托负着太阳在天上经过，金箔形象地展示了"金乌负日"古老的神话传说。这乌与鸟，便是阳鸟。

太阳在天上由东向西运动，先人不知动力何在。人们很自然地想到了鸟。在他们的视线里，只有鸟才有本领在空中翱翔。人们这样想象，一定是会飞翔的鸟带着太阳越过天空，那太阳一定有神鸟相助，它们是阳鸟。

原始的太阳崇拜和阳鸟崇拜，在新石器时代就已产生。在史前人留下的太阳图像中，阳鸟是一个惯常表现的主题，阳鸟成了太阳的灵魂。浙江余姚河姆渡遗址发现了刻画双鸟朝阳的象牙，良渚文化一些玉器上也刻有威严的神灵和飞翔的阳鸟图形。

黄河下游和淮河下游是大汶口文化和龙山文化分布区，是传说中阳夷、于夷、太昊部族、少昊部族等东夷集团活动的区域。少昊又名少皞，名叫挚，是传说中的帝王。"挚"便是"鸷"，就是鸷鸟。这个部落是由许多鸟氏族组成的联盟，少昊是东夷部族的首领。少昊部族内有 20 多个以鸟为名的部落，如凤鸟氏、玄鸟氏、伯赵氏、青鸟氏、丹鸟氏、祝鸠氏、鸤鸠氏、鹘鸠氏、爽鸠氏等，其中有凤族 8 个，凤族在少昊集团中地位最为尊贵，掌管天文历法，指导部落农桑。

黄河中游的仰韶文化是一个繁荣的彩陶时代，在红红的陶器上绘着优美的图案。陶工们将当时的信仰明白地描绘在陶器上，陶器纹饰中就有圆圆的太阳和生动的阳鸟图像（图 8）。在陕西华县泉护村等遗址，出土了不少阳鸟图案彩陶。陶盆上绘出的鸟有的展翅飞翔，有的亭亭玉立，它们的背部就有圆圆的太阳图形。背负着太阳的阳鸟，一定是仰韶人丰收的希望。

图 8　仰韶文化中陶器上的太阳和阳鸟图案

传说中的帝喾是个了不起的人物，他以日神自居。帝喾的元妃姜原生了弃（即后稷），弃是周族的始祖；次妃简狄生了契，契是商族的祖先；次妃庆都生了尧，尧是历史上有名的五帝之一；次妃常仪生了挚，挚继承了喾的帝位，九年后禅让给帝尧。这几个儿子分居各地，形成更多部族，每个部族都有鸟崇拜的影子。

殷人始祖神话说："天命玄鸟，降而生商。"司马迁将这则神话写进了《史记·殷本纪》，说是帝喾的次妃简狄在野外沐浴时，吃了玄鸟遗落的一只卵，结果怀孕生下了契。玄鸟或说就是燕子，也是太阳鸟。玄鸟也就因此被看成殷人的祖先，或者说殷人自以为就是太阳的子孙。殷墟出土青铜器上常见鸟纹，图案化的立鸟透出一种少见的纤纤之美（图 9）。更多见到的是一些鸟形玉佩。鸟形玉佩的琢磨十分精细，造型各异，亭亭玉立，透出一种高贵之气，表达了殷人对阳鸟所怀有的特别情感。

周也是一个崇鸟的部族，周武王伐纣时有"凤鸣岐山"的传说。这是周

图9　青铜器上的鸟纹

族兴盛的先兆，也是胜利在望的号角，所以武王兴周灭商，推翻了商王的统治。岐山因境内东北部的箭括岭双峰对峙，因山有两枝而得名。《国语·周语》说：周族兴起，有凤凰鸣于岐山。周人崇凤，视之为神鸟。西周时代出土的一些鸟纹玉器，制作一般都比较精细。周代青铜器上也常见凤鸟纹和拟日纹，日纹似烈焰升腾。这都表达了周人对太阳与阳鸟的崇敬，这其中也有对凤鸟特别的崇敬。

当始祖神话与太阳崇拜融汇在一起，当众鸟崇拜集合为凤崇拜，光明与美好都由之呈现，这就是先民的世代愿景。

其实不独在我国，太阳鸟在外国也是无处不有的精灵，太阳崇拜在世界各民族中普遍存在，曾经是人类共同的信仰。在阳光下繁衍生息的人类，他们以最虔诚的心灵，在世界的每一个角落向未知的世界表达纯洁的心声。无限的宇宙，神秘的苍穹，光明的太阳，孕育人类的生命，塑造人类的灵魂。那翱翔天际的鸟儿们，是最有资格接近太阳的使者，只有它们才能将人类的虔诚与感戴传递给万能的太阳。

四、凤凰于飞

远古的阳鸟崇拜，到了一统华夏之后，逐渐深化为一统的凤凰崇拜。

我们知道，嬴姓的秦族崛起于西部，秦族同商族一样也以玄鸟即凤凰为始祖神。《史记·秦本纪》记述了这样的传说：秦人始祖女修，是颛顼帝的后裔。她织布时有玄鸟遗卵，被她吞下怀孕生下大业。大业娶少典氏之女生大费，帝舜赐之姓嬴氏，号伯益。这个玄鸟，有人认为就是凤鸟。

秦人于凤，确实怀有一种特别的感情。刘向的《列仙传》记有一则秦人的传说，叫作吹箫引凤。说秦缪公时有个名叫萧史的人，善于吹箫。缪公的女儿弄玉也爱吹箫，于是就嫁给了萧史。萧史每日教弄玉吹箫，后来弄玉的箫声竟如凤鸣一般，引来凤凰久久不去。

秦人非常喜爱凤凰，包括千古一帝的秦始皇大约对凤凰也特别喜欢。秦始皇统一称帝，为自己起了一个有别于以往任何君主的名号，称为"皇帝"。把"皇"放在"帝"前，自称"始皇帝"，可简称"秦皇""秦始皇"，宁可省略掉那个"帝"字，也要保留这个"皇"字。《说文》说皇即"大"，大即天，"始皇者，三皇，大君也"。《尚书大传》说：燧人为燧皇，伏羲为羲皇，神农为农皇。这是了不得的三皇。《尚书·益稷》所云："箫韶九成，凤凰来仪。"在《诗经》中，也将凤凰写作凤皇，如《诗·大雅·卷阿》中有"凤皇鸣矣，于彼高冈"，"凤皇于飞，翙翙其羽"。

四川发现的汉画像砖，砖上有长尾凤鸟，凤前有"凤皇"两字。河南邓州出土南朝画像砖也见到母子凤凰图，图上也题有"凤皇"两字。将凤凰写作凤皇，在秦汉时代应当是常事。

秦代的瓦当、漆器、铜镜上，凤纹是惯常的主题。秦瓦当中的母子凤纹饰和双凤朝阳纹饰，构图古拙而富于情趣。湖北云梦睡虎地出土的秦代漆器中也有多种凤鸟图案，其中既有线条流畅、装饰性很强的云凤纹，也有神采飞扬、富于写实性的凤鸟纹。秦人如此爱凤，开启了平民崇凤的风潮。

汉代以后龙代表皇帝，凤代表皇后。虽然皇帝的皇字依然还在使用，但凤凰的女性化趋向越来越明确了。后来凤凰便成了女性的代称，一个好女子，就是美丽的凤凰。凤凰头顶美丽羽冠，身披五彩翎毛，是综合了许多鸟兽的特点想象出来的形象，标志着吉祥、太平和政治清明。

龙飞凤舞、龙凤呈祥、凤鸟崇拜已经融入华夏民族的血脉中。

五、四神之凤

凤曾被作为阳鸟崇拜，作为祖神崇拜，也曾与龙、虎和龟一起作为方神崇拜。

方位观念是文明的重要表征之一，方位体系的形成是文明成熟的一个标志。由甲骨文的发现看，四方与四方凤观念的形成，不会晚于商代。辨别四方，是个天文学的概念，古代是通过星宿的位置确定准确方位的，将四方配以象征性的神化动物形象，甚至绘出它们相聚一起的图形，这个文化现象与神凤有关。

四方的这四种神物即四神，所谓"前朱雀后玄武，左青龙右白虎"。这一套象征体系可以追溯到汉代或汉以前不久，但这并非最早的也不是唯一的四神体系。我们在汉代的瓦当、玉器、铜镜上，很容易见到四神装饰，四神在那时已经是一种重要的普遍信仰。

四神，也作四象、四灵，一般而言是指龙、虎、鸟和龟四神。后来道教引入四神观念，四神体系小有变更，普遍比较认同的是苍龙、白虎、朱雀和玄武体系。

陕西澄城县王庄镇柳泉九沟村一座西周墓出土玉印一枚，印形如器盖，龙钮，椭圆形印面四个印文分列在十字格中，依次为龙、鸟、虎、鹿。这是一枚四神玉印，应当属于肖形一类，印文并不能认定就是文字，可称为"四神肖形玉印"。与后来四神体系不同的是，印文本为玄武的位置，却出现了鹿，而不是玄武。

殷墟妇好墓出土过一件称为器盖的龙钮玉器，底面也是以十字格简画出龙、虎、鸟和另一动物之形，这一不明确的动物更像是鹿，可以确认这样的四神体系在商代就已经出现了。过去在河南三门峡西周墓中发现过龙、鸟、虎、鹿铜镜，说明商周两代的四神体系是相同的，这也是早期的四神体系，到了后来玄武才取代鹿进入四神体系中。

四神中的朱雀，作为神鸟，也有被称为凤凰的时候。海昏侯墓随葬有一面偌大的铜方镜，附有漆文"衣镜铭"，镜铭提到的四神为"右白虎兮左苍龙，下玄鹤兮上凤凰"。将通常说的朱雀，直接写成了凤凰。而且玄武变成了玄鹤，这个变化过去我们并不了解。

说四神中有凤，朱雀就是神凤之体，汉代有人作如是观。依《说文》所说，雀为"依人小鸟也"，将这小鸟列入四神，可能有人心有不平，故此以凤取而代之，或者解释说这朱雀就是凤凰。

后来沈括在《梦溪笔谈》卷七中，也表达了类似疑惑："四方取象，苍龙、白虎、朱雀、龟蛇。唯朱雀莫知何物，但鸟谓朱者，羽族赤而翔上，集必附木，此火之象也。谓之长离……或云，鸟即凤也。"不理解也得理解，这四神中的朱鸟，它就是凤，它还有一个别名，特别的别名，叫长离。

《后汉书·张衡传》引《思玄赋》曰："前长离使拂羽兮，委水衡乎玄冥。"李贤注曰："长离，即凤也。"司马相如《大林赋》有"前长离而后矞皇"，服虔注曰："皆神名也。"师古曰："长离，灵鸟也。"长离在《汉书·礼乐志》中写作"长丽"，让人想起长丽也许就是长鹂，也就是黄鹂。其实"离"在古时也确为鸟名，即鸧鹒，也即黄莺，黄鹂鸟也。

六、凤舞龙飞

凤诞石家河，自从石家河人将凤鸟形象创造出来，凤鸟在中华文化中飞翔了四千年的时光。经历代艺术家的提炼，凤鸟艺术有许多提升，凤体造型也发生诸多变化。最大的变化，是凤与龙的结合，也因此出现了更加富于变化的艺术表现形式，龙凤文化的内涵也更为丰富起来。

凤与龙的艺术表现，起初是独立出现为主，彼此之间没有什么联系。如石家河文化有玉龙玉凤，但都是单独成器，没有龙凤同时出现在一起的构图。

商代开始出现"龙凤配"形制的玉器，有凤鸟龙形冠式（图10），也有龙凤并行式（图11）。这两类玉凤都见于妇好墓。在一立鸟的头顶，琢一小龙形，可以理解为戴龙冠的凤鸟。另一玉饰表现在鸟背上有一条大龙，似同立云端之上，觉得龙凤之间有种突如其来的亲密感。

图10　凤鸟龙形冠式玉器　　　　　图11　龙凤并行式玉器

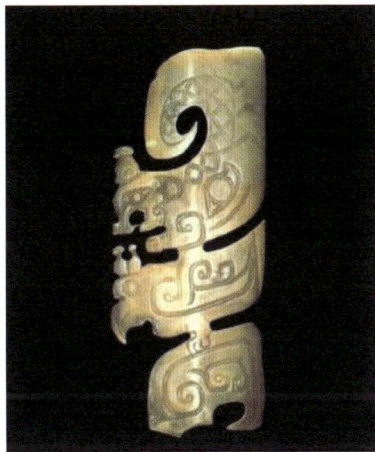

到了西周时期，玉龙玉凤仍然常见，有类同于商代的凤首龙冠形，也有龙体凤冠形，龙凤角色可以这样互换，龙可以为凤冠，凤可以为龙冠。山西曲沃晋侯墓M63出土圆雕玉龙凤一件，立鸟头顶倒立一条小龙，被认为是商代器，与妇好墓所见意境相通。

西周龙凤形玉器更多见到的是片雕线刻，如三门峡虢国墓出土玉柄形器，上有立凤，立在下面的龙体上。凤体较大，不似商代所见，并不是冠饰。又如陕西长安张家坡西周墓出土2件独体团龙玉饰，也见到2件龙凤玉饰。龙凤玉饰为片雕线刻，表现凤立龙体上，彼此关系并不明朗。但凤并不是龙体之冠，这是可以肯定的。这一类片雕线刻玉饰在西周比较流行，对于它的名称、用途、含义，现在并没有一致的认识。山西曲沃晋侯墓地M31晋献侯

图12 台北故宫博物院所藏龙凤玉器

夫人墓出土同类龙凤纹玉器，称为圭形饰，也是表现凤鸟立于龙体之上，凤鸟始终占着上风。

上海博物馆藏西周片雕玉龙凤，一只凤鸟立于仰卧的龙体之上，似乎表现的是龙凤之争，凤鸟也是占了上风。实际上应当是游龙戏凤，并不一定是争斗。台北故宫也收藏有几件类似图案玉器（图12），一般都是凤立龙体之上。傲气的凤鸟，在西周时代，一直在龙体上站立了数百年。

凤立龙体之上，这样的艺术题材在西周时期一定有固定的象征意义。如果说商代时龙凤已经存在联系，但那还只是"互为表里"，西周时才见龙凤真正的亲密接触，这个变化的背景很值得关注。而且还是凤鸟占上风，在周人心里，凤高于龙。

西周还有龙凤同体玉器，龙凤共一身躯，一端为龙首，另一端为凤首，一般称之为龙首凤尾。这种龙首凤尾形构图，尚不明含义如何。从龙凤合体分析，至少可以察觉出龙凤中出现的亲近感。龙凤融为一体，是周人的一种奇想，这奇想的背后，应当还有深层的含义。从互为表里，到亲密无间，再到合二为一，这样的变化动因很值得研究。

例如陕西长安张家坡M157出土龙凤同体玉饰，片雕阴刻，作S形构图，一端为龙首，另一端为凤首。山西曲沃晋侯墓M102项饰玉组佩，6件S形玉饰，3件龙凤同体，3件双首龙形。龙凤同体，龙凤共一身躯，作龙首凤尾形。

到春秋时期，龙首凤尾形的构图还在流行，大体承袭了西周风格，除了玉器上可以看到，铜器和漆器上也能看到。当然也有一些新变化，有时变化非常明显。

龙首凤尾的构形，这一时期流行的广度可能超过西周时。如湖北当阳曹家岗春秋楚墓的漆棺一侧，在一个图案单元中绘龙首凤尾两组，呈正倒方式排列。都是龙首向上，凤尾向下。河南辉县琉璃阁春秋中期墓 M60 出土的佩玉，图案为两两呈十字形交叉的龙首凤尾，这是很少见的构图。

更奇特的是见到一种 S 形玉佩，也是龙凤同体，龙首凤尾。如山西太原赵卿墓所见两件玉佩，尖状龙尾如凤喙，圜眼刻画很明确（图 13）。除了这种 S 形造型，也有玉璜类，同样制成龙首凤尾形。河南光山黄季佗父墓出土玉璜，既有双龙首形，也有龙首凤首同体形。

图 13　山西太原赵卿墓出土的龙凤玉佩

战国时期的龙凤艺术品发现很多，有的承袭了春秋时期的风格，有的是一些新的造型。继续保持龙凤的亲密接触，不过见到的双体龙凤玉佩、玉件显得更加精致华丽。如湖北枣阳九连墩楚墓出土双凤龙形玉佩饰，双体凤立双体龙上，感觉十分亲近。

又见湖南长沙八一小学 M1 出土龙凤玉佩，长条 S 形，同体龙首凤尾。这是春秋时的创意，龙凤同体，是龙凤最亲密感觉的艺术呈现。还有江苏无

图 14　无锡鸿山越国贵族墓中的龙凤同体 S 形玉佩

锡鸿山越国贵族墓见到的龙凤同体 S 形玉佩（图 14），时代属战国早期，极可能原本就是春秋时期传下来的藏品。

龙凤之动态，有时在玉器上表现并不充分，但在铜器上的一些装饰纹样上，则有更生动的体现。如河南辉县出土金银错车具上见到的龙凤交体纹，龙凤身躯都是 S 形，彼此交叠在一起，作向前奔跑状，显得生机勃勃。

有时那种 S 形龙首凤尾玉佩，也会制成龙身凤首模样。如河南洛阳金村出土龙身凤首玉佩，取用龙首凤尾玉佩的既有造型，但舍弃了龙首，是别出心裁的创意。金村还出土一件龙身玉凤佩，作一大凤与二小龙嬉戏状，凤嘴衔一龙，脚踏一龙，各得其乐。山西侯马虒祁 M2129 出土 S 形龙凤合体玉佩，龙首凤尾样式。墓葬属战国早期，玉佩是春秋风格，仍然可能是前期的制作。

山西侯马还出土一种双凤合璧玉佩，双凤拱立玉璧，这也是战国时出现的新造型。有时也见到双龙拱璧玉佩，像侯马的这种玉佩并不多见。

山东曲阜鲁故城 M58 出土了 S 形龙首凤尾玉佩，墓葬属战国时期，玉佩却是春秋风格。墓中同时还出土一件双凤合璧玉佩饰，双凤相背拱璧，与侯马见到的双凤拱璧玉佩相似，也是少见的发现。

春秋时期独体的 S 形龙首凤尾玉饰，到战国时期出现了组合式，若干 S 形拼在一起，显出另一种热烈的氛围来。安徽合肥出土龙首凤尾合体 S 形玉饰，6 条 S 形交叠拼合，组成略呈方形的透雕玉佩。这种样式前所未见，精彩至极。

有意思的是，在战国时期，S 形龙首凤尾玉佩又有新变化，龙首消失，变成两端都是凤首。河北易县燕下都就见到这样的双凤首玉佩，花式大 S 形，两端均为凤首，凤首大小同等。当然在燕下都同样也有 S 形双龙首玉佩，龙凤分体，又是一种意味。

春秋时期的龙首凤尾同体艺术创意，构图有 C 式，有 S 式，也有璜式，不拘一格。其中的含义，有待进一步探索。战国时凤的角色稍有强势体现，其象征意义有待探索。

湖南长沙楚墓出土两幅楚国帛画，其中一幅是御龙帛画，有鸟立龙体之上。神鸟与神龙之间的关系，这画面上已经有所透露。帛画上鸟立龙体，可能是玉器上见到的上鸟下龙构图的注解。另一幅文物龙凤图，表现龙凤一起升腾的景象，恰也是玉器上龙飞凤舞意境的再现。参照帛画的写意，有助于理解龙凤玉佩的意境。

商周两代王者之旗为龙旗，由此似乎可以看出，龙已是王者的一个象征。《诗·周颂·载见》有："载见辟王，曰求厥章。龙旗阳阳，和铃央央。"《鲁颂·閟宫》有："周公之孙，庄公之子，龙旗承祀，六辔耳耳。"《商颂·玄鸟》有："天命玄鸟，降而生商。……武丁孙子，武王靡不胜。龙旗十乘，大糦是承。"这都是王室祭祖之歌，祭祖时载以龙旗，龙旗是王者权力的象征。龙旗也为天子所用，《礼记·乐记》说："龙旗九旒，天子之旌也。"天子用龙旗，天子服龙衮，所以《礼记·礼器》说："天子龙衮。"这种龙衮实物虽然没有发现，但在四川三星堆出土大立人铜像上可以看到，立人穿的是龙纹之服，正是龙衮。

楚辞反复提及龙凤。如《离骚》说："吾令凤鸟飞腾兮，继之以日夜"；"凤凰翼其承旂兮，高翱翔之翼翼"。又《涉江》说："鸾鸟凤凰，日以远兮。"屈原笔下的龙凤，凤担当神使之职，而龙则是凤的坐骑。这样看来，周代开始见到的那些凤立于龙体的玉佩，似乎就比较好理解了，那下面的龙还真可能就是带着凤飞腾的神灵。

对于龙首凤尾 S 形玉佩的理解，似乎一些神话可以提供很有意义的线索。《山海经》中《南山经》说，凡鹊山之首，自招摇之山以至箕尾之山，其神状皆鸟身而龙首。《南次二经》说，柜山至漆吴山有龙身鸟首神。《中次十二经》说，遇山至荣余山有鸟身龙首神。龙首鸟身，或是龙身鸟首，都是传说中的神灵。

龙凤作为玉饰的题材，理当是贵族们的专享。以玉为龙为凤，也只能看作贵族们的信仰。以龙凤为佩饰，从东周时代起，当与君子修德有关，君子比德于玉。龙凤虽为神物，也是可以用于比喻人的，那时高尚之人，圣贤者可以享有比龙比凤的评价，如老子，如孔子。

据《庄子·天运》载，孔子赴洛邑拜见老子，返回后三天不语，弟子们问见老子时他说了些什么，孔子感叹道：我竟然见到了龙！龙是"合而成体，散而成章，乘云气而养乎阴阳"，孔子称老子为龙。

一次老子见孔子带着五位弟子在前面走，问前边都是谁？孔子回答说：子路有勇力，子贡有智谋，曾子孝父母，颜回重仁义，子张有武功。老子听后感叹道：我听说南方有鸟，其名为凤，"凤鸟之文，戴圣婴仁，右智左贤"，老子称孔子为凤。

孔子称老子为龙，老子称孔子为凤，那个时代，龙凤并不是顶层人物专享的象征。

龙凤拱璧的艺术意境，在汉代得到承袭，也有一些新的变通。战国时期的龙凤多出现在璧外沿，汉代则璧内外都有龙凤身影，构图更为活泼灵动。如广州南越王墓出土一龙一凤玉佩、三凤玉璧、一龙二凤玉璧、双凤玉璧，构图多样（图15、图16）。有一件一龙二凤璧，外有二凤拱璧，璧心一龙昂首

图 15 广州南越王墓出土一龙二凤玉璧　　　图 16 广州南越王墓出土双凤玉璧

挺胸，气势不凡。

河北定县 M40 出土双凤玉璧，作双凤拱璧形，凤张嘴似在鸣叫（图 17）。北京大葆台 M1 出土龙凤同心佩，整体作璧形，中心为觽形，左右透雕龙凤对舞，制作精致（图 18）。台北故宫藏双龙双凤玉佩，一对团龙上各立一小凤，原定为汉代制品，其实具有战国风格。江苏省扬州市邗江甘泉"姜莫书"出土璜式玉佩，双龙同体璜上立一凤，这样的造型是汉代首创，有时也见到双龙双凤，制作工艺都比较细腻。

图 17　河北定县 M40 出土双凤玉璧　　图 18　北京大葆台 M1 出土龙凤同心佩

龙凤在汉代艺术中，继承了战国时代的传统，龙与凤亲密无间，如影随形。时而是大龙大凤，时而是大龙小凤；可以是一龙双凤，也可以是双龙双凤。基本不见了龙头凤尾，凤的角色与龙没有明显分别。

说到龙凤在汉代扮演的角色，其实还应当说说四神。前面说到四神中的朱雀，也有凤之名，不过汉代人极少称它作凤。当然，四神里的龙凤，两者间的联系并非我们上面提到的这样，或者说是明显不一样的。四神之外的龙与凤，有着不一样的象征，没有了方神的职掌，却与凡界有了更多的关联。

若是没有龙凤，中国文化里会缺少许多的滋味。中国文化里，真不能缺了龙与凤。

主讲人简介

朱乃诚，中国社会科学院考古研究所研究员、研究生院教授，中华炎黄文化研究会史前文化专业委员会会长，中国社会科学院古代文明中心专家委员会委员。长期从事中国考古学研究。研究专长为中国新石器时代考古、中国文明起源、中国早期玉器与玉文化、中国史前农业等。发表学术论文百余篇，出版《中国文明起源研究》《中华龙：起源与形成》《考古学史话》等著作，主编《中国文明起源研究要览》《妇好墓玉器》《齐家文化玉器》，以及《中国考古学年鉴》等30余部图书，组织了《天地之灵——中国社会科学院考古研究所发掘出土商周玉器》《殷墟宝藏》《考古中华》《妇好墓玉器》《齐家文化玉器》等十余场大中型考古文物展览。

感悟

中国古代玉文化是中华文明的一种核心价值观。而作为学者所追求的一种核心价值观，则是在静心探索与发现中忘却自我。

推荐书目

夏鼐：《商代玉器的分类、定名和用途》，《考古》1983年第5期。

杨建芳：《中国古玉研究论文集》，众志美术出版社，2001。

6 中国古代玉礼器的起源

朱乃诚

中国是一个礼仪之邦。玉器在中国古代社会的各种礼仪活动中发挥了重要的作用，所以，古代中国又是一个好玉之邦。我们将古代在各种礼仪活动中使用的玉器，通常称为"玉礼器"。

我们谈玉礼器的起源，大家可能马上联想到《周礼》对玉礼器的记载。

《周礼》中关于"礼玉"的记载有六种，即璧、琮、圭、璋、璜、琥，称为"六瑞"，以礼天地四方。如"以苍璧礼天，以黄琮礼地，以青圭礼东方，以赤璋礼南方，以白琥礼西方，以玄璜礼北方"。

在《礼记·祭统》中，还记述了另外一类玉礼器，即玉戚、玉钺之类的仪仗，如"升歌《清庙》，下而管《象》；朱干玉戚，以舞《大武》，八佾，以舞《大夏》；此天子之乐也"。

以上八种玉礼器的用途或作用，按照《周礼》等古文献的记载，主要分为四类。

第一类是祭玉，用于敬献神祇，以燔、瘗、沉三种方式进行。祭玉是消耗品。器类主要是"六瑞"，即璧、琮、圭、璋、璜、琥。

第二类是瑞玉，用于祭祀者佩戴或手执进行祭祀活动，以助事神之礼，以别尊卑贵贱身份。使用的器类主要是圭、璧。如《周礼·春官·大宗伯》有云："以玉作六瑞，以等邦国。王执镇圭，公执桓圭，侯执信圭，伯执躬圭，子执谷璧，男执蒲璧。"

第三类是享祖先用玉，陈于宗庙、祖先，使用的器类主要是圭、璋。如《周礼·春官·典瑞》中有"裸圭有瓒，以肆先王"。

第四类是仪仗之玉，使用的器类是玉戚、玉钺。

《周礼》记载的玉礼器的使用是很复杂的。如果我们以《周礼》的记载为主要依据来追溯玉礼器的起源，大概只能在三代范围内探索了，也就是说玉礼器的起源，最多追溯到夏代。

但是，我们应该清醒地认识到，《周礼》是战国晚期的一部托古著作。《周礼》中对礼制、礼器的记载，许多是理想化或理论化的记录。汉、唐诸儒对《周礼》的各种注释，有些是出于臆测，所以我们不能按《周礼》等古文献的记载去做教条化的生硬探索，否则将会走进一条死胡同。

比如《周礼》中的"六瑞"，有五种可以辨别其器形，即璧、琮、圭、璋、璜，第六种琥指的是哪种器形，一直搞不清楚。即使在东汉也不明白"琥"是何种器形。所以，出现了东汉《六玉图》石碑上用瑁代替琥的现象。清末吴大澂将琥指为虎形或虎纹玉器。夏鼐先生指出殷墟妇好墓出土的圆雕和浮雕的玉虎，不是礼仪中使用的瑞玉①。

又如《周礼》中记载"以黄琮礼地"，被近现代研究者不加分析地广为引用。杨建芳先生分析考古出土玉琮的情况，指明这是汉儒穿凿附会的误释②。

所以，我们现在探索中国古代玉礼器的起源，主要依赖于考古学的研

---

① 夏鼐：《商代玉器的分类、定名和用途》，《考古》1983 年第 5 期。

② 杨建芳：《琮为何物——汉儒误释远古礼器一例 兼论〈周礼〉六器说之不足信》，《华学》第九、第十辑（二），上海古籍出版社，2008。另见杨建芳编《中国古玉研究论文集续集》，文物出版社、众志美术出版社，2012。

究了。

最近三四十年来的考古发现表明，玉礼器的起源应在三代之前。

目前所知我国年代最早的玉器，是距今七八千年前、主要分布在辽西地区的兴隆洼文化的玉器。那时已开始开采玉料、制作玉器，并装饰人体，该地区成为世界上最早制作使用装饰玉器的区域。制作佩戴玉器之风，由此开始逐渐流行，并伴随着古代文化的交流，传播到整个东亚地区，可能还影响到世界上其他几个古代使用玉器的中心区域。

从兴隆洼文化发现的玉器的种类与形制特征分析，玉器的起源，应是与制作石工具等生产、生活活动有关。礼仪用玉器的起源，并不是与玉器起源同步发生的，而是社会发展到特定的复杂化阶段的一种产物。

那么，玉礼器到底发生在何时呢？

大家知道，进入古国发展阶段的良渚文化中期已开始大量使用玉礼器，可能也已进入古国发展阶段的红山文化晚期的后段，也出现了玉礼器的使用。所以，我国古代玉礼器的起源，应在良渚文化中期以前以及红山文化晚期后段之前。

现在看来，主要分布在安徽江淮中部地区的凌家滩文化是探索我国玉礼器起源的重要对象。

目前已发现并公布的凌家滩文化遗存，其年代在公元前 3600～前 3300年，已发现近千件玉器。而在其他各个区域，在这个年代范围或更早年代，尚未发现初具礼仪用玉特点的成批玉器的集中出土现象。

所以，我认为凌家滩文化是我国玉礼器起源的首个中心。

下面结合对凌家滩玉器的特征分析，谈谈中国古代玉礼器的起源问题。

一、凌家滩文化中与早期玉礼器有联系的器类

我国早期的玉礼器，即距今 4000 年以前的玉礼器，以红山文化晚期后

段、良渚文化、陶寺文化墓葬中的发现体现得最为充分，其中许多器类与凌家滩遗址出土的玉器有联系。比较明确的有玉璧、双联璧、璜、冠饰、玉箍形器、玉兽面玦形饰、玉版、玉签、玉人、玉鹰（鸟）、"风"字形玉钺、玉珩、玉圭等。

1. 玉璧 ①

玉璧是我国古代玉礼器的四大核心器类（璧、琮、圭、璋）之一。在距今 4000 年前的红山文化晚期后段、良渚文化、陶寺文化、龙山文化，以及齐家文化中都有大量出土，其中以良渚文化的发现最多、最为集中。但是，关于玉璧的起源问题，一直没有解决。有认为良渚文化是玉璧的最早使用者，也有提出玉璧可能源自中原地区的仰韶文化。

凌家滩遗址没有发现有如良渚文化的外径在 15 厘米以上的玉璧。但发现了一批小型玉璧。出自 87M4、87M12、98M9、98M19、98M21、98M28、98M29 等墓中。大的直径约 10 厘米，如凌家滩 87M4：85 玉璧外径 8 厘米，内径 2.4 厘米，厚 0.1 ~ 0.4 厘米（图 1）。87M12：4 玉璧外径约 7.4 厘米，

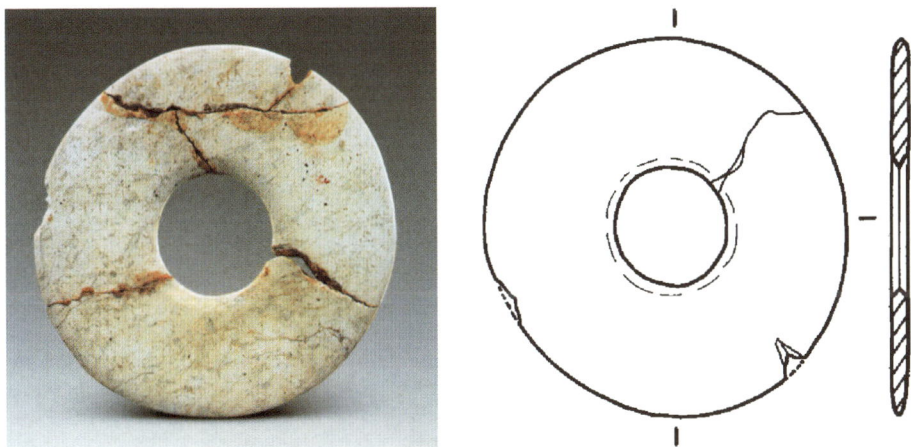

图 1　凌家滩 87M4：85 玉璧

---

① 本部分图片来源：安徽省文物考古研究所编《凌家滩——田野考古发掘报告之一》，文物出版社，2006。

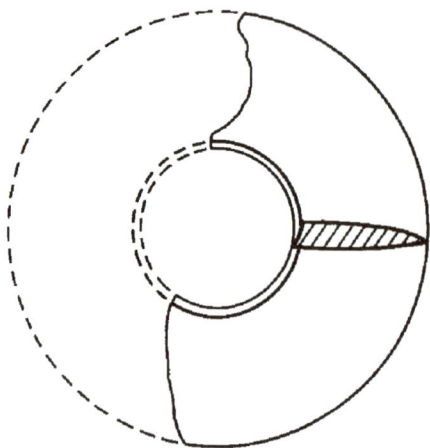

图 2　凌家滩 87M12：4 玉璧

内径 2.8 厘米，厚 0.5 厘米，剖面呈扁平三角形，内厚外薄尖，部分残损（图 2）。98M25：1 玉璧外径 12.2 厘米，内径 5 厘米，剖面中间厚 0.5 厘米，内外边壁薄。壁面上有两面实心钻孔三个，呈等腰三角形分布，孔径 0.4 厘米（图 3）。其他十几件玉璧的外径都在 7 厘米以下。

这是目前发现的年代最早的一批玉璧。87M4：85、87M12：4、98M25：

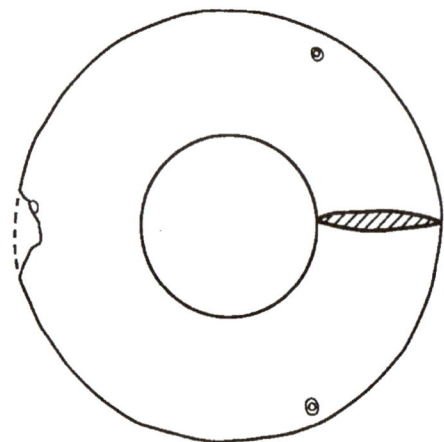

图 3　凌家滩 98M25：1 玉璧

1 这 3 件玉璧是这批玉璧中体量最大者。如果不是因这 3 件玉璧的发现，很难将凌家滩遗址中外径在 7 厘米以下的一批玉璧认定为玉璧。

这 3 件玉璧中，87M4：85 玉璧的年代早于 98M25：1 玉璧的年代。87M4：85 玉璧的外径为 8 厘米，小于 98M25：1 玉璧。由此表明最初起源阶段的玉璧，形体是较小的，大型玉璧是后来发展形成的。中国玉璧的最初形成，大概可追溯至凌家滩文化早期，距今约 5600 年。

在凌家滩文化之前，是否还有更早的玉璧？从凌家滩遗址发现的玉璧大都属小型玉璧的形制分析，恐怕很难见到了。

2. 双联璧 [①]

双联璧在历史时期不多见，而在距今 4000 年前的红山文化晚期后段、大汶口文化中晚期，以及江苏淮安青墩、黑龙江省尚志市亚布力等遗址都有出土 [②]。红山文化晚期后段以及黑龙江尚志市亚布力等遗址还出土三联璧。三联璧显然是由双联璧演变而来。

关于双联璧的起源，尚没有展开讨论。

凌家滩遗址出土一件双联璧，当时称为双联环。如凌家滩 87M15：107-2 双联环，呈上下联璧的"8"字形，外壁厚内壁薄，下部大圆外径 3.5 厘米，内径 1.5 厘米，上部小圆外径 3 厘米，内径 1 厘米，通高 6.7 厘米，厚 0.2 厘米（图 4）。我曾提出凌家滩 87M15：107-2 这件双联环是红山文化晚期后段双联璧（图 5）的原始形制 [③]。

现在看来，双联璧在距今 5000 年前主要分布于凌家滩文化、大汶口文化中期，以及红山文化晚期。在它们三者之间必然有一个文化交流与影响关系。凌家滩 87M15：107-2 双联璧，上下两圆璧大小基本相同，而不是下大上小的梯形，形制最为原始，年代也应是最早的。所以我推测，双联璧的形成，应追溯到凌家滩文化早期，距今 5600 年前后。

凌家滩遗址还出土一件内外套环形式的双联璧，或称镂空璧。如凌家滩 87T1207-2 ：22 双连璧呈内外两环，外径 11.2 厘米，内径 2.9 厘米，厚 0.5 厘米。内外两环之间没有完全切割开，有大体对称的两处连接点。在外环边

---

① 本部分图片来源：安徽省文物考古研究所编《凌家滩——田野考古发掘报告之一》，文物出版社，2006。

② 栾丰实曾对双联璧做过专题研究，可参阅栾丰实著《连璧试析》，载《中国玉文化玉学论丛》，紫禁城出版社，2006。

③ 朱乃诚：《论红山文化玉兽面玦形饰的渊源》，《文物》2011 年第 2 期。

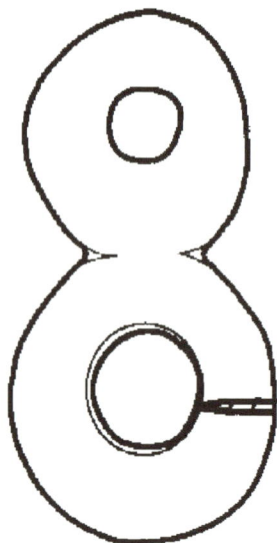

图 4　凌家滩 87M15：107-2 玉双联环

有四个对称的小孔（图 6）。这类内外套环形式的双联璧，在商周以后有少量发现，但在距今 4000 年以前，目前这是唯一的发现。凌家滩这件内外套环形

图 5　牛河梁第二地点双联璧　　　　图 6　凌家滩 87T1207-2：22 玉双联璧

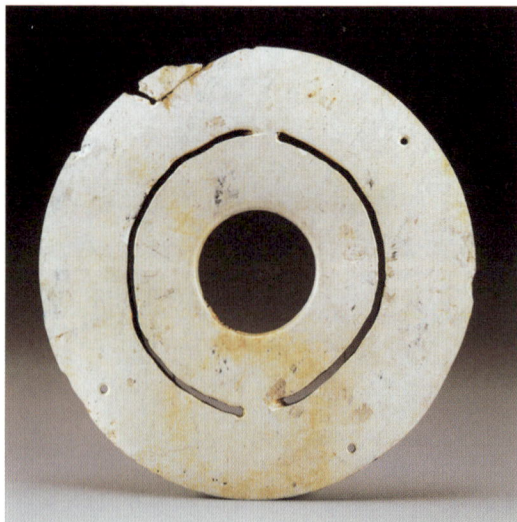

式的双联璧，或许是当时原本要切割制作成两件玉环，形成未完工状态时的形状对制作者有所启发，因而保留了下来，无意间开创了内外套环形式双联璧这一新的玉器器形。

3. 玉璜 [1]

玉璜起源很早，早在距今六七千年的马家浜文化、河姆渡文化、跨湖桥文化、北阴阳营文化遗存，以及仰韶文化中已广为使用，是一种极为常见的玉质装饰品。这种玉璜形制，因地区与时代的不同而有所区别。但其在良渚文化中的使用已具有礼器的性质，演变至西周时期，成为组佩饰中的主体器形。如陕西省长安县（今西安市长安区）张家坡西周墓地 M158 出土的玉璜佩饰 [2]；1990 年发掘的虢国墓地 M2001 虢季大墓，在墓主身上，挂于颈部而达于膝下的一组大型玉组佩，以由小到大依次递增的七件玉璜为主组成 [3]。这些现象说明玉璜在西周时期是一种重要的玉礼器。

由普通的玉质装饰品演变为玉礼器的转折点，是何时呢？大致是在凌家滩文化。

凌家滩遗址出土玉璜的数量很多，而且出土情况具有明显反映墓主身份高贵的特点。

凌家滩遗址已公布资料的 45 座墓有 28 座墓随葬玉璜，共随葬玉璜 125件，而且形式多样，有条形璜（图 7、图 8）、虎头璜（图 9、图 10）、猪首尾璜（图 11）、鸟首璜（图 12）、半扁圆形璜（图 13）、锯齿缘璜（图 14）、半璧形璜（图 15）、半环形璜（图 16）、桥形牙状扉棱玉璜等（图 17）。其中大墓随葬玉璜数量较多，如 87M4 有 19 件，87M15 有 30 件，2007M23有 10 件。随葬玉璜多的墓，其他随葬品也较多。如 87M4 共随葬 145 件，

---

[1]　本部分图片来源：安徽省文物考古研究所编《凌家滩——田野考古发掘报告之一》，文物出版社，2006。

[2]　中国社会科学院考古研究所编著《张家坡西周墓地》，中国大百科全书出版社，1999，第243 页，彩版 14。

[3]　河南省文物考古研究所：《三门峡虢国墓》，文物出版社，1999。

图 7　凌家滩 87M15：107 条形玉璜

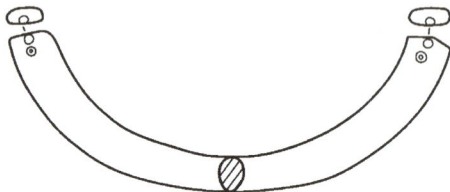

图 8　凌家滩 87M15：44 条形玉璜

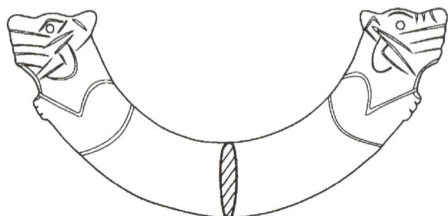

图 9　凌家滩 87M8：26 双虎头玉璜

图 10　凌家滩 85M1 含征 3 虎首条形玉璜

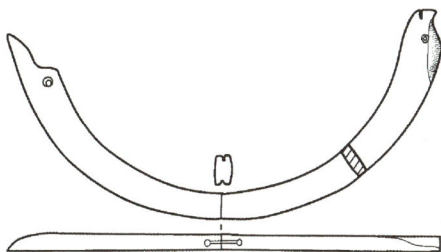

图 11　凌家滩 87M9：18、17 猪首尾玉璜

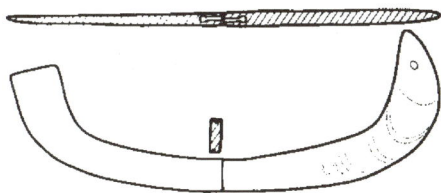

图 12　凌家滩 87M15：40、106 鸟首形玉璜

图 13　凌家滩 98M28：2 半扁圆形玉璜

图 14　凌家滩 98M14：15 锯齿缘玉璜

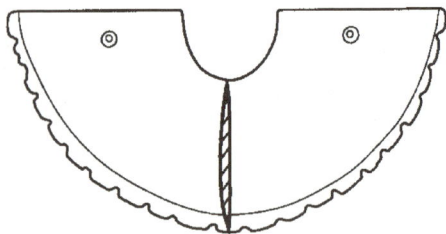

图 15　凌家滩 87M11：7 半璧形锯齿缘玉璜

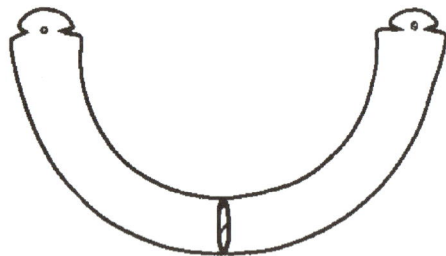

图 16　凌家滩 87M15：50 半环形玉璜

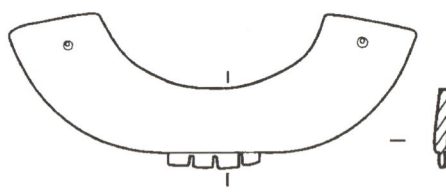

图 17　凌家滩 87M10：8 桥形牙状扉棱玉璜

其中玉器有 103 件；87M15 共随葬 128 件，其中玉器有 94 件；2007M23 共随葬 330 件，其中玉器有 200 件。

而随葬 3 ~ 6 件玉璜的墓，随葬品虽然没有这三座墓多，但基本上比随葬一两件玉璜或不随葬玉璜的墓要多。如 87M8 有 3 件玉璜，其随葬品共有 64 件，其中玉器 43 件。87M9 有 4 件玉璜，其随葬品共有 82 件，其中玉器 60 件。87M12 有 4 件玉璜，其随葬品共有 51 件，其中玉器有 34 件。87M14 有

3 件玉璜，其随葬品共有 53 件，其中玉器 23 件。87M17 有 6 件玉璜，其随葬品共有 56 件，其中玉器 35 件。98M7 有 5 件玉璜，其随葬品共有 49 件，其中玉器 21 件。98M14 有 5 件玉璜，其随葬品共有 24 件，其中玉器 11 件。98M15 有玉璜 3 件，其随葬品共有 19 件，其中玉器 5 件。98M19 有 3 件玉璜，其随葬品共有 18 件，其中玉器 9 件。98M20 有 4 件玉璜，其随葬品共有 172 件，其中玉器（包括玉芯）123 件。98M29 有 5 件玉璜，其随葬品共有 86 件，其中玉器 52 件。98M30 有玉璜 3 件，其随葬品共有 46 件，其中玉器 5 件。

以上这些随葬玉璜数量多少与墓葬随葬品多寡之间的关系，说明随葬玉璜数量与墓葬的规格高低有关。玉璜这种器类，发展至凌家滩文化时期，开始成为具有反映使用者社会等级的礼仪用品。87M15 大墓有 30 件玉璜，它们在墓主身上的佩挂形式（图 18），表明这是目前发现的年代最早的以玉璜为主构成的组玉佩，证实凌家滩文化对玉璜的使用已由普通的玉质装饰品演变为玉礼器了。

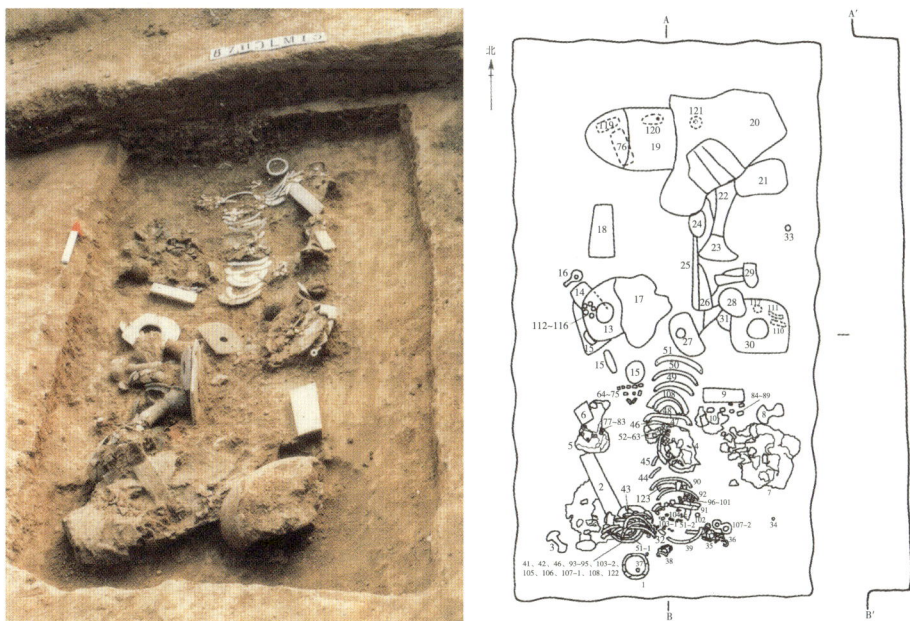

图 18　凌家滩 87M15 墓葬

4. 玉冠饰 [1]

玉冠饰是良渚文化与红山文化晚期后段玉礼器中的一种重要器形。

良渚文化的玉冠饰种类较多，大多是梳背，是以梳插于发髻上，以梳背作为冠饰。良渚文化玉琮上完整的神人纹饰的头部戴大型羽冠图案的现象，表明当时对冠饰是十分重视的，冠饰应是反映佩戴者的社会地位与等级的重要物品。

红山文化晚期后段的玉冠饰可能有多种形制。那种出自墓中人骨架头骨上方或下方的玉箍形器，如牛河梁遗址群第二地点一号冢 M21 人头骨上端的玉箍形器、第二地点一号冢 M4 枕在人头骨下的玉箍形器等，可能具有束发的功能，或许也是一种冠饰（图 19）。牛河梁遗址群第十六地点 M1 与第二地点一号冢 M12 出土的三孔器已确认为玉梳背饰（图 20、图 21）[2]，应属玉冠饰。而最为明确、最为重要的玉冠饰要数牛河梁遗址群第十六地点 M4 中心大墓出土的玉凤冠饰，出土时还正置在人骨头顶上。其形状是一只卧着的回首天鹅（图 22、图 23）。这是目前仅见的红山文化的玉凤冠饰，形体较大，并且出自红山文化晚期后段最高等级的贵族墓中，无疑是表明墓主身份、地位的标志物。

图 19　牛河梁第二地点 1M4
玉箍形器

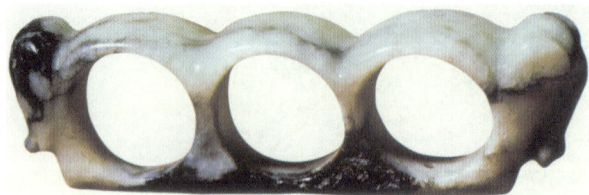

图 20　牛河梁第十六地点 M1 玉三孔器

---

[1]　本部分图片来源：图 19 至图 23 采自辽宁省文物考古研究所编著《牛河梁——红山文化遗址发掘报告（1983～2003 年度）》（下册），文物出版社，2012；图 24 至图 27 采自安徽省文物考古研究所编《凌家滩——田野考古发掘报告之一》，文物出版社，2006。

[2]　辽宁省文物考古研究所：《牛河梁遗址》，学苑出版社，2004，第 50、51 页。

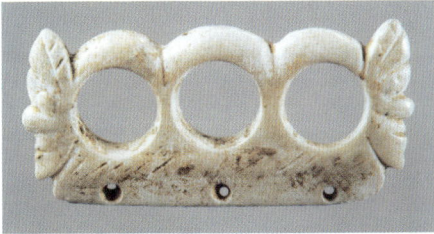

图21　牛河梁第二地点1M12玉三孔器

图23　牛河梁第十六地点M4玉凤冠饰

图22　牛河梁第十六地点M4人头骨顶上
　　　的玉凤冠饰

凌家滩文化的玉冠饰有5件，出自3座墓中，形制不同。如87M4：40羽纹冠饰（图24），87M10：7卧状回首鸟类冠饰（图25），87M15：35平顶冠

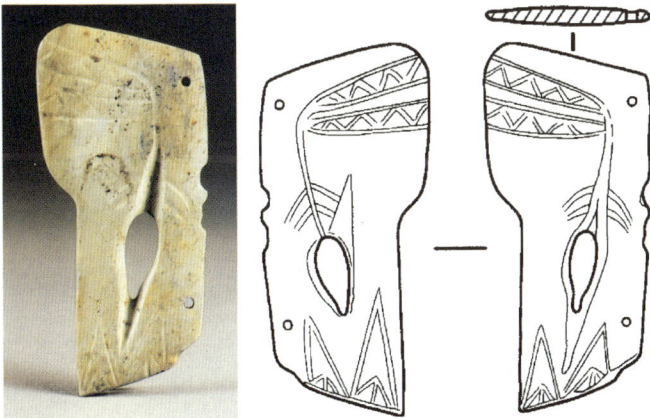

图24　凌家滩87M4：40玉冠饰

饰（图 26），87M15：38 人字三角形顶冠饰，即在平顶冠饰上加人字形（图27）（另外还有 1 件，87M15：36，已残。）。其中 87M4 与 87M15 都是大墓，87M10 为中型墓。

图 25　凌家滩 87M10：7 玉冠饰

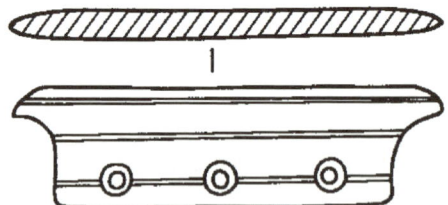

图 26　凌家滩 87M15：35 玉冠饰

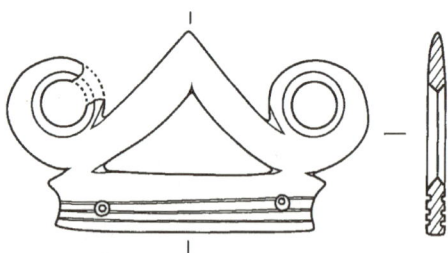

图 27　凌家滩 87M15：38 玉冠饰

　　凌家滩遗址出土的玉冠饰，形体不大，但通常在冠饰的下部有小孔。这小孔应是使玉冠饰与其他物件组合的连接孔。所以这些玉冠饰有可能也是梳背或梳背饰。其中 87M10：7 呈卧状回首鸟类冠饰的造型与红山文化晚期后段牛河梁遗址群第十六地点 M4：1 玉凤冠饰的造型、风格相同，都是卧状回首的鸟类。

　　以特殊材质制作成华丽的梳或梳背插在发髻上，作为人体的装饰，起源很早。在马家浜文化晚期已出现了华丽的象牙梳①，但那时的象牙梳，可能还不具有反映社会等级的含义，因为马家浜文化晚期的社会还没有形成明显的层级。而凌家滩文化的玉冠饰主要出自大墓，应是与使用者的社会地位、等级有关。但形制不一，数量不多，大概是距今 4000 年前礼仪玉冠饰的早期发展阶段。

5. 玉箍形器②

距今 4000 年以前的玉箍形器，以往一直认为是红山文化晚期后段的典型玉器之一。有几种不同的形制（图 19、图 28、图 29）。从其在红山文化墓中的出土位置，如有的在头骨顶端，有的在胸部，知其使用方式可能并不单一。但其在红山文化中作为一种礼仪用器的礼器，是无可怀疑的。红山文化的这种玉箍形器，在红山文化分布区的辽西地区没有找到其源头。而凌家滩遗址的发现，已经十分明白地告诉研究者，红山文化晚期后段的这种玉箍形器，

图 28　牛河梁第二地点 1M25：3 玉箍形器　　　图 29　牛河梁第二地点 1M25：6 玉箍形器

---

① 朱乃诚：《江南古国文明之源——马家浜文化的成就以及在中国文明起源中的地位与作用》，《江南文化之源——马家浜遗址发现五十周年图文集》（上卷），中国摄影出版社，2011。

② 本部分图片来源：图 28、图 29 采自辽宁省文物考古研究所编著《牛河梁——红山文化遗址发掘报告（1983～2003 年度）》（下册），文物出版社，2012；图 30、图 31、图 33 采自安徽省文物考古研究所编《安徽含山县凌家滩遗址第五次发掘的新发现》，《考古》2008 年第 3 期；图 32 采自安徽省文物考古研究所编《凌家滩——田野考古发掘报告之一》，文物出版社，2006。

源自凌家滩文化的玉龟状扁圆形器（图30、图31），其祖形应是凌家滩遗址87M4：29、35的玉龟（图32）[1]。

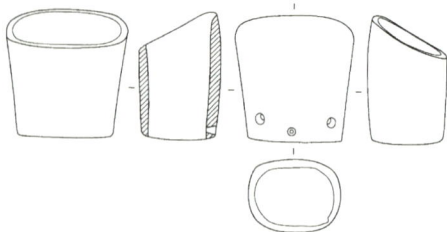

图30　凌家滩07M23：125玉龟状扁圆形器

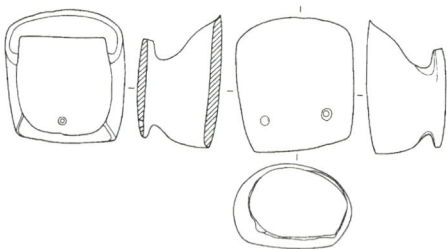

图31　凌家滩07M23：123玉龟状扁圆形器

图32　凌家滩87M4：29、35玉龟

凌家滩玉龟状扁圆形器出自2007M23大墓中，有3件，横列于墓主的下腹部，斜口朝向墓主脚端，并且在玉龟状扁圆形器内有玉签，显然是一种作为某种礼仪仪式的道具[2]。这三件玉龟状扁圆形器在2007M23大墓的摆放形式（图33），也已经

① 朱乃诚：《论红山文化玉兽面玦形饰的渊源》，《文物》2011年第2期。
② 安徽省文物考古研究所：《安徽省含山县凌家滩遗址第五次发掘的新发现》，《考古》2008年第3期。

十分明白地告诉我们，其在凌家滩文化时期的携带方式，是斜口朝下，平口朝上。而从这种玉龟状扁圆形器的器形分析，其作为某种礼仪仪式的道具的使用方式，或许是斜口朝上竖置的，或许是平放的，但不能是斜口朝下的。

图 33　凌家滩 07M23 玉龟状扁圆形器在墓中的摆放及出土状态

6. 玉兽面玦形饰 [①]

玉兽面玦形饰也是红山文化晚期后段的典型玉器之一，俗称"玉猪龙"，有较多的发现，但经考古发掘发现的仅 4 件。其在墓中的出土位置在人骨的胸腹部，说明其是当时的一种礼仪用具。其形制的早晚演变（图 34 至图 36），可以排出一个演变系列 [②]。我已论证红山文化晚期后段的玉兽面玦形饰的祖形是安徽含山凌家滩遗址 98M16 号墓出土的虎形玉环（图 37）[③]。

这种玉兽面玦形饰在商周时期也有较多的发现。商周时期的这种玉兽面玦形饰大致有两大类。一类是红山文化晚期后段的玉兽面玦形饰在商周时期的继续使用，如殷墟妇好墓、梁带村芮国墓地出土的红山文化晚期后段的玉兽面玦形饰。另一类是商代出现的，如殷墟妇好墓的龙形玦（图 38、图

图 34　建平兽面玦形玉器

---

① 本部分图片来源：图 34、图 35 采自辽宁省文物考古研究所编著《牛河梁——红山文化遗址发掘报告（1983～2003 年度）》（下册），文物出版社，2012；图 36 采自郭大顺、洪殿旭编著《红山文化玉器鉴赏》（增订本），文物出版社，2014；图 37 采自安徽省文物考古研究所编《凌家滩——田野考古发掘报告之一》，文物出版社，2006；图 38 至图 40 采自中国社会科学院考古研究所、广东省博物馆编《妇好墓玉器》，岭南美术出版社，2016。
② 朱乃诚：《红山文化兽面玦形玉饰研究》，《考古学报》2008 年第 1 期。
③ 朱乃诚：《论红山文化玉兽面玦形饰的渊源》，《文物》2011 年第 2 期。

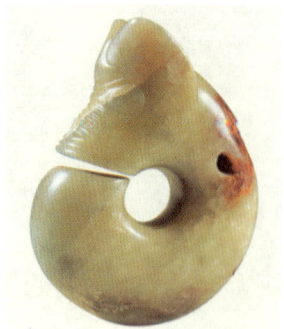

图 35　牛河梁第二地点
Z1M4：2 兽面玦形玉器

图 36　辽西兽面玦形玉器

图 37　凌家滩 98M16：2
虎形玉环

39 ）、蜷体蟠龙（图 40 ）。这种蜷体蟠龙在西周继续使用，有的形制略有变化，如张家坡墓地 M60、M121、M304 等墓出土的玉龙（图 41 至图 43 ）[①]。

图 38　妇好墓 M5：435
龙形玦

图 39　妇好墓 M5：469
龙形玦

图 40　妇好墓 M5：422
蜷体蟠龙

　　《周礼》记载的"六瑞"中的"白琥"指何种玉器？两千多年来一直没有搞明白。我以为红山文化晚期后段的玉兽面玦形饰或许与后来所称的琥有关。红山文化晚期后段的玉兽面玦形饰的祖形可能是虎，在红山文化晚期后段是一种礼仪用器，而在商周时期的作用与含义可能有所变化，并且产生新的器形，但无疑亦是礼器。当然，这种玉器在商周时期是否就是《周礼》所称的

----

① 　中国社会科学院考古研究所编著《张家坡西周墓地》，中国大百科全书出版社，1999。

图 41 张家坡 M60：1
龙形玦

图 42 张家坡 M121：29
蜷体蟠龙

图 43 张家坡 M304：15
环形龙

琥，需要深入研究。但凌家滩 98M16：2 玉虎形环无疑是这种玉器的祖形。

7. 玉版 ①

凌家滩遗址发现的玉版仅 1 件。出自 87M4 墓中人骨腹部，被夹在玉龟背甲与腹甲之间，可知其为成套用具。玉版为长方形，四边各有 5 ~ 8 个小孔。在玉版的正面（弧凸面）上刻画八方四角图案。即在玉版中心小圆内刻画八角纹；小圆外至大圆内划分八等分，每一等分内刻画一羽状纹，羽尖朝外；在大圆外直对长方形玉版四角各刻画一羽状纹，羽尖朝向玉版四角（图 44）。

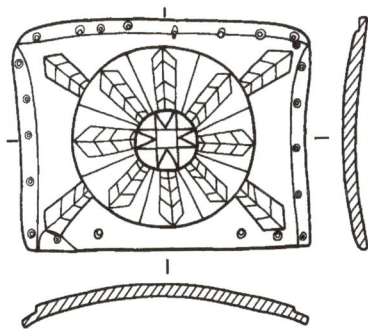

图 44 凌家滩 87M4：30 玉版

① 本部分图片来源：安徽省文物考古研究所编《凌家滩——田野考古发掘报告之一》，文物出版社，2006。

这种形制的玉版，目前我国仅发现 1 件。对这一玉版的作用，前人已做过许多考证。我认为这是距今 6500 年前后至 5000 年前后流行于长江中下游、黄淮中下游，乃至辽西地区近半个中国范围内的一种巫术道具的玉礼器形式的表现，是那时某种巫术行为用具的代表。这种巫术行为可能是占筮。推测后来盛行于良渚文化的玉琮，以及红山文化晚期后段的勾云形玉佩等玉器的起源，都与这种玉版所包含的精神文化与思想意识有关。

8. 玉签 [①]

凌家滩遗址出土的玉签有 6 件，分别出自 87M4 与 2007M23 两座大墓（图 45、图 46）。在 2007M23 大墓中，玉签置于玉龟状扁圆形器内，由此可

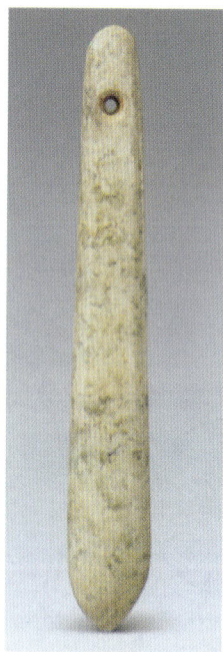

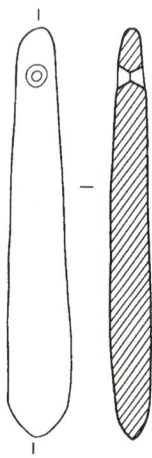

图 45　凌家滩 87M4：36 玉签　　　图 46　凌家滩 2007M23：140 玉签

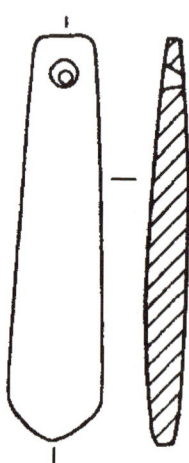

① 本部分图片来源：图 45 采自安徽省文物考古研究所编《凌家滩——田野考古发掘报告之一》，文物出版社，2006；图 46 采自安徽省文物考古研究所编《安徽含山县凌家滩遗址第五次发掘的新发现》，《考古》2008 年第 3 期。

知玉签是与玉龟状扁圆形器是成套的占筮工具。亦由此认识到原以为是玉簪的凌家滩87M4：36，实为玉签，应是与玉版一起使用的占筮工具。

凌家滩文化的玉签是占筮工具，是神物。良渚文化中大小不一的玉锥形器，以及红山文化晚期后段的玉锥形器，如牛河梁遗址群第十六地点M1出土的3件棒形玉器，长分别为14.8厘米、15.5厘米、22.6厘米，可能都与此有关。这类玉器，亦可能是二里头文化玉柄形器，以及商周时期玉柄形器的祖形。

9. 玉人 [①]

凌家滩遗址发现的玉人有站姿与坐姿两种形态，共6件，分别出自87M1与98M29。87M1的3件为站姿，高9.3 ~ 9.8厘米（图47）。98M29的3件为坐姿（似为蹲姿），高7.7 ~ 8.7厘米（图48）。这是目前发现的年代最早的形象完整的玉人，表现了凌家滩文化的人物形象特征与装饰特点。或许

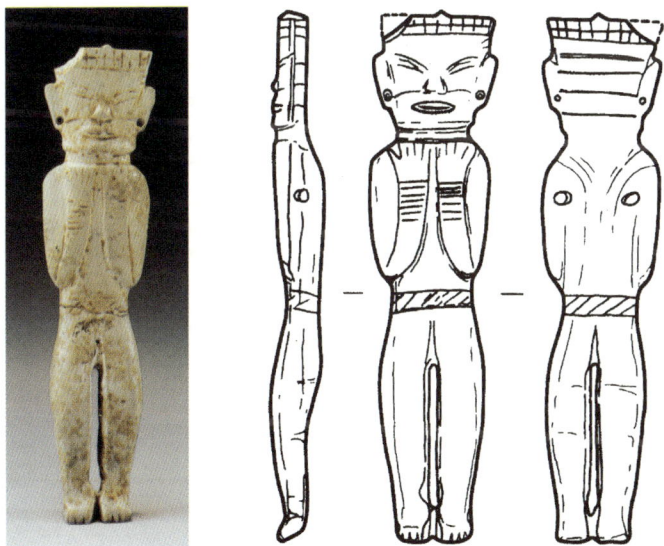

图47　凌家滩87M1：1站姿玉人

① 本部分图片来源：图47、图48采自安徽省文物考古研究所编《凌家滩——田野考古发掘报告之一》，文物出版社，2006；图50采自辽宁省文物考古研究所编著《牛河梁——红山文化遗址发掘报告（1983 ~ 2003年度）》（下册），文物出版社，2012。

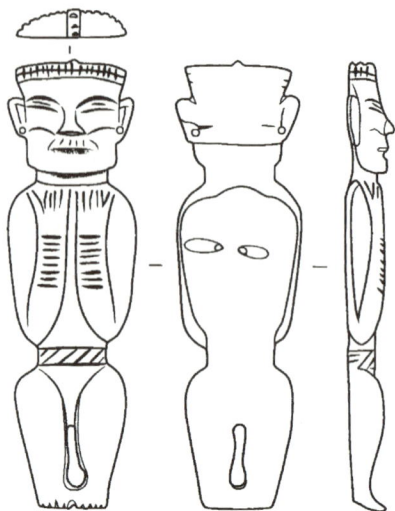

图 48　凌家滩 98M29：14 坐姿玉人

图 49　昆山赵陵山 M77 玉人

是反映了当时进行巫术活动的某种特殊身份的人的姿态，或许是一种巫术道具，或许是体现墓主身份的象征。

　　良渚文化发现的玉人，主要见于江苏昆山赵陵山 M77 出土的玉人（图 49），是一件人与鸟、兽合一的饰品，通高 5.5 厘米。人为蹲踞状，高冠托鸟，举手托走兽，兽吻抵鸟。其造型可能寓意着特殊的含义。良渚文化中期流行的蹲踞式神人兽面纹饰，是否与此有某种精神文化意识方面的联系，需要深入研究[1]。

　　红山文化晚期后段的玉人，仅发现 1 件，出自牛河梁遗址群第十六地点中心大墓 M4 人

① 朱乃诚：《凌家滩的玉人玉龙和良渚文化的神人兽面纹饰——神人兽面纹饰含义新探》，《海峡两岸古玉学会议论文集》，台湾大学，2001。

骨架的左腹部靠左手处。玉人的形象与凌家滩遗址出
土的站姿玉人的形象接近。两者之间有许多不同，最
主要的区别是，凌家滩玉人为片雕作品，红山文化晚
期后段的牛河梁玉人为柱状雕作品（图50）。但在玉
人的后背都有细小的牛鼻式穿孔，说明这两地的玉人
的使用方式可能相同，大致是系绳后挂于身上的某一
部位，或缀合衣物上穿戴在身上。

10. 玉鸟（鹰）①

良渚文化出土不少玉鸟，在玉器纹饰上也有许多鸟
类题材的纹饰，具体为哪一种鸟类需要仔细甄别。可能
包括了鹰、燕之类。

红山文化晚期后段出土的玉鸟很多，如东山嘴遗
址、胡头沟墓地、牛河梁遗址群出土的各种鸟，有的为
鸮。此外，红山文化晚期后段的一种缕雕双眼、齿状纹

图50　牛河梁第十六
地点 M4：4 玉人

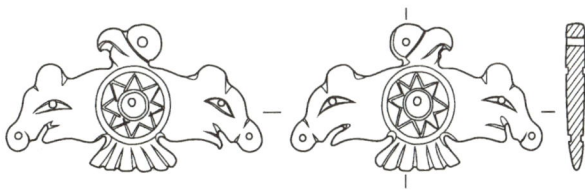

的大玉佩，可能是象征鸮面或鸟面的玉佩。其使用方式及作用，目前未明。

凌家滩文化中有玉鸟、玉鹰。其中玉鹰为鹰、猪复合体，作飞翔状，并
在鹰体胸腹部有特殊的八角星纹，应有特殊的含义（图51）。虽然其形象与
红山文化晚期后段的玉鸮有区别，但展翅飞翔的特征相同。

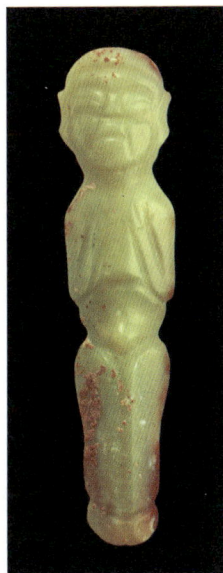

图51　凌家滩 98M29：6 玉鹰

① 本部分图片来源：安徽省文物考古研究所编《凌家滩——田野考古发掘报告之一》，文物出
版社，2006。

11. "风"字形玉钺 [①]

"风"字形玉钺或石钺，在良渚文化中比较多见，有的大墓随葬有数十件。以浙江余杭反山 M12 出土的施有完整神人纹饰的"风"字形玉钺最具代表，俗称为"钺王"。这件"钺王"无疑是当时墓主具有军权的象征，亦是特殊的礼仪用具。

这类"风"字形玉钺最早见于凌家滩文化。如凌家滩遗址 87M4：110、87M8：24、87M11：5、87M12：18、87M15：120、98M6：2、98M20：29 与49、98M21：15、98M25：19、98M30：2、2007M23：50 与 2007M20：12 等。其中 87M4：110 与 87M15：120 是"风"字形玉钺的原始形制，98M20：29 与98M20：49 以及 2007M20：12 是凌家滩文化"风"字形玉钺中较为成熟的形制，87M8：24、98M25：19 等"风"字形玉钺大致居于两者之间（图 52 至图 58）。

图 52　凌家滩 87M4：110 玉钺

图 53　凌家滩 87M15：120 玉钺

图 54　凌家滩 98M20：29 玉钺

图 55　凌家滩 98M20：49 玉钺

---

① 本部分图片来源：图 52 至图 55、图 57、图 58 采自安徽省文物考古研究所编《凌家滩——田野考古发掘报告之一》，文物出版社，2006；图 56、图 59 采自安徽省文物考古研究所编《安徽含山县凌家滩遗址第五次发掘的新发现》，《考古》2008 年第 3 期。

图 56　凌家滩 2007M20：12 玉钺

图 57　凌家滩 87M8：24 玉钺

图 58　凌家滩 98M25：19 玉钺

图 59　凌家滩 2007M23：50 玉钺

而 2007M23：50 "风"字形玉钺是凌家滩文化中色彩最艳丽、制作最精致的玉钺（图 59）。在钺身后部有两个穿孔，一大一小。小孔位于尾端，与大孔对应，同处于钺的中轴线上，两孔是为了安装钺柄并使其牢固[1]。这种以双孔安装钺柄的玉钺，可能最早出现在凌家滩文化。

这件凌家滩文化中最精致的玉钺出自 2007M23 大墓墓主的首部，应是墓主具有军权的象征。

12. 玉珩 [2]

凌家滩遗址的玉珩主要出自 87M17，有 22 件（图 60），与玉璜置于墓主胸部不同，这些玉珩出自墓主人头骨右上方，说明其使用方式不同于璜。其功能与作用尚待明确。

---

[1]　安徽省文物考古研究所：《安徽含山县凌家滩遗址第五次发掘的新发现》，《考古》2008 年第 3 期，图版柒．3。

[2]　本部分图片来源：安徽省文物考古研究所编《凌家滩——田野考古发掘报告之一》，文物出版社，2006。

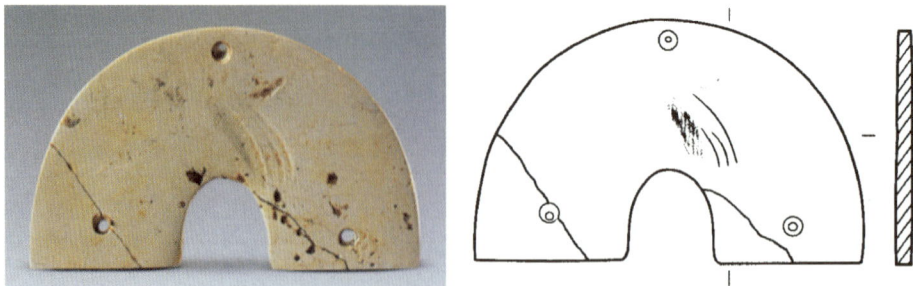

图 60　凌家滩 87M17：10 玉珩

13. 玉圭 [①]

目前我国发现的被认为距今 4000 年以前的玉圭，有龙山文化玉圭、良渚文化时期玉圭，以及陶寺文化的玉圭。其中龙山文化玉圭、良渚文化时期玉圭都是采集品，唯有陶寺文化玉圭为发掘品，出自 M1700 墓中 [②]。而且形制规整，有圭角，与东汉石碑《六玉图》中的圭形制相同，是目前发现的严格意义上的 4000 年以前的玉圭（图 61）。

凌家滩遗址出土的被称作玉圭形器的是 98M29：5，器形很小，长约 2.5 厘米（图 62），应不是玉圭的原始形态。87M4 出土的三角形饰，形体较大，为等腰三角形，高 10.2 厘米。一面饰以中轴线为中心的对称斜线 18 条，形似叶脉纹，在底部有 4 个小孔。表明这件三角形玉饰应是与其他材质的柄类构件组合使用的（图 63）。其三角朝上，是否与原始圭有关？

以上分析的 13 种玉器，是凌家滩文化玉器的主要器类，它们与红山文化晚期后段、良渚文化的礼仪用玉器有着联系，年代又早于红山文化晚期后段与良渚文化；而在凌家滩文化之前的其他考古学文化中又不见这些玉器。这些现象说明凌家滩文化的这些玉器应是目前发现的年代最早的礼仪用玉器的

---

① 本部分图片来源：安徽省文物考古研究所编《凌家滩——田野考古发掘报告之一》，文物出版社，2006。

② 高炜：《龙山时代中原玉器上看到的二种文化现象》，《玉魂国魄——中国古代玉器与传统文化学术讨论会文集》，北京燕山出版社，2002。

代表。因此，我们可以将凌家滩文化作为我国玉礼器起源的首个中心。

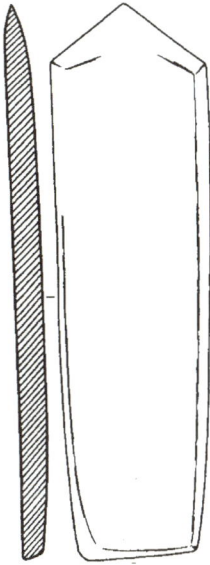

图 61　陶寺 M1700：3 玉圭

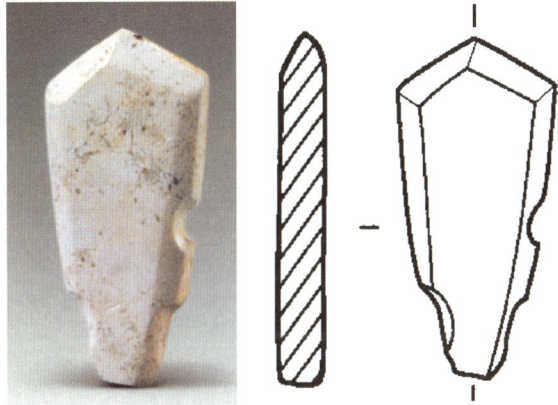

图 62　凌家滩 98M29：5 玉圭形器

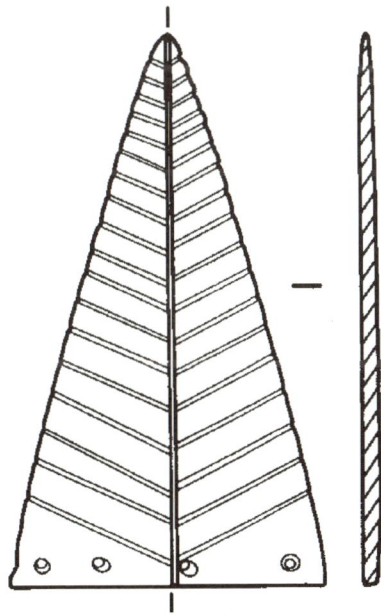

图 63　凌家滩 87M4：68 - 1 三角形玉器

二、凌家滩文化礼仪用玉器的基本特征

凌家滩文化中与红山文化晚期后期、良渚文化、陶寺文化的玉礼器有联系的玉器，除以上分析的 13 种之外，可能还有玉镯、玉环等。但是，凌家滩文化使用这些玉器所反映的当时的礼仪用玉器情况，与红山文化晚期后段、良渚文化那种较为成熟的礼仪用玉特点有着明显的区别，有着自身的特征。

我将凌家滩文化礼仪用玉器的特征，初步概括为以下五点。

1. 凌家滩文化已产生玉礼器但玉礼器的形制尚未作为礼玉的形制而固定化

凌家滩文化已产生了玉礼器，但是，与良渚文化的玉琮、玉璧、玉锥形器、玉冠饰等玉礼器已形成固定的形制而数量又较多的情况不同，凌家滩文化玉礼器的形制尚未定型。如玉冠饰有多种式样；玉璧处于正在形成过程中；玉版、玉龟状扁圆形器、玉签因是特殊用途的玉器，数量很少，形制变化较快；"风"字形玉钺初具形态；玉圭尚未正式形成；即使是数量众多的玉璜，形制亦是多样，有条状、半环状、半璧状、虎头璜、猪首猪尾璜、锯齿缘玉璜等，也没有形成定制。

2. 凌家滩文化玉礼器已有组合现象但尚未形成固定的器类组合

凌家滩文化的玉礼器已经存在着组合现象，但是，玉器器类的组合关系还没有形成相应的固定模式。在已公布资料的凌家滩遗址 38 座有玉器随葬的墓中，玉器还没有出现较为固定的组合关系。随葬玉器数量较多的墓，玉器种类也较多，并没有形成固定的器类组合。即使以数量最多的玉璜为中心来分析玉器器类之间的组合关系，亦难以归纳出玉璜与其他玉礼器的组合形式，只是玉璜较多的墓，玉镯或玉环亦较多。

3. 凌家滩文化玉器已具有礼器的内涵但作为礼器的专一作用或概念尚未固定

凌家滩文化中与红山文化晚期后段、良渚文化、陶寺文化玉礼器有联系的玉器，种类较多，有 10 多种。在这 10 多种玉器中，玉龟与玉龟状扁圆形器、玉版、玉签以及玉鹰因具有专门的用途而形成特定的形制，但这几种玉器的形制可能因礼仪活动内涵与其作用的转变而很快变化了，所以数量很少。其他几种玉器可能大都还具有日常生活使用的用途，如玉璜、玉冠饰、玉虎形坠环等。而形成中的玉璧在当时可能还仅是一种装饰品，所以器形较小，并且不规范。"风"字形玉钺也具有实用武器的特点。玉圭、玉双联璧、玉珩、玉人在当时的礼仪作用尚不明确。这些玉器应既是日常生活中使用的物品，又具有某种礼仪仪式的功能，或许有的玉器仅用于随葬。总之，凌家滩文化玉器已具有礼器的内涵，但它们作为礼器的专一的作用或概念，尚未固定。

4. 凌家滩文化的埋葬习俗已体现了以玉别贵贱、以玉事神的特点

凌家滩遗址已公布资料的 45 座墓中，有 38 座墓随葬了玉器。玉器的数量与种类，因墓葬的规格高低而有明显的区别。

墓葬越大，玉器越多，规格越高。如：87M4 大墓随葬玉器 103 件、石器 30 件、陶器 12 件，合计 145 件；87M15 大墓随葬玉器 94 件、石器 17 件、陶器 17 件，合计 128 件；2007M23 大墓随葬玉器 200 件、石器 97 件、陶器 31 件，另有绿松石等，合计 330 件。这些大墓在墓地中，大多埋在显要的位置。

墓葬越小，玉器越少或没有，规格越低。如 98M17 小墓随葬玉器 1 件、石器 2 件、陶器 2 件，合计 5 件；98M3 小墓随葬玉器 1 件、陶器 1 件，合计 2 件；98M4 小墓仅随葬 2 件陶器。这些小墓大多埋在墓地北侧边缘。

这些现象表明当时已经出现了以玉别贵贱的社会风气。凌家滩墓地应是我国目前发现的年代最早的以玉别贵贱的墓地。

凌家滩墓地中这种以玉别贵贱的现象似乎还与以玉事神有一定的联系。如那种与事神有关的玉礼仪用具，玉龟、玉龟状扁圆形器、玉签等，仅出自 87M4、2007M23 两座最大的墓中。

这进一步表明，凌家滩文化的用玉习俗，不仅正在形成以玉别贵贱的特点，而且还正在形成以玉事神的特点。这两种现象的同时存在，无疑表明了我国最初以玉别贵贱的现象通常是与以玉事神交织在一起的。

5. 凌家滩文化的葬俗正经历着以大量玉石器随葬向"玉敛葬"形式的演变[①]

"玉敛葬"，通常是以《周礼》中所记的"璧琮以敛尸"的说法为文献依据的，而考古发现则以良渚文化晚期的江苏武进寺墩 M3 最为典型。寺墩 M3 有 24 件玉璧、33 件玉琮等共 100 多件随葬品，部分玉璧、玉琮、石斧及人骨上有火烧痕迹，表明当时举行过敛葬仪式[②]。较寺墩 M3 早一些的良渚文化的"玉敛葬"，仍然有较多的玉璧，但玉琮的数量要略少些，同时石钺或玉钺则较为多见，如浙江余杭反山墓地 M12、M20、M23 等墓葬。

凌家滩文化的墓葬，还没有出现以"璧琮以敛尸"的现象，但出现了以大量石钺、斧、锛以及各种玉器以敛尸的现象。其中最为典型的是凌家滩遗址 2007M23 大墓。

如在该墓墓底尸骨下铺一层石锛及石凿、石钺等，石锛、石凿刃部朝向墓室脚端。由南而北，共 7 排，每排 4 至 5 件（图 64）。墓主尸骨置于这层

图 64　凌家滩 2007M23 墓内尸骨下铺石锛石凿石钺等现象

---

① 本部分图片来源：安徽省文物考古研究所编《安徽含山县凌家滩遗址第五次发掘的新发现》，《考古》2008 年第 3 期。

② 南京博物院：《1982 年江苏常州武进寺墩遗址的发掘》，《考古》1984 年第 2 期。

排列整齐的石锛、石凿之上。头南脚北。在墓主尸骨之上及四周铺置各种玉石器（图65）。在墓主头端放置20多件玉环，靠近头部置1件翠绿色玉钺。这是该墓唯一一件翠绿色玉钺，其置于墓主首部，显示其象征的重要意义，应与表现墓主所拥有的军权有关。在左右双臂处各置一组10件玉镯，原属套在手臂上，在腰部的左右两侧各有1件玉镯，可能原是套在手腕上。腹部偏下置一排3件玉龟状扁圆形器（1件属龟形）及玉签。在墓主颈胸部置有10件玉璜，系挂在胸前。在玉璜间及墓主首部两侧有34件玉玦，可能系成组的系挂坠件。在胸腹至腿部似乎是满铺玉石钺，达20多件，以石钺为主，形体较大。玉石钺刃部分朝向脚端或以墓主为中轴朝向左右两侧。在棺痕的左右两侧还有不少玉石钺，发掘者推测原来可能是置在棺木上的。在墓坑的左右两侧置30件陶器。在该墓坑中部偏西部的填土中置1件重88公斤似猪形的玉料。

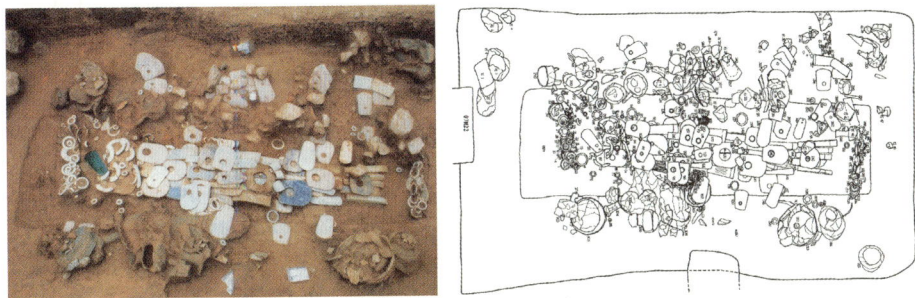

图65　凌家滩2007M23墓内随葬分布情况

凌家滩2007M23应是目前发现的年代最早的初具"玉敛葬"形式的大墓。虽然还不是严格意义上的"玉敛葬"，但在墓室内的墓主尸骨上下以及四周满铺玉石器，并且有一定的摆放形式，无疑是良渚文化"玉敛葬"的先导形式。

2007M23是凌家滩遗址已公布资料的45座墓葬中属年代较晚的一座。较其年代早些、与其埋葬形式有联系的是凌家滩87M4。凌家滩87M4属于凌家滩遗址早期的一座大墓，有145件随葬品，其中玉器103件，钺、锛等

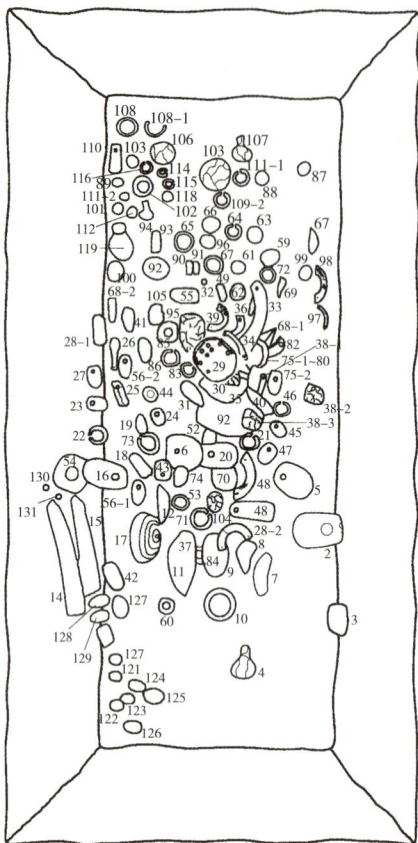

图 66 　凌家滩 87M4 大墓平面图

石器 30 件，陶器 12 件，亦是满铺墓室（图 66）。但是玉石器在墓中的摆放形式，不如 2007M23 那样有一定的规矩。87M4 似乎不具有"玉敛葬"的形式，只是随葬玉石器较多而已。然而在 87M4 墓主腹部置玉龟、玉版等现象，表明 87M4 墓主的身份与 2007M23 墓主有着密切的联系。2007M23 墓主的身份可能是 87M4 墓主身份的发展演变的结果。2007M23 那种初具"玉敛葬"形式的葬俗，自然应是 87M4 的葬俗发展演变的结果。

由 87M4 的埋葬形式至 2007M23 的埋葬形式，可以看出，在凌家滩遗址的大墓埋葬习俗方面，正经历着以大量玉石器随葬向"玉敛葬"形式的发展演变。

以上分析的凌家滩文化在礼仪用玉器方面的五项基本的特征，应是中国玉礼器起源阶段反映在考古学文化方面的主要特征。这些特征自然应与当时的社会发展状态密切相关，反映了当时社会发展的程度。

三、凌家滩文化玉器所显示的文化成就

凌家滩遗址出土的玉器，主要是墓中的随葬品，有近千件近 40 种。这批玉器的制造工艺、使用功能及其所反映的意识形态、社会礼仪习俗、社会分

化程度以及社会发展状态、文化成就等，可概括为以下五个方面。

第一，凌家滩玉器的制造工艺技术是同时期最高的，主要表现在玉人、玉虎、玉鹰、喇叭形器等玉器的制作方面，体现了当时的治玉工艺技术的成就。我国的玉器制造工艺，在凌家滩文化时期得到了空前的发展。

第二，凌家滩遗址出土的各种玉器器形，许多都是第一次发现。尤其是那些动物造型的玉器，以及与后世礼仪用玉有关的一些玉器，如玉龟、玉版与玉签、玉人、小型玉璧、双联璧（双联环）、珩、圭形器、"风"字形玉钺、丫形器、柄形饰、玉梳背（冠状器），以及玉虎、玉鹰、玉猪、玉鸟头等，是我国古代玉器中年代最早的形式，体现了当时的文化意识方面的成就。

第三，凌家滩玉器的使用功能反映了我国礼仪用玉的肇始。如成组的玉璜、原始玉璧、"风"字形玉钺与大量的石钺、石锛的使用与随葬，与身份等级有关，体现了当时社会政体方面的成就。

第四，凌家滩玉器是我国最早的巫术用玉的代表。我国古代巫术用玉始于何时，目前没有一个定论。从已有的发现分析，在凌家滩文化遗存之前的各种玉器，大都是装饰品，如玉玦、玉璜、玉坠等，而且用量不多。而从凌家滩文化遗存开始，可以确认巫术用玉了。

如87M4出土的玉龟、玉版与玉签，87M1出土的3件站姿玉人与98M29出土的3件坐姿玉人等，体现了当时原始宗教思想或宇宙观方面的成就。

第五，大量玉器及石器的随葬形式，是古代"玉敛葬"的前身。如2007M23所表现的是用大量的石锛等整齐地铺垫尸身，用大量玉石钺、玉环、玦、镯、璜等覆盖尸身。这是当时埋葬习俗复杂化的结果，开启了厚葬之风，体现了当时葬俗思想发展的成就。

凌家滩遗址出土玉器所体现的这些方面的成就，归根到底是因为生产力的发展、人们思想意识的发展、社会组织及其政体的发展。这些文化成就充分表明了凌家滩文化是同时期诸考古学文化中发展程度最高、意识观念最为复杂的，其发展水平堪称我国公元前3500年前后文化发展的代表。

四、凌家滩文化对其他地区的文化影响

凌家滩文化在公元前 3500 年前后已发展到相当高的水平。高度发展的文化，必然会对其周边地区乃至其他地区产生影响。凌家滩文化对其他地区文化的影响，目前可见到的证据，主要是玉器和玉石器随葬方式、祭坛墓地等方面；影响所及，有大溪文化、崧泽文化、良渚文化、红山文化等。

1. 凌家滩文化对大溪文化的影响

凌家滩文化对大溪文化影响的证据，有大溪文化墓葬中出土的玉璜。如重庆巫山大溪遗址第三次发掘，在 M140 墓中出土 1 件玉璜（M140：17），呈半圆形，璜的半圆弧外缘刻锯齿纹，上端两边各有一穿孔。这种半圆形玉璜，其半圆形外缘刻成锯齿状或称齿牙状的特点，见于凌家滩文化。

锯齿缘玉璜是凌家滩文化的典型器物，数量较多，而大溪文化中发现的这类锯齿缘玉璜数量很少，年代上又与凌家滩遗址发现的锯齿缘玉璜接近或略晚。这说明这种锯齿缘玉璜在三峡地区出现，应是凌家滩文化玉器西传的结果。也就是说，大溪文化中的锯齿缘玉璜，肇始于凌家滩文化，是受凌家滩文化影响的结果。

2. 凌家滩文化对太湖地区崧泽文化的影响

凌家滩文化与崧泽文化存在着相互影响的关系。至于哪些文化因素表明凌家滩文化影响了崧泽文化，或是凌家滩文化受了崧泽文化的影响，尚待深入分析。目前可以明确的是：东山村遗址大墓中出土的陶鬶（M90：9）[1]、1996 年在浙江安吉安乐出土的半月形锯齿缘玉璜[2][3]，都见于凌家滩遗址，是凌家滩文化或是薛家岗文化的典型器形。这应是凌家滩文化影响崧泽文化的结果。

---

[1] 南京博物院等：《江苏张家港市东山村新石器时代遗址》（图九.6），《考古》2010 年第 8 期。

[2] 安吉博物馆：《安吉文物精华》，文物出版社，2003。

[3] 方向明：《崧泽文化玉器及其相关问题的研究》（彩插四.6），《东南文化》2010 年第 6 期。

崧泽文化的快速发展，与其接受凌家滩文化的影响不无关系。

3. 凌家滩文化对太湖地区良渚文化的影响

良渚文化主要分布在环太湖地区，其年代在公元前3300年至公元前2300年。凌家滩文化遗存主要发现于巢湖东西两侧，东部一直到达江苏浦口营盘山。其年代目前可确定在公元前3600年前至公元前3300年之间。凌家滩文化与良渚文化是分布在两个不同区域的两种考古学文化，年代大体上是前后相接。所以，它们之间不存在并行的影响关系。这里所谈的凌家滩文化对良渚文化的影响，主要是指文化发展中文化因素的影响。

凌家滩文化遗存对良渚文化的影响，目前可做实证分析的主要是祭坛墓地、"玉敛葬"葬俗、玉雕人面与兽面纹饰，以及制玉与用玉的风尚等。

（1）凌家滩文化祭坛墓地与良渚文化祭坛墓地的对比分析。

目前在良渚文化中发现的祭坛墓地有10多处，如余杭反山、瑶山、汇观山、卢村、海宁大坟墩、海盐龙潭港、江苏昆山赵陵山、武进寺墩、上海青浦福泉山等。其中以瑶山、汇观山展现的祭坛墓地的结构最为清晰，档次也较高[1]。昆山赵陵山祭坛墓地则是在平地上人工堆土筑成，是面积约2400平方米的土台。在土台正中偏北处设祭坛，在祭坛外侧的土台上埋墓[2][3]。其中赵陵山祭坛墓地的年代较早，属良渚文化早期，大致在公元前3000年。

在环太湖地区，在早于良渚文化的崧泽文化晚期阶段，出现了祭坛墓地，如江苏吴江同里[4]、浙江嘉兴南河浜等[5]。但祭坛的规模较小，面积约100平方米。良渚文化的祭坛墓地应是崧泽文化晚期祭坛墓地发展的结果。

---

① 朱乃诚：《良渚文化祭坛墓地概论》，《考古求知集》，中国社会科学出版社，1997。

② 江苏省赵陵山考古队：《昆山赵陵山遗址第一、二次发掘简报》，《东方文明之光》，海南国际新闻出版中心，1996。

③ 陆建芳：《良渚文化墓葬研究》，《东方文明之光》，海南国际新闻出版中心，1996。

④ 张照根、朱颖浩：《江苏吴江市同里遗址进行抢救性发掘》，2004年12月1日《中国文物报》。

⑤ 浙江省文物考古研究所：《南河浜——崧泽文化遗址发掘报告》，文物出版社，2005。

　　凌家滩祭坛墓地的面积约 1200 平方米，与良渚文化的瑶山、汇观山祭坛墓地不同，但与赵陵山祭坛墓地有相同之处，都是平地堆土筑成，规模都较大，埋墓数量也较多，显然不是一个家族的祭坛墓地。

　　凌家滩祭坛墓地在年代上早于赵陵山祭坛墓地，而它们的文化现象，又有相同之处，它们之间或许存在着文化发展方面的影响关系。

　　（2）凌家滩文化随葬玉石器大墓的葬俗与良渚文化"玉敛葬"葬俗似有演变发展的关系。

　　良渚文化的"玉敛葬"是在 1982 年发掘了江苏武进寺墩 M3 号墓之后提出来的。寺墩 M3 墓主为 20 岁左右的青年男子，随葬陶器、玉石器 120 多件。其中陶器 4 件，置于头部正前方，玉璧 24 件、玉琮 32 件及 10 多件玉石钺和数十件玉质装饰品，满置于尸身。在肢骨和部分玉璧、玉琮、石钺上有火烧痕迹，应是用火敛葬仪式的遗痕。汪遵国以《周礼》中"璧琮以敛尸"之说，称之为"玉敛葬"[①]。

　　良渚文化的"玉敛葬"已发现很多，最主要的特点是以大量的玉器随葬，并且在随葬品中有玉琮与玉璧，或有玉琮，或有玉璧。

　　在凌家滩祭坛墓地上发现的 50 多座墓中，有的墓也随葬了大量的玉器。如 87M4 随葬玉器 103 件，有玉龟、玉版、璜、管、勺、钺、斧等；有石器 33 件，包括钺、斧、锛、凿等。87M15 随葬玉器 94 件，有冠饰、璜、玦、钺、双连环、管、耳珰、镯和圆环柄形饰等；有石器 17 件，包括钺、锛、砺石等。2007M23 随葬玉器 200 件，有玉龟状扁圆形器、玉签、玉钺、斧、璧、环、镯、璜、玦、管、铃形玉饰等；有石器 97 件，包括钺、斧、锛、凿等，还有 30 多件陶器。近 300 件玉石器覆盖尸身，甚至分两层，上层以钺、斧、璜为主，覆盖尸身；下层以锛、凿为主，铺垫尸身。

　　凌家滩祭坛墓地少数墓中随葬大量的玉器，与良渚文化的"玉敛葬"墓随葬大量玉器的现象相同。

---

①　汪遵国：《良渚文化"玉敛葬"述略》，《文物》1984 年第 2 期。

虽然凌家滩遗址有大量玉器随葬的墓中，没有玉琮与玉璧等良渚文化"玉敛葬"的特点，但凌家滩遗址祭坛墓地中的那种以大量玉石器随葬的习俗与良渚文化使用大量玉器随葬的习俗，可能有意识观念上的发展演变的关系。

（3）良渚文化玉器上的人面与兽面纹饰可能与凌家滩文化有关。

良渚文化玉器上的人面与兽面纹饰，是良渚文化玉器的一大特征。这种人面与兽面纹饰，在良渚文化的玉琮上最为多见，还见于玉管、玉锥形器、柱形器、璜、牌饰、梳背、三叉形器、坠、带钩，以及玉钺等良渚文化玉器上，并在反山与瑶山祭坛墓地时期，盛极一时。在反山祭坛墓地时期尾声，这种纹饰逐渐衰退。其中人面纹作为玉琮上的一种纹饰，以简化的形式演变到良渚文化的末期[1]。

反山与瑶山祭坛墓地时期玉器上人面与兽面的组合纹饰，通常称为"神人兽面"纹饰。这种人面与兽面的组合纹饰，在瑶山祭坛墓地之前的良渚文化早期阶段尚未发现。在良渚文化早期阶段，发现了单一的兽面形象与单一的人面形象。如江苏吴县张陵山 M4 出土的玉琮[2]、常熟罗墩 M8 出土的玉龙牌饰[3]、昆山赵陵山 M77 出土的玉人坠饰等[4]。

由此推测反山与瑶山祭坛墓时期玉器上人面与兽面的组合纹饰，应是良渚文化早期单一人面纹与单一兽面纹演变发展的结果。

良渚文化早期单一人面纹与单一兽面纹，可能与凌家滩文化有关。

凌家滩文化发现的玉人、兽面，都是单体形式。如凌家滩遗址 87M1 出土的 3 件站姿玉人、98M29 出土的 3 件坐姿玉人、85M1 含征 3 虎首玉璜、87M8 出土的双虎首玉璜、87M15 出土的虎首玉璜、98M16 出土的曾被称为

① 朱乃诚：《良渚文化玉器纹饰研究》，《苏秉琦与当代中国考古学》，科学出版社，2001。

② 南京博物院：《江苏吴县张陵山遗址发掘简报》，《文物资料丛刊》1982 年第 6 期。

③ 苏州博物馆、常熟博物馆：《江苏常熟罗墩遗址发掘简报》，《文物》1999 年第 7 期。

④ 江苏省赵陵山考古队：《昆山赵陵山遗址第一、二次发掘简报》，《东方文明之光》，海南国际新闻出版中心，1996。

"玉龙"的虎形玉环等①。

凌家滩遗址出土的这些玉人、虎首玉璜、虎形玉环等，都是片状玉雕品。玉人表现的是正面形象，虎首表现的是侧面形象。如果将虎首的两个侧面展开连接为一个正视的正面形象，那么凌家滩虎首是一个显露獠牙的兽面②。

凌家滩文化的玉人、虎首等玉器及玉器纹饰，可能与良渚文化早期的人面、兽面玉器纹饰有联系，反映了良渚文化早期可能受了凌家滩文化发展的影响。

（4）凌家滩文化与良渚文化使用玉器风尚的对比分析。

良渚文化制造、使用玉器已形成一种社会风尚。大凡略成规模的良渚文化墓葬都随葬玉器，而且以礼仪用玉器为主要特色。一些大墓的玉器随葬铺满棺室，而且不乏精美玉器，充分说明当时社会对玉器的制造与使用达到了一个鼎盛阶段。

凌家滩文化制造、使用玉器，处于开始兴盛阶段。在凌家滩遗址已发掘的约50座墓葬中出土了近千件玉器，但主要集中在几座大墓中，而且生产工具类玉器占有很大的比例，斧（钺）、锛类石器数量较多，说明当时还处于玉石共用、礼仪用成组玉器萌发的阶段，玉器的制造和使用风气正在形成。

若从玉器，尤其是礼仪用玉器的种类、数量、形制与工艺等角度分析，自凌家滩文化到良渚文化，制造和使用玉器风尚，呈现逐步发展至完善的过程。

所以，良渚文化的治玉与用玉的社会风尚，应与凌家滩文化的发展影响有关。

以上四个方面的对比分析表明，凌家滩文化与良渚文化之间，在文化意识的某些方面，应存在着十分密切的承传演变关系。这种承传演变关系应是凌家滩文化经过崧泽文化中晚期，间接地影响到良渚文化。

如目前在崧泽文化中发现的祭坛墓地、凌家滩文化的陶器风格，以及江

---

① 朱乃诚：《凌家滩"玉龙"小识》，《文物研究》第十五辑，黄山书社，2007。
② 方向明：《凌家滩遗址出土玉器形和纹饰的相关问题谈论》，《凌家滩文化研究》，文物出版社，2006。

苏张家港东山崧泽文化大墓随葬玉石器的现象①、浙江海盐仙坛庙遗址 M51 出土的"龙首形"玉饰等②、桐乡普安桥遗址 M8 出土的珙形龙首纹玉器③，表明崧泽文化中晚期与凌家滩文化存在着互相影响的关系。

良渚文化应是在凌家滩文化与崧泽文化中晚期互相影响的基础上，承续发展了凌家滩文化的一些文化因素。

4. 凌家滩文化对红山文化晚期的影响

凌家滩文化对红山文化晚期的影响，目前仅是在凌家滩文化玉器与红山文化晚期玉器方面发现一点线索。即红山文化晚期的一批礼仪用玉器的器类及其形态，与凌家滩文化的同类玉器有联系。

如前面分析的红山文化晚期的兽面珙形玉器（俗称"玉猪龙"）与凌家滩文化的虎形玉环，红山文化晚期的站姿玉人与凌家滩文化的站姿玉人，红山文化晚期的玉箍形器与凌家滩文化玉龟及玉龟状扁圆形器，红山文化晚期的双联璧与凌家滩文化的双联环，红山文化晚期的玉镯与凌家滩文化的玉镯，红山文化晚期的玉凤与凌家滩文化的回首玉鸟（玉冠饰）等。

红山文化晚期的这些玉器与凌家滩文化的这些玉器，器类相同，器物形态也大致接近，它们之间应有某种文化上的联系。对这些玉器进行年代分析，凌家滩文化这些玉器的年代略早于红山文化晚期的这些玉器。据此推测，以上这些红山文化晚期的礼仪用玉器应是受了凌家滩文化同类玉器的影响之后发展演变而来的④。

红山文化晚期一批礼仪用玉器与凌家滩文化同类玉器的这种关系，说明红山文化晚期受到了凌家滩文化的影响。

---

① 南京博物院等：《张家港市东山村遗址抢救性考古发掘取得重大收获》，2010 年 1 月 29 日《中国文物报》。

② 浙江省文物考古研究所：《浙江海盐仙坛庙遗址》，《2003 中国重要考古发现》，文物出版社，2004。

③ 蒋乐平、方向明、郑嘉励：《中国考古 60 年·安徽省》，《中国考古 60 年：1949～2009》，文物出版社，2009。

④ 朱乃诚：《论红山文化兽面珙形玉饰的渊源》，《文物》2011 年第 2 期。

五、凌家滩文化的社会特征以及在中国
文明起源中的重要作用

凌家滩文化的年代略早于良渚文化和以牛河梁遗址群为代表的红山文化晚期后段。凌家滩文化的发达程度，就目前的发现而言，不及良渚文化。最为明显的，如凌家滩文化没有城，没有形成"玉敛葬"；玉器器类简单，器型以片状为主，表明治玉工艺低于良渚文化；墓地及墓葬规模反映的社会分层不如良渚文化的鲜明；等等。这些现象说明凌家滩文化尚未进入古国发展阶段。

但是，前面所分析的凌家滩文化在公元前 3300 年前所取得的文化成就，以及对大溪文化、崧泽文化、良渚文化、红山文化晚期的影响关系，足以表明：在中国文明起源过程中，凌家滩文化是一个极为重要的社会发展阶段的代表，是中国文明起源过程中占有显著地位的代表性文化遗存。因此，探索中国文明起源过程中的一些特征，不能不分析研究凌家滩文化遗存。

在中华文明形成过程中，玉礼器承载了十分深厚的文化内涵。这种以玉礼器为主要特点的十分深厚的文化内涵，肇始于凌家滩文化。

凌家滩文化的发展以及对其他地区文化的影响，是我国在公元前 3000 年前后进入古国发展阶段的一个重要因素。

良渚文化在接近公元前 3000 年时进入古国发展阶段，红山文化在公元前 3000 年前也可能进入古国发展阶段。

良渚文化与红山文化晚期都或多或少地受到凌家滩文化发展的影响，尽管这种文化影响关系还需要进一步的分析与研究去证实，但是良渚文化和红山文化晚期的一些礼仪用玉器显然是凌家滩文化同类玉器发展的结果。而良渚文化和红山文化晚期进入古国发展阶段的一个特点是大量制造与使用礼仪用玉器。由此，可以认为凌家滩文化是我国进入古国发展阶段的先导。

六、结语

以成组玉器的使用所表现的玉礼器，产生于何时？我们通过对凌家滩墓地及其随葬玉器的分析，认为最初产生于凌家滩文化。凌家滩文化是中国玉礼器起源的首个中心。

长期以来，对中国玉礼器的探索，通常是以文献所记的周代的礼玉制度，以及考古发现的周代诸侯大墓中所反映的用玉形式作为衡量的标志。如果以这种衡量标志作为基础，分析凌家滩文化的玉器随葬现象及其反映的用玉形式，归纳出玉礼器产生阶段的特征，判断当时已出现玉礼器，显然是不够的。

然而，大家知道，良渚文化在距今 5000 年前后已经产生了玉礼器，如果分析良渚文化以降至西周时期的葬玉形式所反映的用玉形式，可以看出，玉礼器在不同的历史发展阶段，因各个历史发展时期的社会形态不同，以及精神文化、思想意识的不同，玉礼器的种类及其器形，以及使用方式及其含意，自然有着明显的区别。比如就器类而言，目前已知"六瑞"不是同时出现的。玉璧肇始于距今 5300 年前的凌家滩文化；玉琮形成于距今 5300 ~ 5000 年的良渚文化早期；玉圭形成于距今 4400 ~ 3900 年的陶寺文化；玉璋可能出现于龙山文化；玉璜可追溯至距今 7000 年前即已使用，而至凌家滩文化时期才可以认作为礼器；玉琥形成于何时，尚未明确，或许与凌家滩文化玉虎形环及红山文化"玉猪龙"有关，或许仅止于商代晚期。又如即使"六瑞"在西周时期已经全部形成，但迄今的考古发现，仍然没有见到"六瑞"在西周时期组合在一起使用，或组合在一座墓中的现象。

"六瑞"出现时间不同的现象，以及"六瑞"不曾组合在一起共存的现象，实际上已表明了不能以某一时期玉礼器的种类与概念及其使用方式作为标志，去衡量另外一个时期玉礼器的种类与概念及其使用方式。玉礼器的种类与概念以及使用方式是伴随着社会的发展而演变发展的。我们可以以后期的玉礼器种类与概念以及使用方式去探索前期的玉礼器种类与概念以及使用方式，但不能以后期的玉礼器种类与概念以及使用方式作为标志去衡量前期的玉礼器种类与概念以及使用方式。

判别一个时期（尤其是二里头文化之前）是否存在玉礼器，应以玉器所附载的对象如墓葬、墓地、房屋、聚落、宫殿、宗庙、宫城等各级考古学单位的综合现象所反映的当时社会的等级以及礼仪仪式与制度，以及玉器在其社会中的作用等现象来判断，才能得出恰当的认识。一个没有等级分化的社会是不可能产生玉礼器的。

凌家滩文化时期的社会开始出现了等级分化，开始产生玉礼器，有玉璧、璜、冠饰、钺等 10 多种；以玉别贵贱的社会习俗开始形成，表明社会礼仪行为正在向模式化方向发展；类似"玉敛葬"形式的大墓的出现，既反映了事神功能逐渐与社会权力及军权融为一体，又反映了社会集权人物已在培育破土。当时的社会发展状态，应是处于中国文明形成的前夜。玉礼器在这一时期处于形成过程中，与凌家滩文化的社会发展程度是相吻合的。所以，前述分析的凌家滩文化在礼仪用玉器方面的五项基本特征，亦应是中国文明形成前夜反映在玉礼器产生与使用方面的主要特征。

已进入文明社会的陶寺文化、良渚文化中期、红山文化晚期后段的许多玉礼器器类的起源，又可以追溯到比它们更早的凌家滩文化。这无疑表明凌家滩文化是我国玉礼器起源的首个中心，也进一步表明了凌家滩文化在中国文明起源中所具有的独特地位与重要作用。

⫷ 主讲人简介 ⫸

　　许宏，博士，中国社会科学院考古研究所研究员，中国社会科学院研究生院考古系教授、博士生导师。中国考古学会理事、夏商考古专业委员会常务副主任。

　　主要从事中国早期城市、早期国家和早期文明的考古学研究。著有《先秦城市考古学研究》《最早的中国》《何以中国》《大都无城》《先秦城邑考古》等书，主编大型考古报告《二里头（1999-2006）》《二里头考古六十年》等。

⫷ 感悟 ⫸

　　知道自己天分并不高，于是崇尚的人生信条是：老老实实做人，踏踏实实做学问。微博签名是：修诚实史学，做大众考古。

⫷ 推荐书目 ⫸

苏秉琦：《中国文明起源新探》，生活·读书·新知三联书店，1999。

严文明：《农业发生与文明起源》，科学出版社，2000。

张光直：《古代中国考古学》，生活·读书·新知三联书店，2013。

许宏：《最早的中国》，科学出版社，2009。

许宏：《何以中国——公元前2000年的中原图景》，生活·读书·新知三联书店，2014。

许宏：《大都无城——中国古都的动态解读》，生活·读书·新知三联书店，2016。

刘莉、陈星灿：《中国考古学：旧石器时代晚期到早期青铜时代》，生活·读书·新知三联书店，2017。

何以中国——考古学视角下的"中国"诞生史

许　宏

一、引言　寻根问祖　百年探索

首先我们讲研究历史，它分成两种。大家都知道，一种是历史本身，一种是学术史。后者就是我们要探究学者们探究历史的过程，或者说是足迹。大家作为中国人，我们说"何以中国"，即中国是怎么来的？这样一些问题，肯定是萦绕在我们心头的。而我们中国考古学界的学者，走过了怎样的探索过程？有着怎样的心路历程？那么我们现在就看图说话，来捋一捋这个历程。我总觉得考古学不应该是枯燥的，因为它的研究对象很具象，有图有真相，我们就尽可能用一些图片，让大家一起来看看。

我们说作为生物学上的人，是动物的一种，有基因。文化上我们也有基因，而考古学的最大使命就是唤回我们的文化记忆。我们说古代中国的许多风俗习惯、传统都浸润在我们的骨血里，虽然现在好多已经消失了。

比如说每年到了大年三十，不管千山万水一定要回家，跟家人在一起，这就是文化基因。再比如甲骨文，为什么它一旦被发现，很快就能被释读呢？就是因为我们民国时期的学术大家，他们有着深厚的传统文化功底，借助像《说文解字》这样的桥梁和纽带，很快就可以破译甲骨文的具体内容——这又是一种文化基因。现在世界范围内的许多古代文字，还都是死文字，如果没有相互对照的文字，很难把它们解译成我们能够读懂的文字。

总体来看，我们百年来的社会史和学术史，如果用几句话来概括，就是中国在推翻帝制之后，在我们的思维系统里，有两大主线：一是随着西风东渐，倡导科学理性，追求文明认知，这样一种探索世界的思维方式，我们是耳目一新的。以前的中国人是笃信经史的，认为三皇五帝如何，完全是没有什么可怀疑的。现在我们要从科学理性的角度，来追求史实，要求真逐理。二是作为中国人，当我们落后挨打，当这个国家风雨飘摇的时候，救亡图存、民族主义的情怀涌上心头，这是很自然的。在这里，民族主义不是一个贬义词，而是一种朴素的情感，大部分同胞不是狭隘的民族主义者。我们也在建构我们国家与民族的文化认同，关心我们是谁、我们是怎么来的、中国是怎么来的。这样一些大的问题，一直是萦绕在我们心头。

而考古学，最初应运而生的时候就是一门显学。为什么这么说呢？因为考古学可以解决萦绕在每一个中国人心头的这样一些大的问题。在一些传世的历史文献受到质疑、被认为不大可信的情况下，那么考古学，正如我们前辈说的那样——上穷碧落下黄泉，动手动脚找东西。我们要通过这个来找回可信的、靠谱的中国历史，以及中国族群发展的脉络。而科学理性的求索和建构国族认同这两者，却往往并不完全是和谐相契的。建构国族认同需要激情，需要带着情感情怀；而文明认知，是要理性冷峻地看问题。那么应该如何处理好这样的关系呢？我们觉得建构国族认同，也应该建立在科学理性这个前提上。我们作为现代文化人，一般能够接受这一点。

今天给大家讲的，我想基本上就是我近年来出版的这几本小书（《最早的中国》《何以中国》《大都无城》）的一个汇总（图1）。我想提纲挈领地把我自己的一些思考，包括考古学上的一些新发现，与大家一起分享。

图1　本专题相关图书

二、时空中的"中国"

第一个部分，我想先从大框架上来勾勒一下，最早的"中国"出现于怎样一个时空背景。考古人的职业病，就是一定要先搞清研究对象的时空框架，一定要把它放在一个时空系统甚至文化谱系中、放在一个大的背景关系里去看，才能看清楚一些问题。我们看祖国的版图，中间这个黄线，有些朋友可能知道，这叫胡焕庸线，是中国著名地理学家胡焕庸先生几十年前提出来的一条分界线，这是中国人口地理的分界线（图2）。大体上以这条线为界，东南地区约占人口的94%，而6%左右的人口在西北地区。从几千年前到现代，这个数字基本上是没有变化的，这是非常有意思的事。

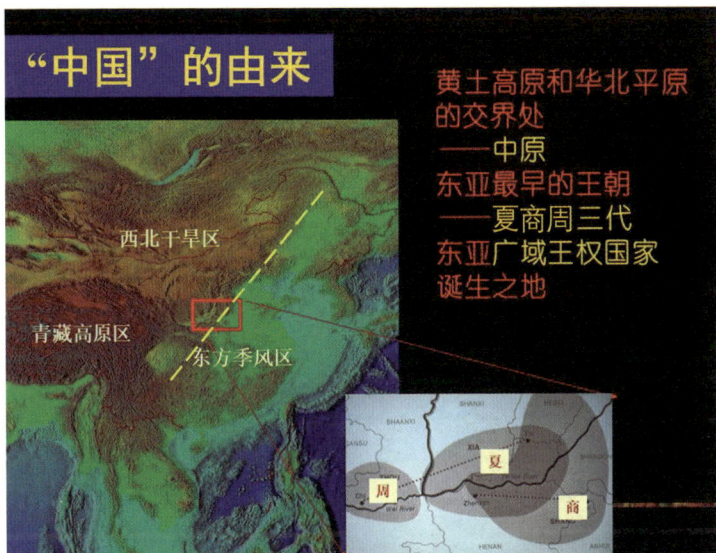

图 2　胡焕庸线

我们再解读这条线分隔出的两大板块——西北是褐黄色的板块、盼雨的板块、畜牧和游牧的板块，而东南是绿色的板块、多雨的板块、农业的板块；东南是稻作的板块，西北是旱作的板块。大家也都知道考古学上的器物，我们说三足鼎立的那个鼎，东南是鼎的板块，西北是鬲（空三足器）的板块……自然的、人文的种种因素都在这里分野。为什么司马迁所说的中国最早的王朝夏商周三代，都在两大板块之间这个狭小的地带——中原出现呢？《最早的中国》里有一节叫"杂交出高度文明"，说的就是这两大板块碰撞的地方才能生发出高度的文明，这可以用生态学上的"边缘效应"来解释。我们说混血的小孩聪明漂亮，杂交水稻生命力强、多产，就是这样的道理。

尽管考古学可以讲故事，但我们还是要先做学理上的思辨。来看看刚才说的夏商周，"夏"究竟有没有？夏是最早的中国吗？有朋友会说我总强调考古学视角下的中国诞生史，那么夏是什么情况？从表 1 中就能大体上看清这个问题。就是说对于上古史的叙述，有两大话语系统，第一是文献史学的话语系统，伏羲、女娲、三皇五帝、夏商周等；第二是考古学的话语系统，以小地名来命名仰韶、龙山、二里头、二里岗等考古学文化，又用具有典型性的文化来命名大的时代。这两大话语系统只有到了殷墟时期才能合二为一，才能合流，为什么？因为殷墟有了甲骨文这样的当时的文书出现，可以确证使用文书的人群的族属和王朝归属。而在这之前，任何企图把考古学遗存和传世文献中的国族相对应的研究，都是推论和假说，是不可能有定论的。这个道理非常简单。我们把有确切历史记载之前的历史叫作"史前"和"原史"。"原史"这个概念大家还比较陌生，英文叫 Proto-history，这个词借用于日语，是指已经有了文字但还不足以说清楚当时的具体历史状况的一个阶段，那么"史前"就完全没有文字记载了。

表 1　史前、原史、历史阶段划分与对应史料

两大话语系统及其合流	直接文字材料	间接文字材料	文献史分期		历史阶段
秦汉及以后	较系统记录（考古文献整合方法）		书写历史	编年史	历史
战国					
春秋					
西周					
殷墟	零星或无（考古学为主的方法）		口传历史 神话		原史
二里岗					
二里头					
龙山					
仰韶及以前					史前

　　有了这样一个学理上的认知，我们就很容易理解这个对照年表（图3）了。我们看左边是考古学的话语系统，包括仰韶时代、龙山时代、二里头时代等。右边是夏商周断代工程给出的年代，基本上是以历史文献为本位的，试图把传世文献与考古发现相契合。中间的是我个人的提法，包括前王朝时代、王朝时代等。其实"王朝"的概念也是借用，不一定确切，我更愿意用"广域王权国家"这个概念。而我们看夏和商前期还打个问号，这是因为没有像甲骨文那样的自证性文书材料确证它们的族属和王朝归属，但是它已经是广域王权国家了，应该没有问题，考古材料可以来证明这些问题。文献和考古发现，有些是能够契合的，有一些可能契合不上。比如说夏王朝，有人说其上限不到公元前2000年，有人说公元前2000年多一点，也就是说在耶稣诞辰之前的2000年那个时候，东亚大陆有这么一个巨大的变化——王朝初现。但是我们在考古学上就没找到证据，所以我说"王朝诞生传说地，并无王朝气象"。没找到这样一个庞大的、可以称为广域王权国家的、与王朝对应的这样的遗存。我们看夏商时期这些大的都邑遗址，二里头、偃师商城、郑州商城、洹北商城、殷墟

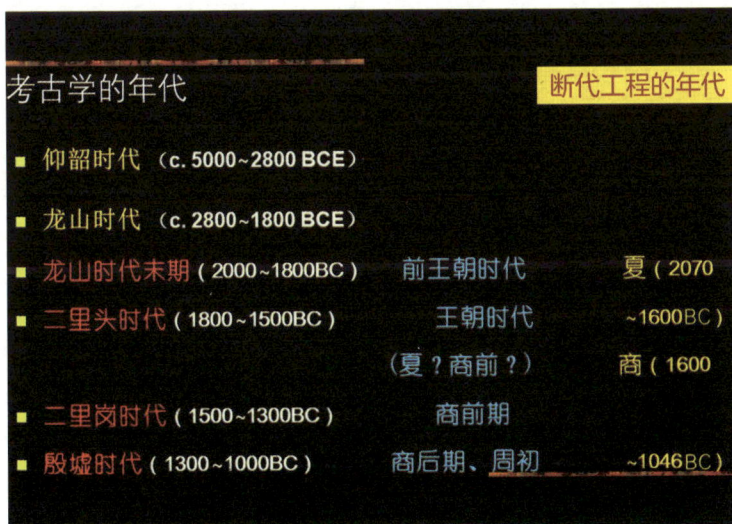

图3　公元前三千纪至前二千纪对照年表

遗址（表2），除了商朝的武丁到帝辛，也就是商纣王的都邑殷，答案是唯一的之外，其他那些都有两种以上的提案，无法与文献中的具体王都对应。而武丁之后的殷都，为什么是唯一的？因为甲骨文从那个时候开始出现，在这之前只要没有像甲骨文这样的文字材料，就只能存疑。

表2　与夏商文明有关的都城遗址的推断

朝代与推断都邑		二里头文化	二里岗文化		殷墟文化	
		二里头	偃师商城	郑州商城	洹北商城	洹南殷墟
夏	夏都斟寻					
	夏桀都					
商前期	汤都亳					
	伊尹城					
	辅（别）都重镇					
	太甲桐宫					
	太戊新都					
	仲丁都隞					
商后期	河亶甲都相					
	盘庚都殷					
	武丁－帝辛都殷					

大家应该会注意到，学术界已经悄然放弃使用原始社会、奴隶社会、封建社会这样一些概念，而改为用当时的社会结构、社会组织这样相对平和的提法来划分大的时代。中国古代史可以划分成邦国（或古国）时代、王国时代和帝国时代这三个大的阶段（图4）。

中国考古学泰斗苏秉琦教授，他把第一个时代形容为满天星斗，也就是无中心的多元，那个时候还没有中国可言。第二个时代是王国时代，是不是可以叫月明星稀？是有中心的多元。尽管中心出来了，但还不是很大，就是盟主中的老大、国上之国。以二里头国家为先导，一直到西周时代。第三个时代，可不可以叫皓月凌空？就是从秦汉时代开始的帝国时代，那是一体一

图4 文明时代的三大阶段

统化的时代。而这三个大的阶段中的两大节点,第一是二里头都邑,第二就是秦王朝。下面与大家详细地谈谈这样一些认识。

图5比较能体现我的文明观或者古史观。最初在广袤的东亚大陆上,是

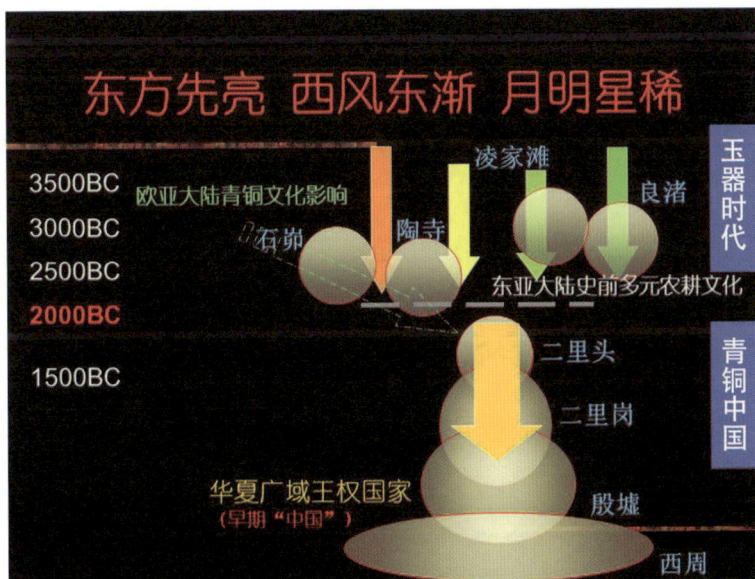

图5 从玉器时代到青铜中国

没有一个中心可言的，图上往右是偏东的，往左是偏西的。良渚、陶寺、石峁这些考古文化，都是满天星斗中比较亮的那些星星。那个时候还没有青铜器或仅有零星的发现，有人管它叫玉器时代。从二里头开始进入青铜时代，广域王权国家崛起，一个核心出来了。再往下是二里岗、殷墟、西周，一直向四周辐射，我们叫它青铜中国。

三、满天星斗——"中国"前的中国

作为中国的序曲，在满天星斗的这个时代，我们可以叫它"中国"前的中国——China before China。我们看最初在前仰韶时代和仰韶时代，可以划分为几个大的文化区，或者叫文化圈。它们大体上是各自发展的，中心是东亚大两河流域，也就是黄河和长江流域。这是东亚地区百花齐放的一个时代。到了龙山时代，中原地区打得一塌糊涂，邦国城邑林立，还没有一个大的中心。

从城址考古这个角度来说，当时的城址也是百花齐放，都是因地制宜的产物。南方是水乡泽国，垣壕并重，以壕为主。壕沟里能划船，能泄洪，有时候还能阻挡野兽和人，起到多重防御的作用。我们可以把南方的这类城址叫水城，以浙江杭州的良渚城为代表。

中间黄土高原和黄河中下游地区，城墙用黄土夹板夯筑而成，这个可以叫土城，以山西襄汾陶寺城址为代表。再往北，内蒙古中南部河套到晋陕高原一带，石头特别多，就用石头来砌城墙，我们管它叫石城，以陕西神木石峁城址为代表（图6）。

我们再聚焦中原地区。在二里头崛起之前，从公元前2400年到公元前1800年的这几百年之间，是中国最早的逐鹿中原的时代。城址林立，战乱频仍。在二里头之前，先是新砦大邑的崛起，那些夯土而筑的小城纷纷退出了历史舞台，开始有点地域整合的感觉，有聚拢成大的社会集团的这样一个态势。

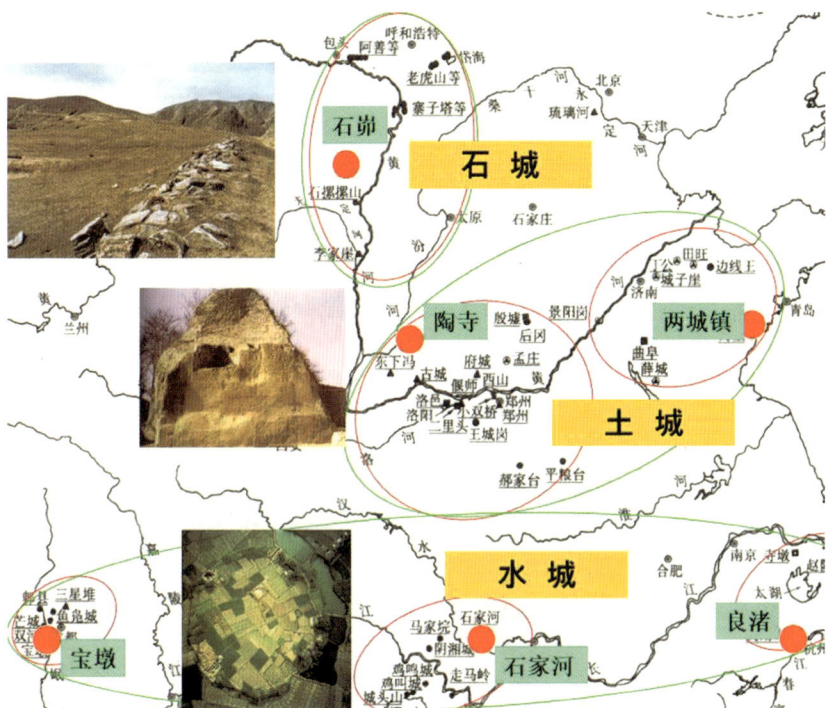

图 6 史前时代东亚城址的三大系统

四、月明星稀——最早的"中国"

到了月明星稀阶段，最早的中国出现了。先做一下概念界定，我这里所说的"中国"就是最早的广域王权国家的"中国"。广大地域的王权国家，已经是国上之国，开始在从前满天星斗的基础上，向外做文化辐射，有比较大的控制范围。大家都以它为高为大为上，这样的一个群体出来了——最早的中国就是中央之国和中央之邦这样一种政治实体，我管它叫最早的中国。

在龙山时代那几百年的征战之后，我们再看洛阳盆地。实际上洛阳盆地并不大，盆地中比较适合人类居住的地带，只有1300多平方公里，但是有1500多年，有十几个王朝在这建都。这在世界文明史上都是非常罕见的，而二里头

139

就是这些都城里最早的一处。

二里头为什么重要呢？前面我们说到，二里头是中国古代史上三大阶段两大节点中的第一大节点。在二里头发现了众多的中国之最（图7），这些"之最"不见于二里头之前，是引领中国古代文明潮流的，开许多制度先河的要素出现了。在这里，我们发现了中国最早的城市主干道网，发现了井字形大道。在这个大路上，我们发现了东亚最早使用双轮车的痕迹。

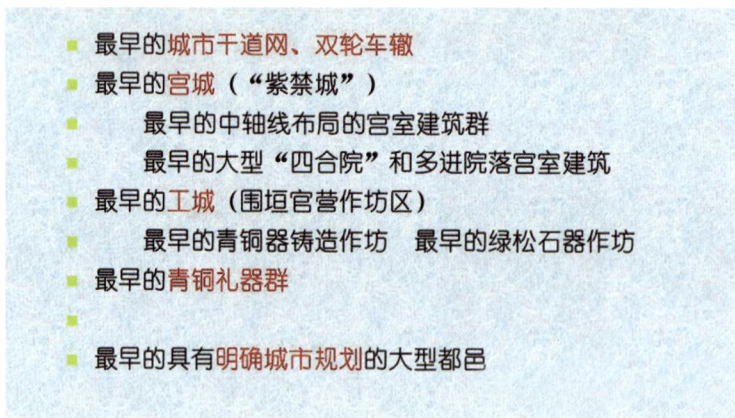

- 最早的**城市干道网、双轮车辙**
- 最早的**宫城**（"**紫禁城**"）
    - 最早的中轴线布局的宫室建筑群
    - 最早的大型"四合院"和多进院落宫室建筑
- 最早的**工城**（围垣官营作坊区）
    - 最早的青铜器铸造作坊　最早的绿松石器作坊
- 最早的**青铜礼器群**
- 最早的具有**明确城市规划**的大型都邑

图7　二里头的"中国之最"

在井字形大道的中间，我们发现了中国最早的带有中轴线布局的由大四合院组成的宫室建筑群。中国这个"中"是怎么来的呢？最初就应该体现在地理方位上，它有"建中立极"的这种概念。一定要居中，坐北朝南，封闭式结构，左右对称，土木建筑，这是中国古代宫室乃至一般民居所遵循的基本原则。而从这个建中立极，又衍生出了中庸的思想。甚至现在河南人说"中不中？中！"这些"中"，都可以归纳为"中"文化。这些几千年以来的思想积淀和政治实践，到了春秋战国时期，就被我们的祖先写进经典；而后世的中国人阅读这些典籍，这些概念就浸润在了中国人的骨血里，这就是一种传承。

我们在二里头还发现了中国最早的多进院落宫室建筑群。大家知道中

国的古代建筑都是土木建筑，土没法堆高，所以我们没有金字塔或者像帕特
农神庙那样的高大石制建筑。在这种情况下要体现贵族和统治者的等级和身
份，既然没法用建筑物高度来显现自己的威严，那么就只能向纵深发展，所
谓"庭院深深深几许"。院落的层数是跟等级身份相关的，这些在二里头文化
的早期已经发现了，而再往前我们还没有见其前身。考古学最基本的一个研
究方法，是由已知推未知。一点一点往前追，追到二里头再往前追不下去了。
二里头既不是最早的，也不是最大的都邑，但为什么重要，就是因为它是中
国文明发展史上的一个重要节点。

　　在这里，我们还发现了中国最早的"紫禁城"。如果说宫殿区和宫城是
政治区的话，我们在这里还发现了中国最早的大型围垣官营作坊区，也就是
经济区。在这个大的院子里发现了中国最早的绿松石器作坊，还发现了中国
最早的青铜礼器铸造作坊。这里可以叫中国最早的"国家高科技产业基地"
（图8），相当于现在的西昌卫星发射中心。所以说在二里头时期和随后的以郑
州商城为都邑的二里岗时期，只有二里头和郑州都邑能够制造青铜礼器，其他
地方是绝对没有这个能力，也不敢铸造。这就是王权对奢侈品的独占。

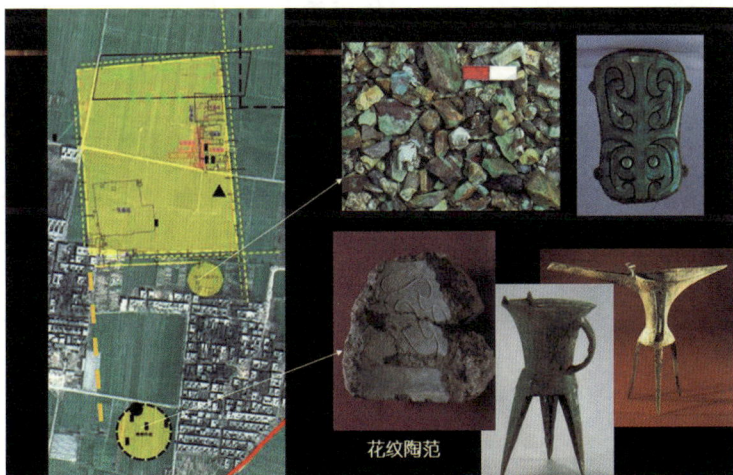

图8　二里头作坊区及其产品

五、何以中国——中原文明的特质

在这一部分我想跟大家一起来讨论，为什么中国诞生在中原这个地方？也就是"何以中国"的问题，包括 what 和 why，以及 how，"中国是如何产生的"这么几个大的问题，看看中原文明的特质何在。

二里头发现了中国历史上第一批青铜礼器群。中国号称礼乐之邦，而这些青铜礼器已形成了礼器群，其中最为重要的是酒礼器。大家知道中国是重酒的国度，尤以酒礼器为重。还有中国最早的青铜鼎，别看它灰头土脸，并不高大，但它可是三四百年之后辉煌的司母戊大方鼎的"祖师爷"。没有它们作为起步，是没有殷墟和西周时期灿烂的青铜文明的。

在二里头还发现了中国最早的近战兵器群，包括戈、钺和战斧等以及数量众多的箭头，说明当时的青铜冶铸工业已经具备了相当的规模。

《左传》中有句话大家都比较熟悉，"国之大事，在祀与戎"，也即国家最大的事，就在于祭祀和绝对的打压能力。祭祀是为了提高凝聚力，而这个绝对打压能力，就是武装力量。两手抓，两手都要硬，这是古今一理的。古代中原制造的最早的青铜器，就是礼容器以及礼兵器。这样看来，整个中原的青铜文化，可以叫"吃喝文化"，这是一以贯之的；而西北地区则属于"饰用文化"，即以装饰品和日用品为主的青铜文化。

中原地区最终发展出了非常复杂的铸造青铜礼器的复合陶范技术，内模外范，"模范"成了最具中国特色的一个概念（图9）。

最早的中国自二里头始，像一匹黑马，在整个东亚大陆刮起了一股青铜文明的旋风，并向外大范围地辐射。向北，长城以北的夏家店下层文化中惊现二里头酒礼器。说明意识形态的这套东西会被模仿，传播到了那么远的地方。考古学的魅力，就在于它保留着许多谜，有时颠覆你的认知，一直在改写着历史。二里头文化的陶铜礼器，向南传播到了长江中下游的

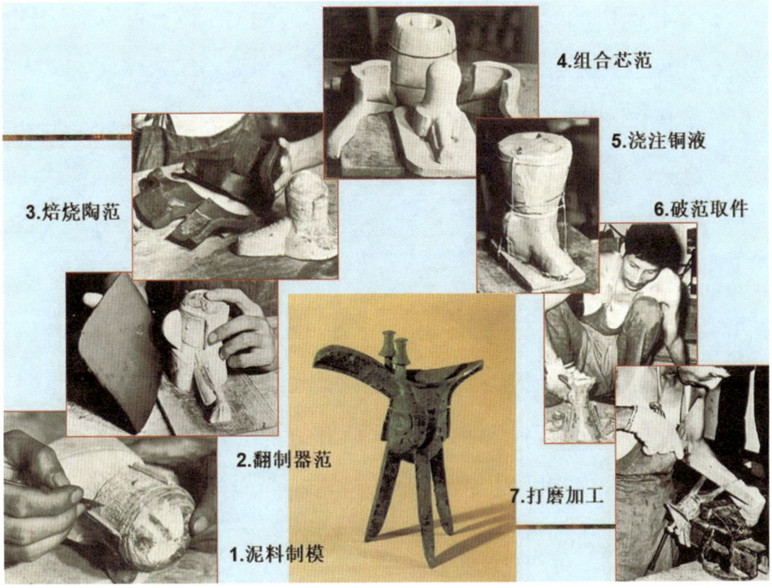

图9　青铜爵的制作过程

安徽、上海一带和长江上游四川三星堆所在的成都平原一带。

四川、广东，甚至香港和越南北部，都有二里头式的牙璋。二里头文化的影响，按照现代的话，叫"软实力的扩散"。扩散范围基本上与东周时期中原式直刃青铜短剑的范围大体一致，甚至超出了禹贡九州的范围（图10）。

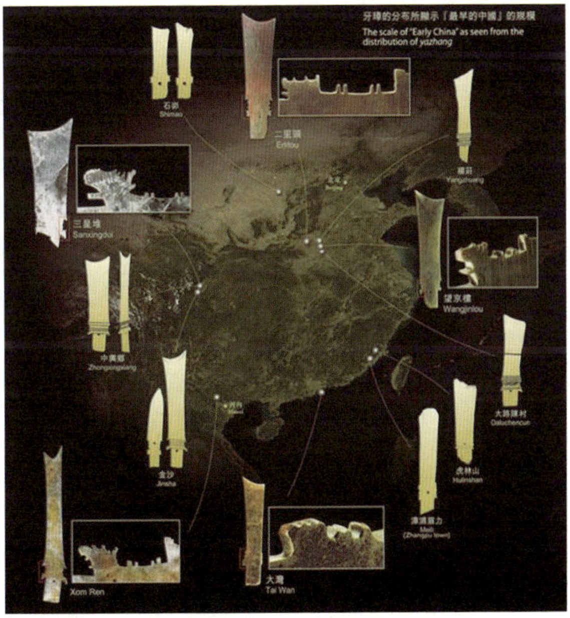

这是个什么范围呢？

图10　二里头式玉璋的扩散（邓聪制图）

143

大体上是适合于农耕的一个范围，而整个中国就是植根于农耕文明这个范畴的。二里头礼器扩散的这个范围基本上就是后来秦汉帝国基本版图的范围，也是所谓中国的核心地区，即后来的所谓内地十八省。内地十八省以外，还有四大边疆，那就是西藏、新疆、内蒙古和东北三省。虽然后来的近现代中国包括四大边疆，但最初的中国，就是从这种最适合农耕的地方一点一点地向外扩散。所以我们说二里头时期，即距今 3000 多年以前，中国的雏形就已经形成了。

我们再宏观地看一下，这张图是一张同一比例尺的图，这个是具有震撼力的。我们看公元前第二千纪这 1000 年都邑庞大化的趋势是很明显的（图 11）。公元前 2100 年前后龙山时代晚期的建筑还都是小土围子，古城寨城址有 17 万平方米，王城岗大城也就是 30 多万平方米。而作为二里头前身的新砦大邑已经达到 100 万平方米，后来扩大到 300 万平方米。这是现存面积，很有可能已达到 400 万平方米，被后来的洛河冲毁了一部分。那么大家看大的历史节点是不是就在二里头这里？而到了二里岗时期，郑州商城这个大邑一下扩张到 10 平方公里以上，到了殷墟时期则有 30 多平方公里，成倍地增长。而

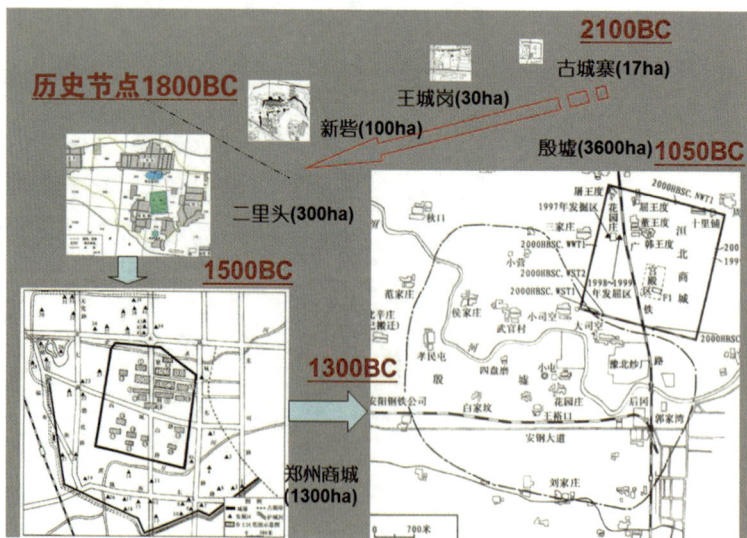

图 11　都邑庞大化趋势

在这之前，中国新石器时代的发展是非常缓慢的，只有到了距今4000年左右开始大提速，这是中国历史发展的第一次大提速。

六、都邑视角：大都无城的自信

接下来从都邑的视角，看看早期中国"大都无城"的自信，从这个角度来解析一下早期中国。大都无城的状况是肇始于二里头的，就是庞大的都邑一般不设外郭城，不设防。为什么不设防呢？我们认为，它显现了整个华夏族群处于上升阶段的一种文化自信（图12）。因为自信，所以用不着来筑造城墙，跟诸侯盟国讲信修睦，"守在四夷"，又国力强盛，就不必修个土围子把自己保护起来。

从二里头开始，到殷墟，到整个西周时期的丰镐、周原和洛邑，统统都是大都无城，没有一个外郭城笼罩。而从曹魏的邺城和洛阳城开始，一直到明清，都是内城外郭。此外还有纵贯整个都城的大中轴线和严格意义上的里

大都无城期：
二里头—东汉
宫城+郭区
近2/3时段无外郭城

城郭齐备期：
曹魏—明清
城郭-大中轴-里坊

图12 二里头：大都无城的肇始

坊制度，是"后大都无城时代"。整个中国古代都城史，可以划分为两个大的阶段，这就是"大都无城"观点的一个中心思想，即整个中国古代都城可以分为实用性城郭阶段和礼仪性城郭阶段。第一阶段的大都无城这个时代，从二里头一直到东汉的洛阳，在将近 2000 年的时间里，只有几百年的时间是有郭城的，而 1200 多年时间里没有外郭城（表 3）。

表 3　实用性城郭阶段的都城形态

朝代	典型都城遗址	宫城 + 郭城		宫城 + 郭区	都城存废时间
		内城外郭	城郭并立		
夏 / 商?	偃师二里头				1700 ~ 1500BC
商	郑州城、偃师城				1500 ~ 1350BC
	小双桥、洹北城? 殷墟				1350 ~ 1000BC
西周	丰镐、岐邑、洛邑、齐都、鲁都				1000 ~ 771BC
春秋	周王城、晋新田、楚郢都、秦雍城				770 ~ 403BC
	鲁都、齐都、楚郢都、郑都				770 ~ 403BC
战国	周王城、齐都、鲁都、韩都、赵都、楚郢都、燕下都				403 ~ 221BC
战国 - 秦	咸阳				350 ~ 207BC
西汉 - 新莽	长安				202BC ~ 23AD
东汉	洛阳				25 ~ 190AD

而第一阶段大都无城时代，却有两个例外的时期有城郭，一个是郑州商城时期，一个是春秋战国时期，正好都是军事上争斗激烈的时期，防守上需要提高防御手段，除此之外都是大都无城。而与大都无城形成鲜明对比的是，从曹魏的邺城和洛阳城开始，一直到明清北京城，全是内城外郭，无一例外。还有纵贯全城的大中轴线，真正的城郭制度和里坊制度都只见于这一阶段（表 4、图 13）。这是为什么？我的解释是，如果说中国历史的前面这个阶段，从二里头到秦汉时期是上升阶段，有文化自信的话，那么魏晋南北朝以来众

表 4 礼仪性城郭阶段的都城形态

朝代	典型都城遗址	宫城 + 郭城		宫城 + 郭区	都城存废时间
		内城外郭	城郭并立		
曹魏－北齐	临漳邺城				204 ~ 577
北魏	洛阳城				494 ~ 534
隋唐	大兴－长安城				582 ~ 904
	东都洛阳城				605 ~ 907
北宋	汴梁城				960 ~ 1127
金	中都城				1153 ~ 1214
元	大都城				1267 ~ 1368
明清	北京城				1421 ~ 1911

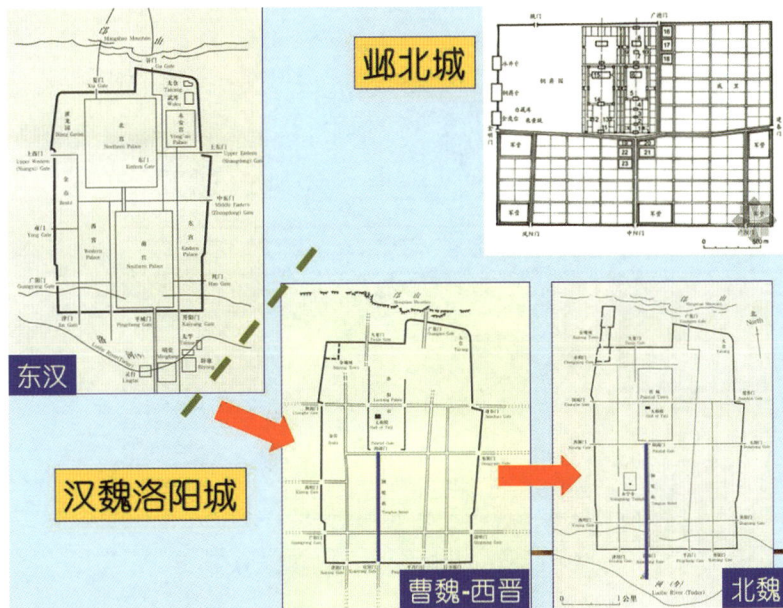

图 13 内城外郭与大中轴的出现

147

多的北方少数族群入主中原，以少数人口统治大范围的华夏族群，很有可能有一种不自信，导致统治者高墙森严、注重秩序、严格里坊制的管理，才有城郭兼备、大中轴线和普遍的里坊这种中古以后都城规制的出现。这都是有待深入探究的问题。

七、全球视角：青铜催生"中国"

最后，我们从全球文明史的视角，来看看中国文明是怎么形成的。现在我们说只懂中国，已经搞不清中国了，因为"不识庐山真面目，只缘身在此山中"。一定要把中国文明的形成放在全球文明史这样一个大的框架里，才能看清它的来龙去脉。图 14 清楚地显现了欧亚大陆冶铜技术传播的过程。从图例

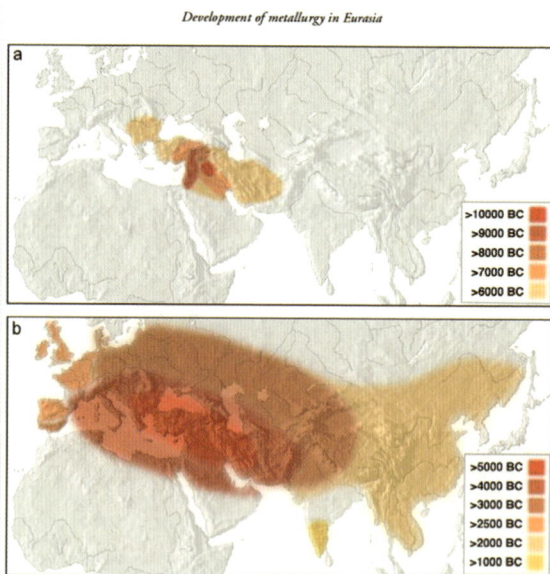

Development of metallurgy in Eurasia

Figure 1. a) The exploitation of copper ores and naturally occurring copper metal; b) the spread of copper smelting technology.

图 14　欧亚大陆冶铜技术传播示意图

图片来源：Roberts B.W.,Thornton C.P., Pigott V.C., "Development of Metallurgy in Eurasia", *Antiquity*, 2009, 83.

看出，颜色越深的时代越早。世界上最早的铜器属于天然铜的冷锻制品，在10000年以前，见于伊拉克、伊朗西部和土耳其东南部，以地中海东岸的西亚地区为中心；最早的铸造铜器发现于土耳其的安纳托利亚高原，距今约8000年；最早进入青铜时代的是美索不达米亚南部和埃及等地，都在距今5000年以上。

在此基础上，冶铜技术逐渐向欧洲、中亚扩散，而到了距今4000年前后才扩散到了东亚地区。从青铜时代开始，一直到500年前的大航海时代之前，西北地区是"改革开放"的前沿阵地。在丝绸之路之前，还有一条青铜之路。有学者对整个欧亚大陆青铜文明的态势做了梳理。距今5000年前后，欧亚草原青铜文化已经进入初始期的前段了，而东亚地区仅有零星的发现。到了欧亚草原青铜文化初始期后段，比二里头还要早，距今4000年以降，已经是星火燎原的态势了。二里头开始萌芽的时候，欧亚草原已经进入了青铜文化发达期的前段。所以整个东亚大陆青铜的动向应该是与内亚地区密切相关的。而再往东，朝鲜半岛进入青铜时代已经是东周时代的事了，日本则几乎没有青铜时代，青铜和铁器是一起传入的。

以青铜冶铸技术的传播为中心，在龙山时代到殷墟时代这1000年左右的时间里，有大量的外来元素进入东亚大陆腹地，例如小麦、黄牛、绵羊、车、马、带有长斜坡墓道的大墓、用骨头占卜的习俗，甚至甲骨文，我们都没有在中原找到它源于本地的证据线索。甲骨文源头的发现现在还有缺环，还看不清楚，突然就这么发达了，但怎么来的还是个谜。大家知道文字如果是原生的，可能要有相当长的孕育过程，但也完全有可能在很短的时间内，接受外来的刺激和影响而发明出来，比如西夏文字、契丹文字和日文，都是在很短的时间内借鉴发明出来的。另外，像二里头这样的管控大范围人群的政治实体，究竟是我们独立自主地发明出来的，还是受到外来的影响才出现的，都有待进一步探究（图15）。

所以我们说，中国从来都没有自外于世界，中国就是世界的一部分。而

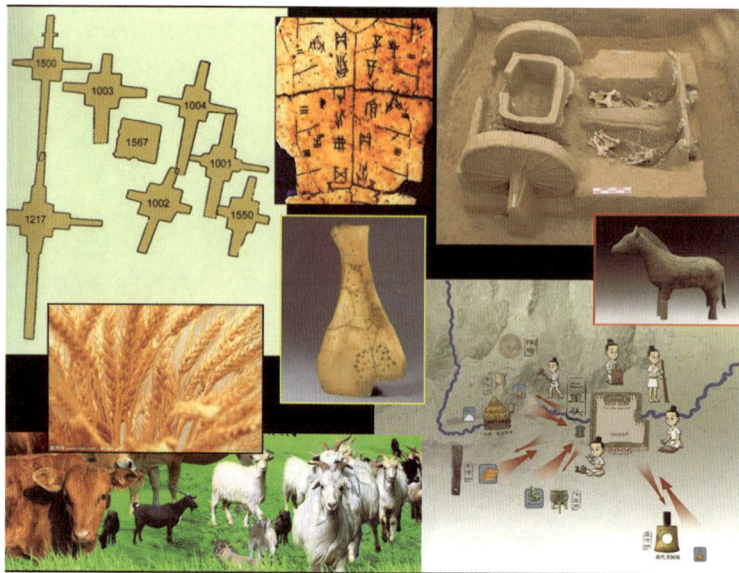

图 15　可能的外来因素（龙山时代到殷墟时代）

全球化是从什么时候开始的？一般说是从 500 年前大航海的时候，哥伦布发现新大陆才导致全球化态势。但有学者研究认为，全球化在 5000 年之前就开始了，现在看来这种说法是靠谱的，因为青铜冶铸技术的扩散，就是最早的全球化浪潮。

东亚大陆四个最早进入青铜时代的文明，都不早于距今 3700 年——以二里头为先导的中原青铜文明，包括二里岗、殷墟、西周青铜文明；向北是与二里头、二里岗大体同时的夏家店下层文化；西北有甘青地区的齐家文化晚期和河西走廊的四坝文化。这些青铜文化怎么突然就发达起来了呢？再往外看，在现在的中亚和欧亚大草原地区已经有了比较发达的青铜文化了。著名考古学家、吉林大学林沄教授有一个比喻，他说整个欧亚大陆内陆的青铜文化就像一个巨大的旋涡，向外飞洒着飞沫，因此外围许多青铜文化的产生，跟这种向外飞溅的飞沫是有关系的，都受它们的影响互相激荡，到最后形成了具有自身特色的青铜文明。当然大量的细节还有待进一步的探究。

要之，中国古代灿烂的青铜文明，也应该是在这样一个大的旋涡框架内形成的。而只有把中国青铜文明放到最早的全球化这个世界青铜体系框架内，我们才能看清楚中国最早的广域王权国家是怎么来的，所以我用青铜催生"中国"这样一种提法来阐释这些情况。

目前全球通史、全球文明史基本上是欧美学者撰写的。这些通史类著作，欧亚大陆的偏西地区描述得比较详细，而东亚地区则很单薄。相信中国学者在东亚大陆的考古工作，也能够为丰富全球文明史的建构做出自己应有的贡献。从全球史的角度来看待世界，也只有几十年的时间，而几十年中我们就已经有了这样的收获。当然我们还有好多空白要去填补，我们亲身参与，大家来见证，我们愿意一起经历共享这样一个伟大的时代！

主讲人简介

赵超，1948 年生于北京，1982 年毕业于中国社会科学院研究生院。后在国家文物局古文献研究室及中国社会科学院考古研究所工作，任研究员。主要从事汉唐考古、古代文化思想史研究及古代石刻、出土文献研究。英国牛津大学、日本明治大学、法国高等实验学院、日本东北学院大学以及香港城市大学等院校客座教授。著有《中国古代石刻概论》《华夏衣冠五千年》《新唐书宰相世系表集校》《锲而不舍》等专著 20 余种，发表论文近 200 篇。

感悟

马克思的话"在科学上没有平坦的大道可走，只有那在崎岖小路上不畏攀登的人，才有希望达到光辉的顶点"永远是治学的座右铭。靠投机取巧、阿谀欺骗牟取利益的人不可能在学术上真正有所成就。做学问，首先要做人。以史为鉴，不仅仅是正得失，更要从历史的长河中找到自己正确的人生道路。

推荐书目

张政烺：《张政烺文史论集》，中华书局，2004。

高明：《中国古文字学通论》，文物出版社，1987。

《中国画像石全集》，山东美术出版社、河南美术出版社，2000。

信立祥：《汉代画像石综合研究》，文物出版社，2000。

王建中：《汉代画像石通论》，紫禁城出版社，2001。

G 汉代社会的写真

赵 超

　　我在这里和大家聊聊关于汉代考古中的一个方面，主要是画像石、画像砖墓葬的发现与研究。江西发掘的西汉刘贺墓被公开介绍，引起大家对于汉代考古的极大兴趣。刘贺的墓葬是比较难得的没有被盗掘过的墓葬，所以保存了大量的珍贵文物，让我们大开眼界，也对汉代社会产生了更大的关注。实际上，我们在几十年间发掘的大量汉代墓葬，已经给我们描绘出一幅汉代社会的具体图像。这里面，画像石墓、画像砖墓与壁画墓起到了非常大的作用。

　　今天我们的科技发展，使得我们可以随时随地记录下周围的各种丰富多彩的图像。如果认真回想一下，发明记录图像的照相技术也不过一百多年的历史。而我们人类的历史，即使不算从猿人演化过来的漫长历史，仅仅是从进入文明时代算起，也至少有数千年之久。那么，没有照相技术的几千年来，人们的面貌是怎样的？人们的生活情况是怎样的？人们所看到的天地万物又是怎样的？现代人光靠自己的想象是远远不能复原当时的实际情况的。

　　但是人们总喜欢根据自己的理解去想象古人的生活。因此，我们看到现在很多影视剧中的古人形象衣着、日用器具，都加入了今人的杜撰，与古代的实际情况相去甚远。要看到古代的真实情况，还得去看古人自己留下的写真形象。我们对于古人的形象认识，实际上全靠两个主要来源：一个是历代保存下来的古代遗物形象，二是今人通过考古调查发掘发现的古代遗物形象。另外历史文献记载比较丰富的国家与民族，还可以从历史文献的有关记载中得到古代事物形象的佐证。

人类与其他动物最根本的不同，就是人类有思想与创造的能力。远在人类进化的初始阶段，远古人类就已经开始描绘事物形象的绘画活动。近代以来，人们在对古代遗迹的考察中发现过很多远古时期的绘画遗存，这曾经是世界考古中的一批重要发现。由于这些发现，我们可以看到在欧洲等地保留的早期人类山洞绘画。例如在法国的科斯凯岩洞中发现不迟于公元前 25000 年的人类刻画和公元前 17000 年左右的动物画，诺克斯洞穴中保存有距今 1 万多年的野牛壁画，在西班牙的平达尔和阿尔塔米拉等洞穴中也发现了石器时代的壁画，在西班牙的奥尔诺·德·拉佩纳岩洞中发现刻画的马，北非撒哈拉沙漠中发现过新石器文化时期的岩画，南非发现的史前岩画可以确定其为距今 1 万多年的威尔顿文化时期，澳大利亚的库纳尔达洞穴壁画也是这样的原始遗迹。

在中国的广袤土地上也有大量古代岩画发现。从黑龙江、内蒙古、新疆、西藏、甘肃、宁夏、广西、云南等地区直到四川、贵州、河南等省份，都发现有各种各样的岩画遗存。多处岩画已经被评定为全国重点文物保护单位。以前有过学者专门进行岩画的调查与研究，如内蒙古的盖山林先生等人。这些岩画的制作时代十分长久，大约从新石器时期延续到近代。随着大量新发现，现在岩画研究已经形成了一个专门的研究领域。研究者认为，中国最早的岩画可以追溯到近万年以前。这些壁画主要表现了古代原始人的狩猎、宗教、战争、生殖等活动场面，反映了古代人对世界的认识。

经实地分析，国内外古代岩画的制作方法多种多样，有些国家的考古学者，例如法国考古学者就曾经用实验考古学的方法去模拟古代人绘制岩画的过程。有些岩画是绘者用手指或其他工具蘸着天然颜料绘制，有些则是绘者用吹管喷涂或者用口含颜料喷涂形成，有些是绘者用指甲或者石片等工具简单刻画的，有些则是绘者用石块或金属工具多次敲打而成。岩画中，还有很多是经过多种制作手段复合完成的，例如先用凿刻或者研磨勾画出物体的外轮廓，然后设色涂描。古人制作这些岩画的手法就是后来各种石刻石雕的源头。

几千年来，人们通过大量的绘画活动，记录了自己所看到的自然与社会，不但逐渐提高了绘画技巧，提高了描绘对象的真实性，而且也留下了当时社会的写真，让我们看到了珍贵的古代社会图像。所以世界上现在所能保留的一切古人创作的古代器物与艺术作品，都是极其珍贵的历史研究资料，是今人看到古代真实景象的窗口。例如古埃及的壁画与雕塑，古希腊的陶瓶画与雕塑，古巴比伦、古波斯、古罗马、古印度、古印加的雕刻，等等。这些被世界各大博物馆珍藏的古代文物可以说是人类文明发展的真实见证，是价值无限的艺术瑰宝。

虽然由于历史原因，中国的博物馆中没有类似的外国古代艺术品，但凭借近代以来的考古发现，我们可以自豪地说，中国古代有着足以与这些世界艺术珍品媲美的艺术文物珍品，那就是汉代的画像石、画像砖与壁画艺术。

我们知道，在短暂的秦代以后，刘邦建立了强盛的统一大帝国汉朝，西东两汉相继，延续近 500 年，这是中国历史上第一个延续这么长时间的大一统专制帝国。在这几百年中，汉朝创造了辉煌的物质文明与文化礼仪，形成了严格的官僚制度与社会体制。那时的楼台林立，车马盈途，歌舞伎乐，酒宴欢会，农耕渔猎，池塘水田，仓储养老，教学读书……众多丰富多彩的社会图像，时隔 2000 多年，却能够清晰地展现在今人面前，让我们看到一幅幅细致入微的汉代社会写真。这都是在散布全国的汉代画像石与画像砖文物上保存下来的。

汉代画像石是雕刻各种图像的石材，画像砖是模制或者雕刻图像的砖。它们上面绘制的内容无比丰富，可以说反映了汉代人们生活的各个方面。更重要的是这些图像还可以反映汉代社会流行的风俗习惯与思想意识。据不完全统计，现在存世的汉代画像石、画像砖总数在 1 万件以上。上面绘制的人物形象有几万个，动物类型有上百种。

汉代人制作这么丰富多样的画像石和画像砖是做什么用的呢？从我们现在掌握的画像石、画像砖等考古资料来看，汉代画像石与画像砖主要来源于当时的几类建筑物，它是这些建筑物上的装饰品与基本构件。这几类建筑物主要有阙、墓室、祠堂以及一些大型器物，如石棺、碑等。我们可以将它们概括为纪念性建筑与墓葬建筑两大类。下面我们具体介绍一下这些古代建筑。

阙是古代建筑中的一个重要组成部分，也就是庄园、宫殿建筑的外大门。最早的阙应该是夯土与木结构的建筑，具有瞭望与守卫的功能。我们从内蒙古和林格尔汉墓壁画中的庄园图上，就可以看到这种阙与庄园的关系。以后它逐渐加入了礼仪、纪念的标志性意义，也就发展出仅有礼仪意义的石质门阙。现存石阙根据其原来所属遗址的实际用途，可以划分为庙阙与墓阙两种。庙阙是原祭神庙宇建筑的大门，如河南登封的太室、少室、启母等诸阙，是祭祀太室山、少室山和启母的祠堂建筑的大门。墓阙则是墓葬园域的大门，如四川雅安的高颐阙（图 1），就是高颐墓园的大门。庙阙与墓阙的造型基本相同，只是建筑所在地不同而已。现在公布的资料表明，东汉时期已经出现了石质的门阙，全国尚保存有 30 余处汉代石阙的遗迹，主要分布于山东、河南、四川等地。这些石阙受到建筑界与古代建筑史学者的高度重视，是重要的古代建筑资料，其中大多被确定为全国重点文物保护单位。在汉代建筑

图 1　汉代石阙——高颐阙

组合中，门阙占有很重要的地位。《白虎通义》中记载："门必有阙者何？阙者，所以饰门，别尊卑也。"晋崔豹《古今注》云："阙，观也。古者每门树两观于其前，所以标表宫门也。其上可居，登之则可远观，故谓之观。人臣将朝，至此则思其所阙多少，故谓之阙。其上皆丹垩，其下则画云气仙灵，奇禽怪兽，以昭示四方焉。"

由此可见，汉代墓葬和庙堂等建筑中将门阙列为重要组成部分，正是由于它具有装饰大门、区别尊卑的重大礼制意义。

现存的汉阙一般高度为 4～6 米，造型壮观优美，多由磨制规整、雕刻精美的石块垒砌而成。阙分为左右两件，呈中央对称形，中间空缺，很像是一个影壁从中间切割成两半的形状。完整的一侧阙身包括几个部分：内侧（即近空缺一侧）比较高大的部分一般称作正阙，最下面为基座，基座上面的直立部分叫作阙身，再上面是雕刻成仿木结构的单檐式或重檐式阙顶。与正阙相连的外侧低矮部分称作副阙或子阙。它同样有基座、阙身与阙顶三个部分。也有些石阙没有副阙，这样的石阙也比较低矮，例如山东平邑发现的皇圣卿阙，高仅 2.5 米，用一块整石雕刻而成。值得注意的是它仍然在阙身上刻出纵横的石缝，模仿石块垒砌的大型石阙，说明垒砌的大型石阙是这类建筑的基础原型。此外，根据古代文献记载，还曾经有过平面为圆形的圆阙与左右两侧阙顶上用曲阁相连的阙，这些可能是大型的土木建筑。目前在石刻中还没有见到过这样的实物。

就像《古今注》里所讲的那样，正阙的阙身上经常分层雕刻各种图像，把巍峨的石阙装饰得十分美观华丽。它上面的装饰图像是汉代画像石的一个重要组成部分，包括历史故事画、神怪形象和装饰纹样等。

画像石墓是汉代墓葬中十分重要的一类大中型墓葬形式。随着提倡厚葬的社会风气兴起，在西汉时期，就已经出现了在墓室中绘制壁画的壁画墓，还有使用雕刻图案的石棺墓。在西汉末期，发展出用砖和画像石混合建筑的墓室、用画像砖建筑的墓室，直至完全用刻绘画像的石材建筑的画像石墓，它成为在东汉非常流行的墓葬建筑形式。

人都有生老病死，埋葬死者是人类社会中十分重要的一项礼仪活动。早在旧石器时期的文化遗址中就可以看到埋葬习俗的出现，比如山顶洞人在埋葬死者时，会在他的身边撒赤铁矿石粉末。新石器时期的墓葬中会发现给死者随葬不同的随身器物。通过考古学与民俗学的研究调查，我们得知在世界各地各民族中存在着形形色色的埋葬习俗。中国古代也有土坑葬、石室葬、悬棺葬、火葬等多种多样的埋葬习俗。早期的土葬还是简单地挖一个小土坑，后来随着社会生产的发展，墓葬规模也越来越大。在汉代，随着社会生产力的发展，墓葬建筑也发展到极点。不用说帝王公侯的陵墓达到"号山为陵"的庞大地步，就是一般的官员、富豪，也要建造包括多个墓室、回廊、甬道等复杂结构的大中型墓葬。使用砖、石建筑是非常普遍的现象，这就给画像石和画像砖提供了巨大的使用空间。在几十年的汉代考古发掘工作中，各地清理了大量各种类型的汉代墓葬。下面，我们看看一些经考古发掘清理出来的大中型汉代墓葬建筑的式样。

图2是河南密县打虎亭二号东汉墓。这是一座砖石混合建筑，包括墓道、墓门、前室、中室和中室的东、南、北三个侧室以及后室几个部分。它除了

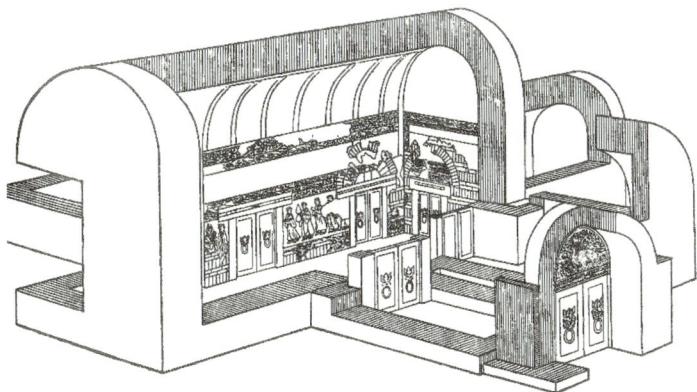

图2　汉代画像石墓——密县打虎亭二号墓透视图

图片来源：王建中著《汉代画像石通论》，紫禁城出版社，2001。

在石材上雕刻各种画像装饰以外，还在用砖砌成的甬道、墓室墙壁、顶上绘制大量壁画，是画像石与壁画结合的装饰方式，也表明了壁画与画像石是一脉相通的装饰艺术。

用壁画装饰人们的居室建筑，特别是宫殿建筑，是中国古代很早就产生的一种装修艺术。在陕西咸阳的秦代咸阳宫三号殿址发现有几百块车马图、仪仗图、建筑图和装饰纹样等壁画残片。在汉代宫殿遗址中也发现过当时装饰宫殿的壁画残片。可见当时的宫殿中普遍采用在墙壁上绘制图画的装饰形式。根据文献记载，古代的宫殿壁画中最主要的内容就是鉴戒性的故事画。《孔子家语》中记载："孔子观乎明堂，睹四门墉有尧舜之容，桀纣之像，而各有善恶之状，兴废之诚焉。"（前人怀疑该书是晋代王肃伪作，近来发现的楚简中有一些内容与之类似，一些内容可能还是有先秦传流渊源的）而汉代文人王延寿写过一篇《鲁灵光殿赋》，里面就详细叙述了宫殿内绘制的壁画情况。

"图画天地，品类群生。杂物奇怪，山神海灵。写载其状，托之丹青。千变万化，事各缪形。随色象类，曲得其情。上纪开辟，遂古之初。五龙比翼，人皇九头。伏羲鳞身，女娲蛇躯。鸿荒朴略，厥状睢盱。焕炳可观，黄帝唐虞。轩冕以庸，衣裳有殊。下及三后，媱妃乱主。忠臣孝子，烈士贞女。贤愚成败，靡不载叙。恶以诫世，善以示后。"

曹魏文人何晏作的《景福殿赋》，也描述了殿中的绘画"图象古昔，以当箴规。椒房之列，是准是仪。观虞姬之容止，知治国之佞臣；见姜后之解珮，窹前世之所遵……朝观夕览，何与书绅"。

从这些记载中，可以看到壁画中的丰富内容，是绘制了从神仙鬼怪、历史人物到孝子烈女的众多艺术形象。受到这种建筑装饰模式和思想意识的影响，作为模拟人间居室的墓葬建筑，也沿用了壁画装饰的做法，而且这种装饰还具有更实际的方术作用和人文思想内涵。

如果整个墓葬都用精致美观的画像石刻装饰起来，就构成了一座华丽的建筑物。进到里面，四周都是各种各样的画像，人会感觉到是在一个缩小的天地宇宙空间中，这就体现了汉代人对宇宙的认识和追求安乐永恒的意识。我们推想汉代人将墓葬建筑成这样的目的，就是要模仿人世间的情况，给死者营造一个埋在地下的宇宙空间，让死者在阴间仍然过着像阳世一样甚至比阳世更加美好的生活。所以这些墓葬中的画像石装饰都是十分细致逼真，将人们日常生活中的方方面面都复制到墓葬建筑中。整个空间的布置、各种图像的安排，也是按照上面是天穹、神仙境界，中层为历史人文环境，下面是人世间现实生活景象这样一种宇宙认识来进行的。

从上面对画像石墓的介绍中，可以看到墓室中的画像石包括墓室立柱、散斗、门楣等边角部位刻绘的装饰性图画纹饰，以及构成墓室的梁架、墙壁、门扉、顶盖等大幅的长方形石刻图像。有些画像石还被分作几层图画或分割成连续多幅画面。这些画像大致包含以下几个方面的内容。

（1）以云气、星象、神仙、奇禽、怪兽、灵瑞图像等构筑的宇宙空间，即天界与仙界，同时它也表现墓室中的天穹与上下四方等空间概念。这些图像大多位于墓室顶部以及四壁的上部，还有一些具有辟邪厌胜意义的图像也可以包括在内，如力士、动物、仙人等。

（2）墓主及有关人物组合成的各种现实生活画面，如墓主的饮宴、出行、拜谒、仕宦经历、庄园生产、舞乐射猎以及亭台楼阁等，它一般位于墓室四壁或横梁上面，位置偏下。

（3）由历史人物故事画构成的历史人文环境。它同时象征着社会流行的伦理、法律、道德观念与文化教育意识，也可能还存在着一定的辟邪驱恶方术意义。常见的有舜、曾子、董永、齐孝女等孝义人物，神农、黄帝、管仲、赵盾等古代名贤，以及周公辅成王、孔子见老子、泗水捞鼎、七女复仇等众多古代历史故事。这些图像经常位于墓室四壁、立柱等处，位置居中。

（4）装饰性的图案纹样，穿插于以上画面之间或填补石材空白，如菱形纹、云气纹、圆弧纹、绹纹、三角纹、树木纹、穿璧纹等。

画像砖就是嵌置在墓室墙壁上的装饰品了。它面积较小，能表达的内容有限，所以在一座墓中会嵌置多件砖画，构建出建造者所要表现出的各种生活场景。

石祠堂主要是建筑在汉代人的墓葬中起到祭祀死者作用的小型建筑。现在保存有一些完整的汉代祠堂，比如在山东长清孝堂山上的孝子石祠（图3）。北魏时期的陇东王还在上面刻写了一篇颂文，就是著名的《陇东王感孝颂》。我们可以看到它完全是一座土木建筑殿堂的仿制品。在室内的墙壁上雕刻有墓主人的画像等各种图像。在各地的汉代画像石收藏中还有很多祠堂的构件。

图3　汉代石祠堂——长清孝子祠堂

总体来看，祠堂中的画像石内容与装饰情况与墓葬中的画像石大体相似。不同的是祠堂正中央的部位往往是雕刻出墓主人（或者墓主夫妇）正面端坐饮宴的图像，表现出明确的祭祀目的。

汉代画像石和画像砖的主要分布区域为河南、山东、江苏北部、安徽北部、陕西北部、山西西北部、四川等地，近年在浙江也有发现。由于地方文化差别与石材质地不同，各地区的画像石雕刻风格与主要的构图、造型等艺术表现形式也有所不同。研究者曾经根据各地汉画像石的不同艺术风格与制作工艺而将其划分为5个主要的流行区域，即：河南中部与北部，河南南阳地区，山东与江苏、安徽北部，四川，陕西北部与山西西北部等。国内已建有多家专门的汉代画像石博物馆，有些博物馆的藏石达到千件以上，比较著名的有河南省南阳汉画像石馆、江苏省徐州汉画像石馆、山东省滕州汉画像石馆等。另外还有众多地方博物馆与文物保管所收藏有汉代画像石，如山东博物馆、河南博物院、四川博物院、西安碑林博物馆、山东省曲阜孔庙、山东省邹县文物局、山东省微山县文物保管所、山东省嘉祥武氏祠文物保管所、陕西省榆林市文物管理委员会等。大家如果有兴趣，去这些地方旅游时不妨去看一下。

汉画像石中既然有这么丰富的古代文史考古材料，自然会引起各方面研究者的关注。考古、历史、美术、文学等领域的学者都有深入的研究。现在已经出版的专门著作、发掘报告和图录等就有 100 多种，研究论文有几千篇。对画像石中反映的汉代考古、历史、物质文化、美术成就等都有专门论述。

下面我们具体来看一下汉代画像石中表现出的汉代社会状况。

从汉代画像石、画像砖中来了解当时人们的生活生产状况是最为直观的了。它有很多珍贵的生产劳动场面，可以使我们形成关于汉代社会与当时生产力的真实认识。

例如纺织。我们现在的考古发现中，可以找到新石器时期的纺织工具，如在良渚文化遗址中发现的古代梭子、简易织机的零件等，但是由于材料有限，当时织机的完整面貌是怎么样的，还只能推测，而汉代画像石就给我们展现了当时完整的织机图像。这样表现纺织的图像，在江苏、安徽、山东等地有过多次发现，画中表现的脚踏织机已经十分复杂完善。看到它，我们才能理解为什么在马王堆汉墓、江陵汉墓等地能出土那么精致多样的汉代丝绸制品，才能了解古代纺织技术的发展程度（图 4）。

图 4　画像石中的纺织图

又比如古代冶金。汉代画像石中有关于冶铸作坊的图像，图5就是在山东滕州西户口村出土的一件汉画像石。这幅画的左侧是一座冶铁炉。悬挂的一个巨大鼓风橐囊正向炉中送风，中间有几个冶铸工人在浇筑器物，右边是几个工人在锻打铁器，表现出一派热烈紧张的劳动场面。特别值得注意的是鼓风橐的出现。这是一个椭圆形的皮囊，用木框架做骨架，外边包上皮革。把它像拉手风琴一样地推拉起来，就能把空气不断地送入炉中，使炉子达到需要的高温。这是古代冶金技术中十分重要的一个技术发明。汉代甚至发明了水轮带动鼓风橐囊的水排技术，用水力推动橐鼓风，使冶金的规模和效率大大提高。以往我们只能看到文献中的有关记载，但是不知道橐的实际形状结构。这幅图像使得我们见到它的"庐山真面目"，为中国古代科技史留下了确切的证据。我们现在对汉代冶金遗址的考古发掘中有过重要的发现，在河南巩县铁生沟的汉代冶铸遗址中发掘出冶铁炉18座、熔炉1座、锻炉1座，还有配料池、矿石坑等大量遗址遗物。在这里出土的铁镢具有良好的球形石墨结构，而国际上掌握类似制作技术要到20世纪。这可以说是古代科技史上的一大奇迹。

图5 滕州画像石中的鼓铸打铁场面

在四川画像砖中，有很多关于提炼井盐的图像，其中有开凿盐井、树立井架、提取盐水、煮盐等制作井盐的全部生产过程，为我们了解古代井盐生产留下了具体可靠的实物资料（图6）。井盐生产是古代四川等地居民的一大创造，也是重要的经济活动。人们生活中盐是必不可少的。根据古代文献记载，从舜帝开始就把山西河东盐池这样的食盐资源纳入国家的控制之下。春秋战国时期，沿海的齐国等地也是靠海盐生产富甲天下。汉代更是实行盐铁专卖，由国家控制了各地的食盐资源，盐铁成为国家重要的税收来源。由于古代交通不便，内陆得到海盐是比较困难的。而四川等地的地下有盐卤水存在，古人便通过凿

图6 画像石中的井盐生产

井把盐卤水汲取出来，然后用煮水的方法把食盐提炼出来。直至近代，井盐生产还是沿袭着古代的生产方式，制盐业也是四川等地的重要经济产业之一。现在有学者在专门进行古代井盐史的研究，而这些画像砖就是最好的资料。

另外还有大量有关农业生产的图像。从新石器时期开始，中国中原地区就形成了以农耕生产方式为主的农业社会。我们现在看到汉代画像石中表现出的当时的农耕方式，会非常惊讶地发现，随着长期的开垦耕作，古代的农业生产已经达到了一定的水平，掌握了较高的生产技术，例如牛耕、水利灌溉、中耕、水稻插秧等。西汉晚期，《氾胜之书》中曾经提倡"区种法"，注重管理，提高了产量。几千年来延续的这些农业技术，一直是中国农业的传统生产方式，与目前有些地区仍然存在的农耕形式基本相同。例如在陕北画像石中多次出现的牛耕图，已经使用两头牛来合作拉犁，使用的犁与现在农村使用的犁毫无二致（图7）。我们现在把这种犁称作直辕犁，在犁上装的犁铧都是用铸铁制作的。在辽阳三道壕出土过西汉时期的铁犁铧，长40厘米，宽42厘米，高13厘米。这样大的犁铧，耕地的深度可以达到15厘米以上。从现在耕地的经验来看，必须有两头以上的大牲畜才能拉动。所以在画像石上描绘的犁地图大多是两头牛在拉犁。我在陕北插队时用的还是这样的犁。山东滕州黄家岭出土的一块画

图 7 陕北画像石中的牛耕图

图 8 四川画像砖中的除草图

像石上，在犁地的人后面，还有一个人赶一头牛在耱地，说明那时出现了更为精细的种植技术。《氾胜之书》中就记载了"凡麦田……谨摩平以待种时"。在四川发现的水田插秧画像砖上，描绘的插秧场面和今天南方插秧也是一模一样的，说明已经采用了育秧移栽这样的新种植技术以提高水稻产量，这是水稻种植的重大进步（图 8）。

这种比较发达的农耕方式保证了人民生活的基本温饱。据记载，汉代人口最多时达到 5700 多万人，而开垦的耕地有 8 亿多亩。每个劳动力需要耕作三四十亩土地。产量虽然不高，但也足够生存需要。所以《汉书·食货志》称："国家之事，非遇水旱，则民人给家足，都鄙廪庾尽满，而府库余财。京师之钱累百巨万，贯朽而不可校。太仓之粟陈陈相因，充溢露积于外，腐败不可食。众庶街巷有马，仟佰之间成群，乘牸牝者摈而不得会聚。守闾阎者食粱肉。"《华阳国志》载："家有盐铜之利，户专山川之材。居给人足，以富相尚。故工商致结驷连骑，豪族服王侯美衣。婚嫁设太牢之厨膳。归女有百两之徒车。送葬必高坟瓦椁。祭奠而羊豕牺牲。"这些都反映了汉代社会的富裕发达程度，与画像石中的描绘可以互为证明。有学者根据汉代文献与出土铭刻材料中的有关记载推算，汉代正常年景时粮价在一石数十钱至数百钱之间。如果社会安定，连年丰收，还可以达到"斗米四钱"这样低廉的物价，人给家足恐怕不是史家的夸大与粉饰。封建制度的长期延续，除去政治、专制、思想、礼仪等方面的因素外，农业生产的稳固性也是一个重要的原因。

陕北画像石与四川画像砖中，还有描绘射猎、捕鱼、拾螺、舂米加工、放牧牛羊等生产活动的图像（图9），反映了当时多种多样的生产技艺和丰富的食物来源。当时的畜牧业也很发达，往往有一家放牧数百头甚至上千头牛羊马匹的情况。密县打虎亭汉墓画像石上的马厩图像，表现了成排的马匹在槽头喂养，最有趣的是在马槽上还画了一只猴子。

图9　四川画像砖中的弋射图与收割图

这与一个历史悠久的传说有关，据说在养马的地方养一只猴子，可以避免马匹生病。《西游记》里玉皇大帝给孙悟空封官叫作"弼马温"，就是用了传说中"避马瘟"的谐音。从这幅画像中我们可以看到，这种传说在汉代就很流行了。当时人们还掌握了阉割牲畜的技术，使牲畜更驯服，品质更好。这在画像石中也有所表现。

庄园地主的家族生活生产形式，在汉代是比较普遍的。一些表现庄园生活的图像就向我们展示了这种庄园的规模。里面有纺织、酿造、家禽家畜养殖、车马厩等，还有人赶着车运送收获的庄稼。树立的兵器架表明这个庄园主拥有一定的权力，可能是地方上管理治安的吏员，或者是拥有私兵的地方豪强。舂米、酿酒等生产还有十分具体形象的图像表现。

汉代人居住的建筑有了很大发展，砖、石以及木材的大量运用，造就了越来越宏伟的大型殿堂。还有结构复杂、屋舍纵横的大型庄园，甚至出现了多层的高大楼阁、巍峨的水榭等具有高度技术水平的新建筑。这些在画像石上都有所反映（图10）。

图10　四川画像砖中的养老图

这样发达的经济生产和相对安定的社会环境，自然造就了规模较大的商业活动，促进了城市的发展。一些画像砖中就表现了当时的城市规模与商业市场的兴旺景象，例如表现市井全貌的画像（图11）。中央的楼亭叫作市楼。《三辅黄图》记载："市楼皆重屋，又名旗亭楼。"市楼是掌管市场的官员（市令、市长）公署所在，建在市场中央，四周的街道都是商肆。更具体的商场情景中可以看到各种商店和顾客游人。酒肆的画像，强调了汉代人对饮酒的喜爱（图12）。《汉书·食货志》称："有礼之会，无酒不行。"汉武帝时曾经禁止私自酿酒，将酒类的制作与销售收归国有。到了汉昭帝时，由于社会压力，取消国家专营，允许民间私酿，所以酒肆盛行。汉代文人司马相如与卓文君的故事流传至今，他们两人就曾在成都开酒肆谋生。

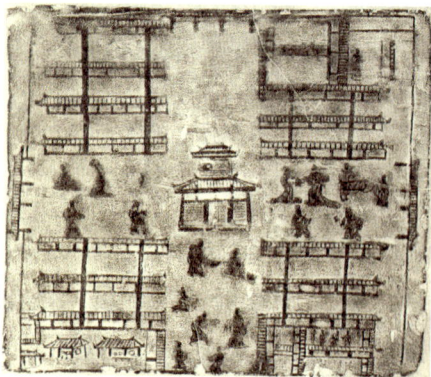

图11　四川画像砖中的市亭

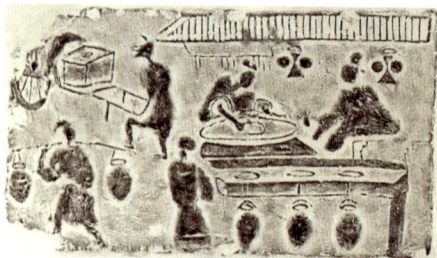

图12　四川画像砖中的制酒贩卖图

司马迁在《史记·货殖列传》中详细介绍了西汉时期的商业活动。"汉兴，海内为一，开关梁，弛山泽之禁，是以富商大贾周流天下，交易之物莫不通，得其所欲。"就像改革开放一样，解除了对经济约束的国家限制后，商业生产立即有了飞速发展。汉初由于战乱，经济凋敝，曾经致使"天子不得乘纯驷"。而经过西汉初期的休养生息，经济得以恢复，出现了大量的富商和大地主。被司马迁称作"'素封'……封者食租税，岁率户二百，千户之君则二十万"，"庶民农工商贾，率亦岁万息二千，百万之家则二十万。而更徭租赋出其中。衣食之欲，恣所好美矣。故曰陆地牧马二百蹄，牛蹄角千，千足羊，泽中千足彘，水居千石鱼陂，山居千章之材。安邑千树枣；秦燕千树栗；蜀汉江陵千树桔；淮北常山以南，河济之间千树萩；陈夏千亩漆；齐鲁千亩桑麻；渭川千亩竹；及名国万家之城，带郭千亩亩钟之田，若千亩卮茜，千亩姜韭；此其人皆与千户侯等"。江西西汉刘贺墓中的大量珍贵文物，让今人不禁为之惊叹。而从司马迁的记载中，我们可以看到，当时社会的富裕程度，造就了无数个像刘贺这样的富贵之家。刘贺墓中出土的钱有几十万，但也不过是一个千户侯一两年的收入，而众多大地主、工场主、大商人的岁入也能与此相等。

这也就反映出了汉代社会最主要的思想意识。《史记·货殖列传》称："富者，人之情性，所不学而俱欲者也。"说明在汉代社会中，人们的最大信仰与首要目的就是求富，发财致富是全社会的孜孜追求，为此可以不择手段。就像司马迁所指出的："故壮士在军，攻城先登，陷阵却敌，斩将搴旗，前蒙矢石，不避汤火之难者，为重赏使也。其在闾巷少年，攻剽椎埋，劫人作奸，掘冢铸币，任侠并兼，借交报仇，篡逐幽隐，不避法禁，走死地如鹜者，其实皆为财用耳。今夫赵女郑姬，设形容，揳鸣琴，揄长袂，蹑利屣，目挑心招，出不远千里，不择老少者，奔富厚也。游闲公子，饰冠剑，连车骑，亦为富贵容也。弋射渔猎，犯晨夜，冒霜雪，驰阬谷，不避猛兽之害，为得味也。博戏驰逐，斗鸡走狗，作色相矜，必争胜者，重失负也。医方诸食技术之人，焦神极能，为重糈也。吏士舞文弄法，刻章伪书，不避刀锯之诛者，没于赂遗也。农工商贾畜长，固求富益货也。"

恩格斯在《家庭、私有制和国家的起源》一书中讲过："卑劣的贪欲是文明时代从它存在的第一天起直至今日的动力；财富，财富，第三还是财富——不是社会的财富，而是这个微不足道的单个的个人的财富，这就是文明时代唯一的，具有决定性的目的。"这个社会趋势，司马迁在 2000 年前就已经指出了。

由于汉代社会普遍追求富贵，拥有权力和财富的官吏就成为全社会最受羡慕的对象。已经做官的人希望死后在阴间继续拥有权力地位，没有做官的就想在死后能够做官，所以在画像石墓葬中出现大量描绘官员出行、谒见、宴乐享受等豪奢生活的图像，可见当时官员的威风。图 13 和图 14 是四川画像砖中的官员乘坐马车出行，侍卫开道和护卫，下属拜见等场面。这一辆车子上面树立一柄大斧，是宣扬官员拥有镇压权力威严的斧车。《后汉书·舆服志》记载："县令以上加导斧车。"从中可以看出当时专制统治下官僚的特权地位。四川画像砖中的官员图像是用模具成批制作的，可能是市场化的商品，不一定是官员墓葬中专用，表现了一定的民间企望，是社会流行思想意识的反映。在一些可以确定为官员墓葬的大中型壁画墓、画像石墓中，大量的官员出

图 13 四川画像砖中的官吏车马出行图

图 14 四川画像砖中的官吏车马出行与迎谒图

行图像就是那些官员在世时活动的记录了。比如在内蒙古和林格尔发现的东汉护乌丸校尉壁画墓中，前室中的多幅壁画，用与官秩相对应的车马行列来表示墓主生前历任的各级官职经历。从郎、西河长史、行上郡属国都尉、繁阳令到护乌丸校尉，体现了一名官员显赫的一生。

整个社会崇尚财富的风气，造成富人在社会上欺压贫民、凌驾于百姓之上的状况。《史记·货殖列传》称："凡编户之民，富相什则卑下之，伯则畏惮之，千则役，万则仆，物之理也。夫用贫求富，农不如工，工不如商，刺绣文不如倚市门。此言末业，贫者之资也。"《后汉书》中曾经记录光武帝时一个高士王霸的故事。据说王霸有高尚的品格，官府多次征他去做官，他都不去，一直在家务农。他的老朋友令狐子伯做了高官，令狐子伯的儿子也做了郡功曹。一次，令狐子伯让他的儿子给王霸送一封信去。这个做了郡功曹的儿子乘着车，随从们前呼后拥去王霸家。王霸的儿子正在田里耕作，闻讯赶回来，见到这种排场，羞愧得不敢仰视。王霸看到这种情况，也不由得心中难过，自惭形秽。可见即使是高人名士，也无法抵制权力与富贵的压力，社会上的众多凡夫俗子就更不用说了。

富裕的社会经济状况和官僚体制就会造成追求享乐的风气，尤其是拥有财富和权力的上层社会中更是豪奢无度。张衡在《南都赋》中称："接欢宴于日夜，终恺乐之令仪。"因此，在汉代画像中同样极力宣扬的就是吃喝玩乐的场面，例如酒宴、投壶、六博、弹琴、跳舞。有表现制作酒宴的庖厨图（图15），显

图 15　山东画像石中的庖厨图

示食品众多，酒宴规模宏大。在宴会上还有舞女和专门表演的伎人献技，展现各种精妙的乐舞杂技、抚琴（图 16）。例如七盘舞，就在四川、河南、山东等地的多处画像石、画像砖上出现。这种舞蹈是动作轻盈的舞女在放在地上的盘子之间跳跃舞蹈，继而变成在盘子上跳舞，又不能把盘子踩破。这是一种非常高超的舞技了。汉代文人在诗赋中也多次赞美过这种舞蹈。张衡作过《七盘舞赋》，里面有"历七盘而屣蹑"这样的句子。南朝文人鲍照也写过"七盘舞长袖"的诗句。可以得知舞者是轻盈地在盘子上跳跃，同时舞动长袖，舞姿美妙绝伦。这种舞姿，正在画像石上生动逼真地表现出来了（图 17）。画像石上的舞蹈还有鞞舞，舞者手持小鼓或拨浪鼓起舞。长袖舞在汉代也很流行，有人说这种舞源自鸿门宴上项庄舞剑时，项伯用衣袖阻挡项庄刺杀刘邦的动作。就像晋左思《蜀都赋》中描写的"厉纤长袖而屡舞，翩跹跹而裔裔"。画像中常见的还有弄丸，就是两手抛耍多个球的杂技。类似的有抛剑、倒立，甚至在多层台子上的倒立（图 18）；有顶

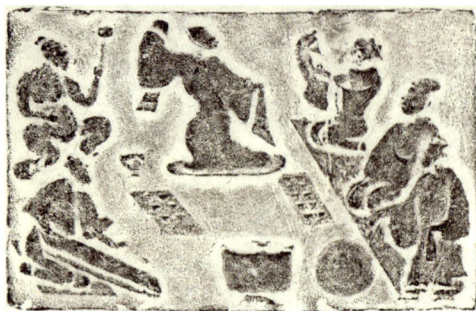

图 16　四川画像砖中的宴乐图

图 17　四川画像砖中的乐舞百戏图

图 18　四川画像砖中的七盘舞、弄丸与倒立杂技图

幢，就像现在北京老天桥艺人耍的扛中幡；有走索，就是在悬空的绳索上行走表演动作；还有所谓的"鱼龙变幻之戏"，就类似于魔术中的幻术了。这些杂技直到现在都是中国杂技中的重要传统节目，可见汉代画像石是古代杂技表演的可贵资料。

在古代社会中，经济发展往往造成众多的富商地主与地方豪强，更不用说各级官吏贵族构成的权力集团。另外，越来越多的下层贫民会陷入鬻田卖产、无衣无食的境地，最后导致暴乱造反。这些都会对专制君主及其政府形成威胁。就像项羽说的："彼可取而代之。"为了维护自己的政权，封建君主们除了加强官僚制度，通过军队和官府震慑民众外，还大力宣传有利于维护统治秩序的儒家思想，突出表现就是从汉武帝开始的"罢黜百家，独尊儒术"。汉代是儒家思想占统治地位的时代，这一思想也在画像石中有所表现，例如表现儒家讲学授课的画像（图19）、描写孔子见老子和孔子弟子的画像等。

图19　四川画像砖中的儒生讲学图

而具体表现儒家忠孝节义思想的各种历史故事画更是比比皆是，反映了汉代意识形态的宣传普及程度。例如周公辅成王、管仲射小白、专诸刺吴王、荆轲刺秦王、完璧归赵、二桃杀三士等（图20）。有人可能要问，专诸刺吴王这类故事不是在犯上作乱吗？不是的，汉代宣传这些故事只是在展现忠义守信这一方面。

特别是表现孝义思想的大量故事画，反映出汉代将孝这一思想作为教化之本的治国理念，作为中国传统文化的重要组成部分。历代封建王朝都极力宣传孝的思想，因为孝是控制人民思想、抑制造反情绪的有力武器。所

图 20　嘉祥画像石中的周公辅成王等故事画

谓"求忠臣于孝子之门"，汉代尤其不遗余力。历代皇帝都要在谥号中加一个孝字，汉代法律中有专门尊崇老人、惩罚不孝之徒的条款，还对老人给予一定的福利、赠给官职封号等。宣传孝子事迹，提倡全社会学习，也是汉代政治中重要的一个政策。用画像进行劝诫，在统治者看来是一个极好的宣传方式，所以也大力提倡。

1959 年，在甘肃省武威县城南磨嘴子清理了一座汉代单室土洞墓，出土了缠在鸠杖上的 10 枚木简。在这些木简上抄写了西汉宣帝、成帝时关于优待老人的诏书和给老人授予王杖的文书，还有几个犯不敬罪的罪犯案例。处罚这些罪犯是由于他们不尊敬持有王杖的老人。1982 年 9 月在甘肃省武威县还有类似的发现。通过这些实物材料，我们可以了解到汉代有关尊老、养老的法律制度。王杖是一支顶端刻成鸠鸟的手杖，又叫作鸠杖。被授予这种鸠杖的老人，可以享受相当于 600 石官员的待遇。在近年来发掘的汉代墓葬中，多次发现这种鸠杖或者鸠鸟形状的杖首。在四川省出土的东汉画像砖《敬老图》里也有手持鸠杖的老人形象，说明给老人授予王杖是当时普遍实行的一种法律制度（图 21）。

《后汉书·顺烈梁皇后传》记载："（顺烈梁皇后）少善女红，好史书，九岁能诵《论语》，治《韩诗》，大义略举。常以列女图画置于左右，以自监戒。"皇后幼年的儒家启蒙教育，图史并用，可谓尽善尽美。这种风气和观念

图 21　四川画像砖中的养老图

在民间也很普遍。孝子故事就是汉代社会中官方与民间宣传的重点，所以在画像石中出现了大量的孝子故事图画，分布也十分广泛，如四川乐山柿子湾1区1号东汉墓、山东泰安大汶口东汉画像石墓、山东临沂吴白庄东汉画像石墓、河南开封白沙东汉画像石墓等，都有大量孝子故事画出现，反映出遍及汉朝四疆的孝子教育。孝子故事画最为集中的表现是山东嘉祥的东汉武氏石室画像。这里的画像石上专门刻绘了成排的孝子图画，并且有文字题榜予以确定，上面出现了曾子、闵子骞、老莱子、丁兰、董永、章孝母、邢渠、忠孝李善等孝义人物像，主要是春秋时期至汉代的著名孝子。此外，在汉代的人物画铜镜上也出现了曾参等人的孝子故事画。这里看到的是在武氏石室中刻画的周代伯奇故事（图22）。《孝子传》中记载："伯奇者，周丞相尹吉甫之子也。为人孝慈，未尝有恶。于时后母生一男，始而憎伯奇。或取蛇入瓶，令赍伯奇遣小儿所。小儿见之，畏怖泣叫。后母语父曰：'伯奇常欲杀吾子，若君不知乎，往见畏物。'父见瓶中，果而有蛇。"但是伯奇始终不诉说后母的陷害，后来被赶出家门，冻饿而死。另一个就是流传至今的孝子董永故事。通过《天仙配》这出戏剧的流行，大家都已经很了解董永卖身葬父的故事了。天降仙女的图像是宋代才出现的，而汉代画像石上更多的是出现董永推车带

图 22 嘉祥武氏石室中的伯奇等孝子故事图

着父亲一起去田地里，一边锄地一边照顾父亲的场面。

以上简略地介绍了汉代画像石中表现出来的一些汉代社会面貌。限于时间，我们不能对汉代画像石中的方方面面都予以详细的介绍，例如在表现天象、神怪的画像石中就还有很多值得了解的古代传说与古代思想。对于画像石的艺术成就和它在古代艺术史上的地位，也值得大力宣传。只能希望大家今后多到画像石的世界中来游历，你一定会从中获得越来越多的历史知识。

　　王吉怀，中国社会科学院考古研究所研究员。1952年生，1978年毕业于山东大学历史系考古专业。多年从事黄河流域及黄淮地区新石器时代考古调查、发掘与研究工作，曾主持发掘安徽蒙城尉迟寺史前大型聚落遗址，确立了大汶口文化新的地方类型，该遗址被学术界誉为"中国原始第一村"；主持发掘的安徽蚌埠禹会村大型礼仪性建筑基址，确立了龙山文化新的地方类型，被学术界定为"禹会诸侯"之地。

　　著有《师赵村与西山坪》《蒙城尉迟寺》《蚌埠禹会村》等考古报告和《中国远古暨三代宗教史》《禹人絮语——考古随笔集》等学术专著多部，发表《从禹会遗址的考古资料看淮河中游地区文明化进程》等学术论文百余篇。

⊏ 感悟 ⊐

　　考古是一项艰苦的工作，常年奔波于北京与野外之间，为家人付出的太少。但是，一旦投身于工作之中，就会享受到别人享受不到的乐趣，因为考古是一项每天都充满期待的工作，期待着能从地底下挖出历史上不为人知的故事，为大家提供书本上学不到的知识。考古能证实历史、补充历史，还能更改历史，这就是它的神奇和魅力。

　　回首近40年的光阴，感慨万千。可以说，辛苦、汗水与收获、成果共存！

⊏ 推荐书目 ⊐

中国社会科学院考古研究所、蚌埠市博物馆:《蚌埠禹会村》,科学出版社,2013。

中国社会科学院考古研究所、安徽省文化厅、蚌埠市人民政府:《禹会村遗址研究》,科学出版社,2014。

王吉怀:《愚人絮语——考古随笔集》,中国社会科学出版社,2017。

江群:《酷说大禹》,安徽文艺出版社,2013。

王兴明、王敏:《大夏王朝》,陕西人民出版社,2014。

李德书:《大禹传》,天地出版社,2020。

禹会诸侯于涂山的考古依据 ᢖ

王吉怀

近年来通过考古发掘，证实了古文献记载和民间传说中的历史故事，也就是"禹会诸侯于涂山的考古依据"。实际上，禹会诸侯于涂山，就是大禹治水过程当中一个惊天动地的事件。

在发掘这个遗址之前，我对古史记载和民间传说，心里也打着一个很大的问号，就是说，三皇五帝是否真实存在？尧、舜、禹的历史记载是否确有其人其事？通过我们的考古发掘，证实了有些文献记载的真实可靠，民间传说并非无源之水。今天我要讲的，就是通过考古学论证的文献记载中距今4000年前大禹治水时"禹会诸侯"这样一个真实的故事。

说到考古，我想有好多人对考古不是十分了解，在这里我想利用一点点时间，带大家认知一下考古。所以，今天讲的内容，第一个是认知考古，第二个是禹会村考古收获，第三个是大禹文化的重大意义。

一、认知考古

考古是什么？有些人会认为考古就是挖墓。我告诉大家，不是。可能还有人认为考古是挖宝，就是从地底下挖金银财宝，尤其是我们几年前发掘的江西海昏侯墓，出了那么多的金银财宝。那么考古是不是挖宝呢？我同样告诉大家，不是挖宝。

那么，考古究竟是什么呢？考古是一门学科，是根据从地下发掘出来的古代人们留下来的各种遗迹、遗物，去了解几百年前、几千年前，甚至几万年前人类的生活状况，去研究古代人类的衣、食、住、行和生、老、病、死，还有当时社会发展的程度。

考古的对象包括好多方面，一个是发掘墓葬，主要是从墓葬中去探究墓主人以及当时社会的状况，其中包括了原始社会及阶级社会等不同的历史时期。北京十三陵中的定陵即明代万历皇帝的地下宫殿，还比方说以前曾经挖过的湖南马王堆的地下大墓，还有刚才提到的江西海昏侯汉墓等，这些都是从墓葬中提取资料。一个是发掘城址，主要是阶级社会以及国家出现以后的城池、都邑等相关建筑，比如陕西的隋唐长安城、洛阳的汉魏故城等。还有就是发掘遗址，所谓的遗址，就是古代人类在这个地点居住、生活留下的遗迹和遗物。挖遗址的程序就比较复杂，第一要进行实地调查，然后要用洛阳铲钻探，要进行试掘，试掘的目的也是把遗址做一个解剖，看看这个遗址有多厚的文化堆积层，都有哪个时期的文化堆积。掌握了情况以后，再进行正式大规模的发掘。

考古发掘是一个漫长的过程，也是一个天天充满期待的工作。遗址的规模和文化现象的复杂程度决定了发掘时间的长短。发掘之后或发掘期间，要进行资料整理，包括修复器物、绘图、照相、拓片、统计、描述等，最后写出一本完整的考古报告。报告完成了以后，还要进行多项综合或专题研究，这就是考古的程序。

从事考古工作，首先要有国家文物局颁发的带有"中华人民共和国考古发掘证照"字样的文件，上面有发掘的单位、合作的单位、发掘内容、发掘地点、计划发掘的面积、发掘时间，另外还有工作的领队人是谁等。只有具备了这份文件，你才能算是真正的考古发掘，如果没有这份文件，一切所谓的考古或者是挖地里的古物，那都是非法的。

我们应该知道，社会发展史、人类发展史是一个什么样的过程。可以说，人类在原始社会度过的时间，占去了人类整个发展史的99.8%，或者说99.9%的时间。我们人类到能够直立行走，或者说到能够发明熟食，这个阶段才占了人类历史的0.2%或者0.1%，这就是说大部分时间，人类的历史是在原始社会度过的。

原始社会又分两个时代，一个是旧石器时代。当时的人类处于茹毛饮血、赤身裸体、跟动物差不多的时代，那个时候虽然能够用后肢行走，但是很多的时间里还要用两个前肢来辅助，属于半直立的形态，就像我们北京周口店山顶洞人那个时代。自从人类发明了火，便进入了熟食时代，但在其他方面还属于不发达的状态，使用的简单工具就是打制石器。

另一个是新石器时代。到了新石器时代，最明显的标志一个是发明制造了陶器，定居生活比较稳固；一个是产生了最初的农业，从采集野生植物逐步变成了人工栽培植物。对使用的石器工具进行了磨制，提高了生产效率。与此同时，家畜饲养业也出现了。人类开始饲养狗这种家畜，因为狗能帮助人们狩猎，也能为饲养者提供肉食来源。所以新石器时代的人类，在人类社会发展史上，真是进行了一次伟大的革命。

旧石器、新石器这两个时代，都是没有文字记载的时代。考古人都是依据当时的遗迹和遗物，去还原原始社会的面貌。

新石器时代结束后，人类进入了阶级社会，也就是说，到了有文字记载的时代。我们知道的最早的文字是商代的甲骨文。夏、商、周、春秋战国、秦、汉、三国、两晋、南北朝、隋、唐、五代十国、宋、辽、金、元、明、清、中华民国，一直到现在，这些都是文字记载的时代。

人类大部分时代是在原始社会，而漫长的原始社会，正是需要考古学考察论证的一个时代。

考古研究的时空领域有哪些呢？一个是对有文字记载以前时代的考证，就像刚才说的原始社会；还有就是考证文献对远古事件的记载是否真实，就是下面要讲的禹会诸侯于涂山。

文献记载需要考证，民间传说不是历史。大禹治水事件，文献记载的是否真实，需要考古来考证；还有一个，是对有文字记载以后时代的考证，那就是商周以后，所以考古真是起到了补史证史的作用。通过考古让我们现代人知道，我们的祖先在远古时代，有着怎样的精神文化生活和物质文化生活，同时也让我们感受到祖先在远古时代的聪明才智，感受到他们通过自己勤劳的双手创造出来的古代文化，这就是考古的神奇和魅力。

好像曾经有人写过，不能低估原始社会人类的聪明才智。我们不要把原始人看得多么原始，其实那时候的发明创造，有的我们现代人都感到非常的惊讶，所以，考古真是让我们学到了书本上学不到的东西。

二、禹会村考古收获

这个就是我们前面讲的，通过考古考证文献对远古事件的记载是否真实。

首先看看禹会遗址的由来。

第一，史书上有记载。我们知道《史记》《左传》都是我国具有极高史料价值的史学巨著，在这里都有一句话叫作"禹合诸侯于涂山，执玉帛者万国"，再详细的记载就没有了。可以说，古籍中对远古历史事件的记载是只言片语。

这个"合"是会聚的意思，后来慢慢地演变成了禹会诸侯。大禹在涂山会诸侯，会哪些诸侯呢？会了万国诸侯，当然这个"万国"是一个大体的数字，不见得是指 1 万个国家（部落）。就是说有很多的部落团体、诸侯国到这个地方接受大禹的召会，并且带着玉、帛来给大禹献礼，文献中叫"执玉帛者"。

除了《史记》《左传》里有记载外，还有很多的史书，如《后汉书·郡国志》《汉书·地理志·当涂》《晋太康地志》《春秋传》《通典》《通鉴地理通释》《乾隆江南通志》《竹书纪年》等，都有关于"禹会诸侯于涂山"或者"涂山，禹会万国之所"的记载。

第二，民间有传说。传说最多的就是禹会村这个地点是大禹会诸侯的地方。大禹娶涂山氏新婚三天，离开家出去治水，十三年未归，留下了"三过家门而不入"的千古佳话。可以说，生活在禹会村的人们，祖祖辈辈都是听着大禹的故事长大。

相传，唐宋至明清，淮河上南来北往的船只，都会在此驻足登岸祭拜大禹，可见大禹的丰功伟绩早已名扬天下，家喻户晓。

现在，还有一个能够看得见摸得着的，就是涂山庙会。在 4000 多年前，大禹率领治水大军，来到淮河中游，也就是蚌埠地区，劈山导淮，大会诸侯。公元前 195 年，汉高祖刘邦路过涂山祭拜大禹，命立禹庙以镇涂山，命立启庙以镇荆山。从此以后，先民为了缅怀大禹，进行了祭祀活动。涂山庙会在唐宋时期，已经形成了很大的规模，每年农历的三月二十八，都要在涂山举行庙会，至今是淮河两岸祭祀大禹的最大庙会（图 1）。

图 1　涂山庙会

涂山的海拔只有338.20米（图2），这样的高度在我国名山大川当中，真的不占优势，但是应了一句话，叫"山不在高，有仙则名"。

图2　涂山全貌

图3　涂山禹王宫

从空中看，这是当年汉高祖刘邦命立禹庙以镇涂山的禹王宫。可以推断，禹王宫最早建于汉代，但当时的建筑形式早已不复存在，后来经过唐、宋、明、清等历代修缮，如今的禹王宫仍具有一定的气势（图3）。

1. 大禹治水故事的流传和淡忘

在20世纪六七十年代上小学的人，都会清晰地记得，在当时的语文课本中，都有一篇必读的课文，叫作《大禹治水》。我们印象最深刻的，就是"三过家门而不入"。当时对大禹治水的印象，就像课本里的《司马光砸缸》《孔融让梨》等一样，让我们记忆犹新。

我在发掘禹会村遗址期间，曾有老师带着小学生、中学生到发掘现场参观，我就问这些中小学生："你们知道不知道大禹治水啊"？他们听后一片茫然，齐刷刷地用摇头来回答我，可见现在的教育中，对大禹文化越来越不重视。不知从什么时候，小学语文课本中没有了《大禹治水》这一课了（现在的小学语文课本又出现了《大禹治水》）。但是，对于在 20 世纪六七十年代上小学的人，"大禹治水"应该说是一个不可磨灭的记忆。

2. 大禹是人还是神

大禹到底是人还是神？在没有考古工作之前，对很多古史记载的历史事件，都要打一个问号，觉得是神话故事或民间传说。我也曾经认为尧、舜、禹都是神话传说。其实不然，考古学界、先秦史学界、自然科学界的研究证明，大禹是人，不是神，他作为一代圣人出现在我们中国历史舞台上。因为历代的民间，都有崇拜、敬仰、信奉大禹的活动，甚至有的记载中把大禹描绘得跟神一样。现在看来并不奇怪，如果你崇拜一个人，你就会说这个人真"神"了，其实就是对他崇拜到了一定的程度。

现在中国不少城市里，都竖有大禹像。不仅如此，台湾还把大禹作为水官大帝来供奉，日本甚至也有禹王庙和禹王节。我听说在日本又兴起了一个新的学科叫"禹学"。不光现在人崇拜大禹，其实在中国历代，崇拜大禹的都很多。

在研究大禹的问题上，基本上达成了这样一个共识：大禹生在四川的汶山，兴在河南的嵩山，娶在蚌埠的涂山，会在蚌埠的涂山，葬在浙江的会稽山。大家知道，在浙江绍兴会稽山那个地方，修了一个大禹陵，成为一个大规模的公祭和民祭大禹的场所。

相传在距今 4000 多年夏前期的尧舜时代，正值冰河时代后期，气候转暖，积雪消融，大地山河，沦为泽国，天地万物，同为波臣。人类或登高陵土山，或以木为舟，载沉载浮，幸免沦没。《孟子·滕文公》中说："当尧之时，洪水横流，泛滥于天下。"当时海平面上升，海水倒灌，造成五谷不登，把老百姓都逼到了山头上，看着洪水滔滔，冲走了牛羊，冲走了房屋……

我们都知道，大禹的父亲鲧以堵来治水，但越堵水位越高，没治好，被舜给杀了。后来大禹继承了他父亲的事业，改了治水的方法，以疏为主，所以治服了天下的水患，让人们过上了安定的生活。我觉得这是一个最伟大的事业，比他生在什么地方、死在什么地方更重要。

大禹除了治水以外，其功绩还有"征三苗"。三苗，也有"三毛""苗族"之说，是生活在长江中下游地区的一个非常大的部落集团，大禹把三苗给征服了，也是国家大一统的前奏曲。

娶涂山氏说明了两大部落之间的联盟合姻。还有一个就是划九州，将国家分别为青州、兖州、徐州、扬州、梁州、豫州、冀州、荆州、雍州。最后一个就是会诸侯。大禹会诸侯实际上是中国历史上最早的一次"代表大会"，他会诸侯是为了实现中国大一统而进行的一次会盟活动。

现在民间对大禹的崇敬活动就很多了。我们到各地旅游的时候，可能会看到这种现象，比方说安徽的怀远县竖有大禹像，还有在陕西、山西、河南、湖北、湖南、四川、江苏、山东、浙江、甘肃，以及汉水流域、壶口瀑布等地方，都立有大禹的塑像。其实这些遍布中国的大禹遗迹，铭刻着大禹的丰功伟绩和人们对他的敬仰，甚至说要借大禹这个名字，来发展我们今天的经济。

宋代诗人苏东坡有一首诗："川锁支祁水尚浑，地埋汪罔骨应存。樵苏已入黄熊（nǎi）庙，乌鹊犹朝禹会村。"讲出了大禹从治水到平天下最后归于一种和平生活状态的一首诗。诗中的支祁，指的是无支祁，传说他是一个大水怪，大禹把它给治服了，汪罔是当年大禹杀的防风，传说防风也是大部落的首领，因为他在大禹会诸侯时去晚了，大禹以这个为借口把他给杀了。传说防风是一个神话般的人物，他被大禹杀了以后，尸倒九里，骨拉千车，血流上下洪。现在蚌埠涂山的西侧还有上洪村和下洪村，即因传说而得名。这个黄熊庙，是大禹父亲鲧的一个庙宇。这句是说砍柴的人背着柴进了庙里。在禹会村的上空，鸟儿叽叽喳喳地飞翔，天下变得很祥和，说明了大禹从治水到平天下这么一个全过程。

3. 禹会村位置

禹会村遗址位于安徽蚌埠市的淮河岸边,如果我们把淮河作为南北两方的分界线,它正好在淮河的边上(图4)。据说在20世纪50年代的时候,遗址中心有一个五六米高的大土堆,因为后来淮河治理,修筑河堤取土和水土流失,大土堆不复存在。

图4　禹会村位置

虽然土堆消失了,但传说仍流传于一代又一代的人。

传说之一:在大禹治水时,土堆旁边有一块具有神奇色彩的黑石。这块石头有500多斤重,当治水大军骑的马有擦伤时,便来到石头边进行摩擦,过了一会儿伤口便会愈合。此外,大旱时,所有的沟塘都干了,黑石旁边水塘里的水仍是满满的。可惜的是,当年日军从淮河到达此处时,将石头偷走了。

传说之二:早年禹会村内的南部,还保留着一条路,叫"走马岭",据说是大禹治水时到工地查看工程时骑马经常走的道路。

传说之三：村庄里以前有一口井，传说是大禹捉住水怪大魔头时用作囚牢的。大禹治水时，水怪针锋相对，双方打仗，最终水怪被捉拿禁闭于井下。所以，以前的"井"字中间还有一点，即写成"丼"，寓意中间是水怪大魔头的头，四面是锁它的铁链。

传说之四：当时在大土堆之上，有两块大石碑，还有一些庙宇的残留石墙。

传说之五：禹墟位于村子内，以前有个大禹庙。大禹治水成功，使当地百姓远离水患，百姓非常感动，便兴建了大禹庙。该庙一直香火旺盛，战乱时，该庙宇搬到了涂山之上。

传说最多的就是，禹会村这个地方就是大禹会诸侯的地方。大禹娶涂山氏新婚第三天离家治水，三过家门而不入。

4.遗址的发现及工作概况

2005 年 11 月，在蚌埠召开的"安徽蚌埠双墩遗址暨双墩文化学术研讨会"期间，蚌埠博物馆工作人员提到了我国继夏、商、周断代工程以后，正在进行的"中华古代文明探源工程"，就想寻找龙山文化时期的遗址。当时博物馆的同志说，在蚌埠的西郊淮河岸边有一处龙山文化遗址，是在 1980 年全国文物普查时发现的，遗址的地表还能随手捡到陶片。

我们听到这个消息非常感兴趣，2006 年，我们便组织队伍到遗址进行钻探，然后又进行了试掘。因为这个遗址的面积非常大，而且大部分被压在村庄下，我们第一年钻探的时候，保守地认为这个遗址至少有 50 万平方米。后来把村庄下的地点钻探了以后，得知这个遗址的面积可达到上百万平方米，这是目前在淮河流域最大的一处遗址。

从 2007 年到 2011 年，我带队连续进行了 5 年的大规模发掘（图 5）。现在，禹会村遗址是全国重点文物保护单位（图 6）。

图 5 发掘现场

图 6 禹会村遗址保护标志

5. 主要遗迹现象

那么,这个遗址到底哪些方面能证实大禹在这里会诸侯呢?我们从相关的遗迹便能看出与文献记载的吻合程度。

(1)大型祭祀台基

图 7 是一个呈不规则"T"形的建筑遗迹,南北长 108 米,上端宽 23 米,下端宽 14 米,总面积达 2000 多平方米。这是一个经过人工挖槽、堆筑、铺垫、覆盖而成的大型礼仪性建筑。这个祭祀台基,就是大禹会诸侯时的一个临时舞台。

我们从剖面能明显地看出,底下是约 90 厘米厚的灰土,上边垫了一层 10 厘米厚的黄土,黄土上又铺了一层 10 厘米厚的白土(图 8),目前我们还没有找到黄土和白土的来源。我们可以想一想,这个祭祀台总面积是 2000 多平方米,它的黄土和白土,都是平均厚度在 10 厘米左右。我们算一算,2000 多平方米的一个范围要有多大

图 7 祭祀台全景

图 8　祭祀台基中部剖面

的土方量，还要从外地运来和加工、铺垫、平整。至于为什么要用黄土铺垫，用白土覆盖，对我们来说是个谜，当时可能有一种特殊的理念吧。

　　我们从高空图上来看，似乎看不出来在祭祀台基上还有什么样的遗迹，跟大禹会诸侯有关系，实际上我们可以从北往南看，还分布着柱洞、凸岭、凹槽、烧祭面、方土台、圆底坑、柱洞坑等。

　　实际上，祭祀台基和台基上的相关设施，具有一定的时间差，它是在台基完全筑好以后，又在台基面上附加其他的设施，是一项阶段性的过程。

　　我们把主要的给大家介绍一下：

　　凸岭（图9）呈不规则的"X"状，当时老百姓把这个地点传说叫"跑马岭"，说是大禹在治水期间经常骑马巡视水情的必经之路。但是有一点特别值得我们注意，就是四个交叉点的上端都到头了，唯独有一端没有到头，正好这个地点是传说中的大禹骑马到淮河岸边的位置。从这个地点到淮河岸边，还有200多米的距离。因为这边都是农村，农民住的房子我们没法去挖，下面到底埋着什么东西，我们真的不知道。我们现在只能大胆地猜想，在这个地点的底下，肯定还有更重要的遗迹现象。我们目前只是挖了这一块，挖出一个完整的大禹会诸侯的祭祀台基，也就是我们现在理解的临时性的舞台。随后要对村庄进行搬迁，我们还要进行考古发掘，到时候可能还会有更重要的遗迹暴露出来。

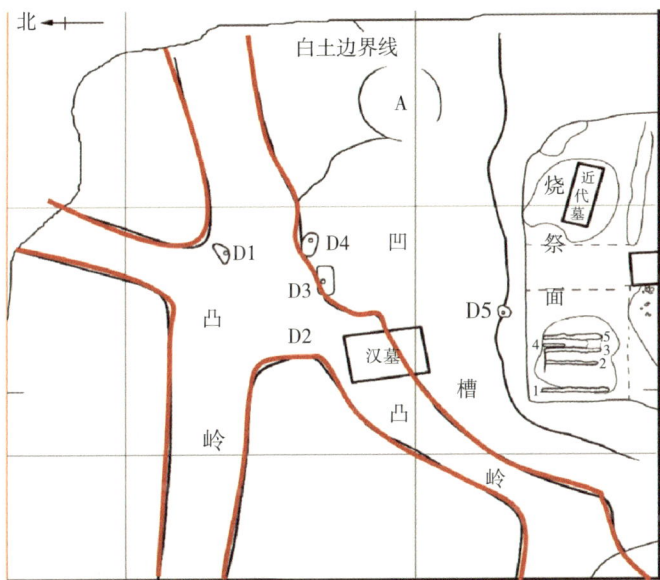

图 9　凸岭示意图

烧祭面（图 10）当时清理出来的时候，平整、光滑、坚硬，足见当时烧烤的火候和程度，我们把这个现象叫作"燎祭"。"燎祭"是什么呢？就是当时在大禹会诸侯期间，烧玉、烧帛、烧三牲（猪、牛、羊）和其他物品，只有烧这些东西才能通天神，以达到人和神沟通的目的。通过天

图 10　烧祭面

191

图 11　方土台

神下降，来辅佐人们去完成人类完不成的事业。当然这是一种祭祀，一种心理活动祭祀，这里是燎祭的一个场所。

方土台（图 11）位于祭祀台基的中间。我们挖的时候，现场保存了长、宽、高各 1 米的一个方土台。我们挖了以后，真是不知道是干什么用的。每年发掘期间，中国社科院古代文明研究中心都要组成一个十多人的考察团到现场考察。一个是考察出土的遗迹（图 12），再一个是考察出土的文物（图 13）。当考察到这个方土台的时候，大家都有一个大胆的猜想——这个就是大禹当年会诸侯站的指挥台。当然这也是一种猜想，还可能是摆什么东西的，我们暂且认为它是大禹会诸侯站的台子。

图 12　专家考察遗迹

图 13　专家考察出土文物

柱洞坑（图 14）很特别，它在祭祀台基中间的南部，呈南北向的布局。我们可以看出，它的西侧在一条直线上，东侧长短不齐。但是有一个非常重要的现象，它的柱子都栽在西侧的一端，在一条直线上（图 15），有 35 个栽柱子的柱洞，南北一字排列，长度是 50 米。

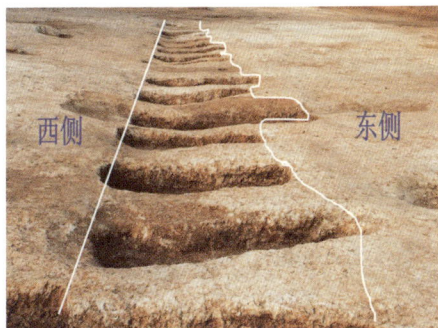

图 14 柱坑的形状

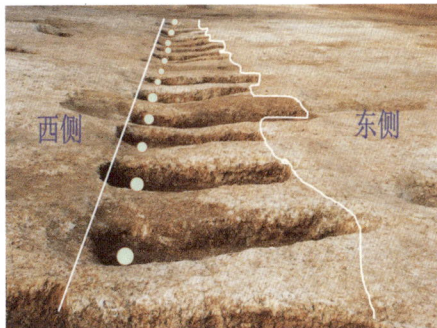

图 15 柱洞的位置

每当考古发掘中发现了柱洞，就自然会跟建筑联系起来。比如我们发现的宫殿、房子都会有柱础或柱洞，但是宫殿的柱洞、房子的柱洞，都会呈现某种形状，比方说呈长方形、椭圆形、方形、圆形等。但是这些柱洞在一条直线上，而且长度达 50 米，这种现象我们无论如何都和建筑或房子联系不起来。当时，我把这种现象第一次发在中国考古网上，让大家来评论是一个什么现象。后来好多专家评论，这是一个竖立诸侯国国旗的地方。因为它挖成这个长方形的坑，是最原始的一种栽柱子的方法。不像我们栽柱子，用吊车给它吊起来，可以准确地把它放在坑里。当时栽一个很高的柱子，必须要先挖一个长方形的坑，然后把柱子顺在这个坑里，再从另一边把它掀起来，以便准确地落到这个柱洞里去。所以我们就是根据这种现象，想到了这是一个栽柱子的地方，是在会万国诸侯的时候栽诸侯国国旗的地方（图 16）。

我们可以根据现在联合国总部门前飘扬的各国国旗的情景，想象到当时大禹会诸侯时的气势和规模。

图 16 各诸侯国国旗示意图

从祭祀台基的南端往北边看，正好是涂山和荆山的山口。相传这两座山原来是一座，大禹为了疏通水患，进行劈山导淮，把山给劈开了，让淮河的水顺流而下。古书上记载："涂山，古当涂国，夏禹所娶也，山西南又有禹会村，盖禹会诸侯之地。"（《晋太康地志》）《乾隆江南通志》载："涂山在怀远县南八里，与荆山隔岸对峙而淮流其中，古涂山氏国于此。"正好禹会村遗址，距离北边的涂山就是八里路，所以这个地点的选择，也不是巧合。在选择这个地点的时候，有其目的性。

那么，大禹是用什么方法劈开这座大山呢？好多人都在问我。中央电视台的《江河万里行》摄制组在这里拍大禹文化，就问到了原始人没有金属工具，怎样才能劈开石头山？我说最可行的一个办法就是用火烧。后来拍《大禹》舞剧的时候，也采用了火烧的表现方法。用火把石头烧红，然后往上浇水，一浇水石头激炸了，就这样一点点往下劈开，是最原始最可行的一种办法。

（2）祭祀沟（图17）

祭祀沟出现在祭祀台基的旁边，这条沟在考古上一般都叫垃圾沟或者叫

图 17　祭祀沟及出土器物

灰沟。为什么把它叫祭祀沟呢？在考古中发现的灰坑也好，垃圾坑也好，里边所包含的东西都非常乱，有石头、陶片，总之都是"垃圾"一类的东西，唯独这个坑里埋的全是陶器，而且这些陶器基本上都能复原出完整的个体。它们是祭祀活动举行完以后，被扔到里面的东西。同时，在沟内还伴随着相当多的草木灰土和被火烧过的动物骨骼。除陶器和兽骨外，还有相当数量的磨石。由此我们能想象到当时磨刀霍霍、杀牲祭祀的场面。

根据摔在沟里的陶器，我们会自然地联想到现在农村里出殡的时候还有一些习俗叫"摔火盆""摔火罐"。因为祭祀用过的器具，人不会去用它，祭祀完了以后，就把这个东西扔掉了，还集中扔掉在一个沟里。

在这个沟里，当时出土的东西很多，我们尽最大努力修复了一部分，还有好多陶器没有修复起来，主要是陶器疏松。为什么疏松呢？因为它是低温陶。当时的人在这儿祭祀，烧出一个个盆盆罐罐，不是把它作为生活用具，用它吃饭、盛汤，而是用它摆供品。这个东西烧出来以后，能站起来，上边能摆上供品就行了，用完了以后就扔掉了，所以好多是低温陶。我们测试的温度才500多摄氏度，500多摄氏度的陶器在原始社会，根本就不能作为生活用具，因为它的吸水性太强，盛汤盛水一下就被泡散了。这里的陶器大部分都是用作祭祀。

（3）祭祀坑

这种祭祀坑有好多类型。第一种是窖穴式深坑（图18）。这种坑是先挖了一个较深的土坑，把器物完整地放进去，就像储藏东西的窖藏一样，然后再埋上土。

第二种是圜底深坑（图19），而且是分两层埋藏。我们能明显地看出来一个器物摔碎后散落的这种范围。我们把红陶、黑陶散落的范围用线圈起来。它出土后，就能修出一个完整的器物（图20）。坑内有两层堆积

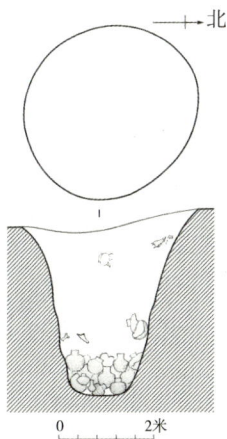

图18　窖穴式祭祀坑

物，散落的陶片看着散乱，其实是有规律的，这种坑的埋藏方式也体现出一种祭祀的方法。

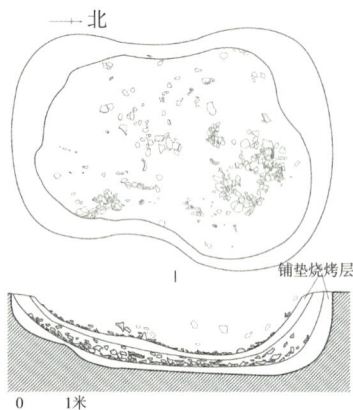

图 19　圜底式祭祀坑

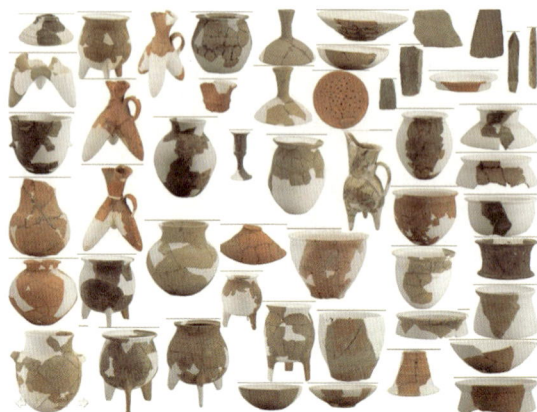

图 20　圜底坑出土器物

第三种是平底浅坑（图 21），是把器物完整地埋在里面，我们把器物画了个圈最后给它修起来（图 22），以观察坑内器物的形状和种类。这就区别于我们考古中的叫作灰坑的那种遗迹现象。

不同类型的祭祀坑，位于祭祀台基之外的居住区地点，这个地点的人是没有资格进入祭祀台基那个位置的。在这个地点祭祀留下的遗迹，我们把它

图 21　平底祭祀坑

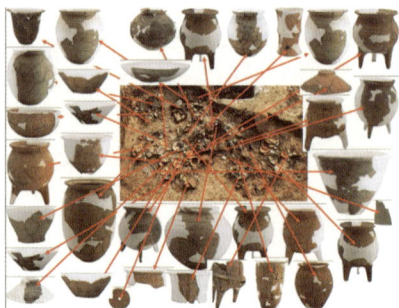

图 22　平底祭祀坑及出土器物

叫作祭祀坑。

（4）简易式工棚建筑（图23）

禹会村遗址属于考古学上的龙山文化，在这个阶段，不应该出现这样的房子。以前的考古资料显示，龙山文化时期的房子已非常讲究了，都经过了火烧。墙面用白灰面来装饰，房子内有烧

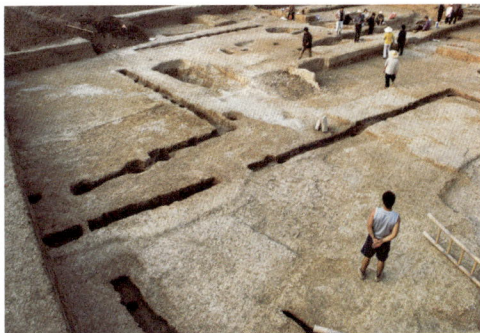

图23　简易式工棚建筑的房基现象

火做饭的地方，还有生活用具。但禹会村遗址的房子不然，面积都很大，但相当简陋。先在地面挖一个沟槽，栽上柱子，作为主墙，然后在其他方位直接栽柱子，形成一个木构的框架，然后在柱子两侧抹泥、铺上稻草，形成一个遮风挡雨的临时场所，我们把它叫作简易式的工棚建筑。

为什么做成这样的房子呢？因为在会诸侯期间，来自四面八方的人要在这儿短期居住，总得有一个能睡觉的地方，所以就简单地搭建了这些临时场所。

6. 表现的文化特征

简单地说禹会村遗址的文化特征有以下四个方面。

（1）大型盟会或祭祀活动迹象突出。大型的祭祀台基和台基面上的相关设施、大型祭祀沟、不同类型的祭祀坑，都烘托出了会诸侯期间宏大的规模和神秘的场面。

（2）礼仪性器物比重高。用作祭祀的礼器，品种多、造型别致，并且有很多陶器都失去了生活的使用功能，而变成了专门摆放祭品的一次性器物。

（3）低温陶的比例大。龙山文化的陶器，在原始人类的制陶史上已经达到了高峰，多数陶器的烧制火候能达到900℃以上，具有很弱的吸水性。有的蛋壳陶器，具有"黑如漆、硬如瓷、薄如纸、亮如镜"的特点。在其他地

区的龙山文化遗址中，很少见到火候在500℃的低温陶。实际上，禹会村的低温陶，就是为祭祀而烧。

（4）短期居住的行为明显。简易式的工棚建筑，充分说明祭祀活动期间的短期居住行为。

7. 与周边地区同期文化的比较

根据出土的器物，我们可以同周边地区同类文化进行比较。在考古发掘中，一个遗址一般不会出现不同文化类型的特点。在禹会遗址出土的器物中，恰恰相反，南北的文化特征都有。比如说像扁体侧三角的鼎，我们看这个足尖处有个小按窝。别小看这一点特征，它代表着一个地区的文化特点，它体现了河南龙山文化，我们叫作王油坊类型。还有在苏北、上海广富林都有这个特点，从一个文化带传过去，就具有这个地区的特征（图24）。

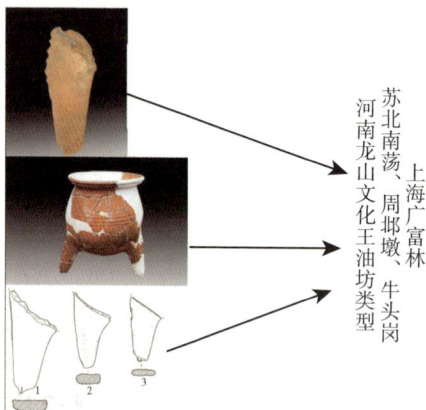

图24　具有中原、苏北、广富林龙山文化特征

（图中竖排文字：苏北南荡、上海广富林；河南龙山文化王油坊类型；周邸墩、牛头岗）

鬼脸式足的陶鼎、冲天流的鬶，只有在山东龙山文化或黄河下游地区的龙山文化中发现（图25）。还有一种陶盉，或者叫异形鬶，我们在江汉平原石家河文化或者良渚文化中，发现过这种器物（图26）。还有一种凹底罐，凹底罐在长江流域良渚文化中常见（图27）。另外，还有一些器物找不到跟它比较的对象，这些器物就体现它自身的特点（图28）。

我们从这个文化特征，能看出来禹会村所在的位置，以及当年大禹会诸侯来了哪些地区的人。那几个地区的人会合到这个地点，之后各奔东西，回到自己老家。

大家会问，这些器物是其他地区的人带过来的吗？不是，我们特意从

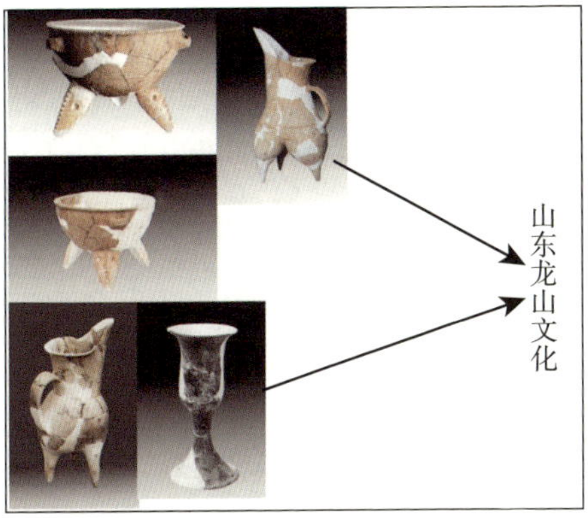

图 25 具有山东龙山文化特征

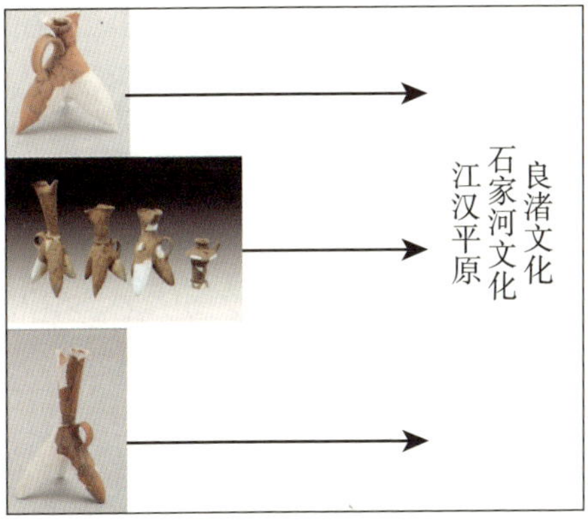

图 26 具有江汉平原石家河文化特征

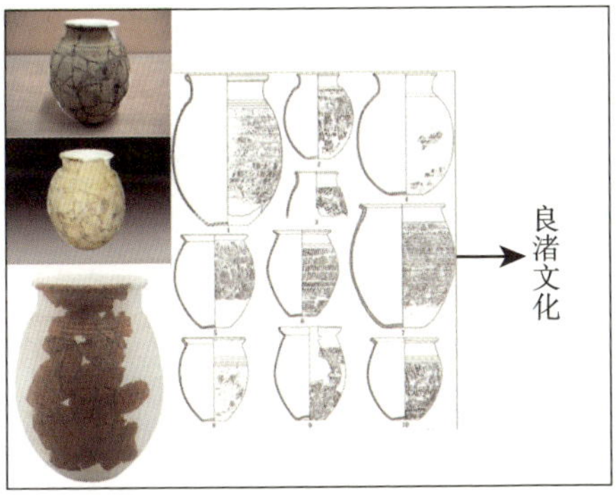

图 27 良渚文化特征

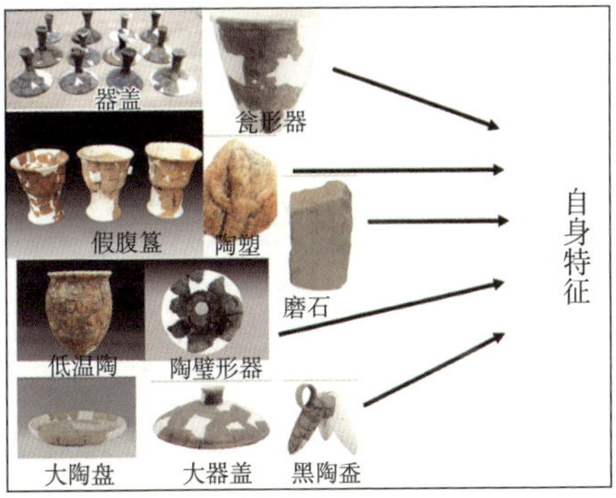

图 28 自身特征

遗址中取了陶片的残片，并在当地取了土样，由中国科学技术大学对土样进行测试，证实了是在当地取土、当地制作的。就是说，各地区的人来到禹会村以后，在短期居住期间，一是为了生活，二是为了摆供品，做出了具有各自地方特色的一些器物，带着各地方的文化传统，体现了各地区的文化特点。就像我们南方人到北方老是想吃米饭，或者北方人到南方老是想吃面食，带着一种文化特点，所以这里显示了器物的文化特色。

8. 专家团的考察

在发掘的第二年（2008 年），我就认为这个地点确实是禹会诸侯的地点，确实与史书上的记载有关系。但是遗址是我主持发掘的，得让别人信服。所以，在每次发掘期间，我们社科院古代文明研究中心组织的专家团，不仅考察现场的遗迹和出土器物，同时也举行小型的研讨会。当时就确定禹会村遗址，是一处大型的礼仪性建筑基址。中国社会科学院考古研究所时任所长王巍说："根据陶片看来，就是在龙山时代的末期。换成历史时期，就是在夏王朝初年的前后，我们觉得这个时代正好跟大禹生存的时代是吻合的。这是一个令人振奋的发现，对今后的研究具有重要的意义，对中华文明起源的研究，尤其是研究中原地区和周围地区的文化关系，包括文明形成契机和各个势力之间的互动是很重要的一个支撑。"这充分展现了这里是一处关键时期的关键遗址。这个建筑基址，跟涂山密切相关，对涂山的考证非常有意义。

9. 对涂山的考证

对涂山地望的考证，目前有几种说法，一是浙江绍兴的会稽说，二是重庆的渝州说，三是蚌埠的濠州说，四是安徽马鞍山的当涂说，五是河南的三涂山说。2001 年在蚌埠召开了"涂山·淮河流域历史文明研讨会暨中国先秦史学会第七届年会"。在这个会议上，与会的专家考察涂山地望，逐渐达成了一致。大家认为，如果涂山在重庆太偏西，如果在绍兴太偏南，跟大禹治水事件来对比，都不符合当时历史的事实情况，唯有蚌埠的涂山地理位置居中，是最为合理的一种解读。

上海复旦大学已故的历史地理学家谭其骧，是地理历史方面的知名教授。早年间，周恩来总理就安排他作为学科带头人编写《中国历史地图集》，可见他是一个知名度很高的人。谭其骧教授在 1982 年就认为，"前人释涂山地望，众说纷纭，惟此今怀远县东南淮水南岸一说合于汉晋之旧，宜以为正。上举数条，即此说所本"①。当年他的题字手记也成为蚌埠市博物馆的一级文物。除了谭其骧论证以外，还有好多著名的学者，都提出了自己的见解。徐旭生先

---

① 谭其骧：《论涂山地望》，载蚌埠市政协编《中国的历史文化名山"涂山"》，《蚌埠文史资料选辑》1996 年总第 18 辑，第 50 页。

生在《中国古代的传说时代》中认为："禹会诸侯于涂山，涂山为今安徽省怀远县东南淮河南岸的一座小山。"① 李学勤先生在《涂山·淮河流域历史文明研讨会暨中国先秦史学会第七届年会开幕词》中讲道："就夏代来说，记载禹会涂山，古书有明文注释，涂山在今天的蚌埠市怀远县。"②

孟世凯先生在《夏文化与涂山》一文中认为，"今安徽蚌埠怀远县之涂山不仅是'禹会诸侯'的涂山，也传说是涂山氏之聚居地。"③

西汝泽先生在《大禹缘何于涂山盟会》中认为："大禹盟会地点选择在怀远涂山是合理可信的。"④

李先登先生在《试论涂山氏在夏王朝建立中的重要地位》中说，尽管涂山所在地有几种说法，但"当以今安徽省怀远县淮河南岸的涂山为是，即《左传·哀公七年》：'禹合诸侯于涂山，执玉帛者万国。'"⑤

陈平先生在《禹娶涂山氏女四议》中认为，"禹娶涂山的四川巴县说、江南当涂说和浙江会稽说，均不足信据。唯一可信的，当是晋杜预的寿县东北说，即安徽蚌埠怀远县境说。"⑥

文献中的"禹会"和"涂山"是密不可分的，都与大禹事件相关。禹会村遗址的发掘，更加确定了涂山的地理位置。

10. 学术界的论证

我在发掘的前期，就坚信禹会村遗址就是"禹会诸侯"的地方，但必定

---

① 徐旭生：《中国古代的传说时代》，文物出版社，1985，第147页。

② 李学勤：《涂山·淮河流域历史文明研讨会暨中国先秦史学会第七届年会开幕词》，《蚌埠涂山，华夏文明》（中国先秦史学会论文丛书之五），黄山书社，2002，第2页。

③ 孟世凯：《夏文化与涂山》，《蚌埠涂山，华夏文明》（中国先秦史学会论文丛书之五），黄山书社，2002，第24页。

④ 西汝泽：《大禹缘何于涂山盟会》，《蚌埠涂山，华夏文明》（中国先秦史学会论文丛书之五），黄山书社，2002，第188页。

⑤ 李先登：《试论涂山氏在夏王朝建立中的重要地位》《蚌埠涂山，华夏文明》（中国先秦史学会论文丛书之五），黄山书社，2002，第56页。

⑥ 陈平：《禹娶涂山氏女四议》，《蚌埠涂山，华夏文明》（中国先秦史学会论文丛书之五），黄山书社，2002，第63页。

还属于一家之言，我也希望能得到学术界的认可。

2013 年 12 月，在蚌埠召开了一个学术界的盛会——禹会村遗址与淮河流域文明研讨会。到会的专家，除了中国社会科学院、北京大学的专家，还有很多相关地区研究大禹文化、先秦文化的专家，共 60 余人。这些专家，可以说有三分之二或一半的人在考古学界、先秦史学界，或者自然科学界都是知名人物。

图 29　新闻报道集

与会专家实地考察涂山地形地貌和禹会村遗址，观摩出土器物，然后进行研讨。研讨时分为考古组、先秦史学组、自然科学组，从这三个方面论证，一致认为禹会村遗址就是"禹会诸侯之地"。研讨会之后，中共蚌埠市委宣传部、蚌埠市文化广播电视新闻出版局、中共蚌埠市委对外宣传办公室及时编辑出版了《禹会村遗址与淮河流域文明研讨会新闻作品集：蚌埠——禹会诸侯之地》（图 29），得到了社会各界的强烈关注。

当时很多专家挥毫泼墨（图 30 至图 35），如北京大学资深教授严文明先生题字："禹会考古成果辉煌　礼制建筑文明之光。"夏商周断代工程的首席专家李伯谦先生写道："禹会诸侯于涂山，执玉帛者万国，不仅见于文献记载，而且通过考古发掘，禹会之地就在眼前，成为一项重大考古发现。"当写到这里的时候，他叫我："吉怀，在哪儿呢？"我说："我在这儿！"他说："下面这句话是给你的！"他接着写："大禹伟业世代流传，考古工作者的功劳亦应永载史册。"我觉得这是对我最大的认可和褒奖，为我这次考古工作画了一个非常圆满的句号。

　　中国社科院学部委员、中国考古学会理事长，当时任考古所所长的王巍，写了 16 个字："禹会涂山，史存疑团，科学发掘，一锤定音。"中国社科院学部委员、古代文明研究中心副主任，历史所时任副所长王震中题字："禹合诸侯于涂山，因禹会村的发掘而得到落实。"

　　西南科技大学教授、中国先秦史学会理事李德书题字："四千年前禹会村，华夏主国由此兴。"

　　河北师范大学历史文化学院教授沈长云题字："夏王朝从这里走来——为禹会遗址而题。"

图 30　严文明题字

图 31　李伯谦题字

图 32　王巍题字

图 33　王震中题字

图 34　李德书题字

图 35　沈长云题字

三、大禹文化的重大意义

研讨会上，形成了几个定论。

1.禹会村遗址的发掘成果，是自汉代司马迁以来两千多年考证、研究"禹合诸侯于涂山，执玉帛者万国"之"涂山"地望最重要的考古学证据，其学术上的说服力是五种"涂山说"中最充分的。禹会村遗址与文献记载的"禹会诸侯"事件密切相关，遗址中所展现的经过精心设计营建、面积达2000平方米的大型而别致的T形坛和以祭祀为主的器物组合，以及不同区域的文化特征，大体再现了当时来自不同区域的氏族部落曾在此为实施某项重要任务而举行过大型聚会和祭祀活动，由此印证了"禹合诸侯于涂山，执玉帛者万国"这一历史事件发生的真实性。

2.中华文明探源工程在淮河流域的实施，给该地区提供了发掘和研究的空间，通过禹会村遗址所展示的考古成果，在学术上确立了淮河流域（尤其是淮河中游地区）是中华文明起源的重要地区之一，并对黄淮、江淮地区早期文明的发展产生了重要的影响。

3.禹会村龙山文化晚期遗存，为研究该地区社会复杂化进程提供了考古学证据，因此，禹会村遗址发现的重要现象，为国家形成的探索起到了重要的学术支撑作用。

4.希望学术界和各级政府部门加强对禹会遗址以及周边相关文化遗存的调查、发掘和研究，在保护的基础上予以合理利用，为当地经济社会发展做出贡献。

以前我们把黄河称为母亲河，后来又把长江称为母亲河，现在我们可以大胆地说，淮河也同样是中华民族的母亲河。

现在看起来，禹会村遗址真正是一个铭记大禹伟业的地方，禹会村遗址考古发掘的大禹文化，使中国的历史从传说时代，走入信史时代，从而也证实了文献记载是有根据的，民间传说并非无源之水。

我们可以把大禹文化的厚重程度总结为如下几点：大禹是治国平天下的圣人，是一心为民的贤人，是多民族融合的先行者，是大一统国家的缔造者，他以民为本，大爱无疆。在大禹身上体现了伟、圣、美这三大特点（即伟大、圣贤、美德）。大禹文化，也折射了民族复兴、国家强盛、人民幸福的中国梦，大禹身上体现着正能量。

为此，我还总结了几点大禹精神：

一是顾全大局、公而忘私的奉献精神，体现在三过家门不入。

二是艰苦奋斗、坚韧不拔的创业精神，体现在十三年在外治水。

三是积极探索、勇于改革的创新精神，体现在改堵为疏。

四是尊敬自然、因势利导的科学精神，体现在劈山导淮。

五是严明法度、公正执法的法治精神，体现在杀防风。

六是为政清廉、卑宫菲食的廉洁精神，体现在孔子对他的评价。孔子在《论语》中说："禹，吾无间然矣。非饮食，而致孝乎鬼神；恶衣服，而致美乎黻冕；卑宫室，而尽力乎沟洫。禹，吾无间然矣。"就是说，禹，我对他没有什么可指责的了。饮食很菲薄，孝敬鬼神却很丰盛；穿着朴素，却把礼服做得很华美；住房低矮，却尽全力疏通沟渠。禹，我对他没有什么可指责的了。

七是民族融合、九州一家的团结精神，体现在会诸侯，民族大一统，以奉行天命自居。他已掌握了最高王权，取得了"夏后"的地位。

可以说，大禹是多民族融合和治国平天下的第一人，为后来国家的大一统，为他儿子启奠定了夏朝的基础。实际上大禹在治水过程中，他走过的地区特别多，华夏大地，从黄河到淮河到长江都治过。由于他治水成功，也得到了各民族的拥戴，所以逐步形成了他在各部落中的号召力、凝聚力。如果他没有这个优势的话，也没这个本事去召集万国诸侯的盟会。他举办这个活动的目的是：第一，来提高他的身价，他可以说我奉天子之命，来召集大家在此盟会；第二是为夏王朝的成立奠定一个基础，这是大禹主要的功绩。

现在与此相关的文化产业在逐步实施，舞剧《大禹》在国家大剧院演出后已在全国巡演。中央电视台有一个大的工程，即要制作两部动画片，一是《大禹治水》，二是《愚公移山》。《大禹治水》采风第一站，就到了安徽蚌埠涂山脚下。此外还在建设大禹文化产业园。

2017年12月2日国家文物局公布了第三批国家考古遗址公园的立项名单，禹会村在其中。这将是国内唯一一处展示大禹文化的场所。从大禹的生平，到大禹的足迹，到大禹的事迹，最后到大禹的功劳、大禹的意义等，可以在这个地点全方位地展现出来。同时，通过对涂山的打造，使禹娶涂山、禹会涂山等都连为一体，这里应该是一个很有看点的地方。

我总结了几个吻合点：

一是与时代的吻合。我们中华文明探源，就探定在龙山文化这一段，正好大禹文化就处在龙山文化这个阶段。

二是与地域的吻合。文献记载的涂山南八里有禹会村，是禹会诸侯之地。所以，地域上是吻合的。

三是与文献记载的吻合。我们看了那么多文献记载，都和我们发掘这个地点密切相关。

四是遗迹现象和遗物特征的吻合。我们发掘的祭祀台基，是会诸侯事件的见证。还有器物，来自中原地区、黄河下游、苏北平原，包括长江流域等，我们起码知道了当年禹会诸侯时，来自这些不同地域的部落团体，会聚在这个地方。

五是与自然科学测试和论证的吻合。这个也非常重要，因为这个遗址的好多信息仅凭考古学无法诠释，只有通过自然科学的测试来获得更多的信息资料。

怎么测试呢？我们从剖面取土样，每隔5厘米取一个土样，从生土取到最上面的耕土，来测试这个土的变化现象。

测试的结果表明，在 4500 年之前，这个地点没有人类居住，遍地都是洪水，真是天下变成泽国那种情况了。公元前 4500～前 4000 年，这个地方出现了什么呢？叫暖湿—冷干—暖湿—冷干。这是专业术语，实际上就是一涝一旱。这个时段正是大禹治水的阶段，而且在这个地层当中，出现了大型的水生漂浮植物。我们知道，大型的水生漂浮植物，只有在那种大洪水里才能出现，在小河沟或者沼泽地里都不会产生，所以与大洪水密切相关。

这种自然科学的测试，也与我们的考古结果相印证，同时，还用孢粉分析论证了公元前 4500～前 4000 年这一个时间段，发生了环境剧变，那可能与大洪水有关系。所以自然科学测试，也论证了大禹治水存在的真实性。

四、结束语

文学描述和文献记载的大禹文化，最终由传说变为了信史，这主要得益于考古学的支撑，最后得到了学术界的认可。对禹会村遗址的考古，让我们走近了大禹，为我们探索曾经发生的历史事件具有重要价值。

时代的吻合、地域的吻合、文献记载的吻合、遗迹现象和遗物特征的吻合、自然科学的测试和论证，都为我们考证遗址的性质提供了有力证据。"禹会诸侯"事件的发生，证实了淮河流域是中华文明发展的起源地之一，同时对探索国家的起源具有重要意义。对这处关键时期关键遗址的发掘和研究，是探索淮河中游地区文明化进展的一把钥匙。

蚌埠，都说是火车拉出来的城市，主要指蚌埠是 1911 年津浦铁路贯通以后才出现的一个新型的城市。其实，通过禹会村遗址考古，还有其他的考古，证实了在火车贯通之前，这个地点已经是文化比较发达的地区了，像在 4000 年前这一段，这个地点就发生了一个惊天动地的故事。

在没有开展考古工作以前，就古代文化而言，淮河并没有黄河、长江出名，那是因为淮河的水患制约了学术界。后来随着我们考古发掘，淮河的知名度也大幅度地提升了。在淮河流域，尤其在中游，存在很多的史前遗址，提升了淮河中游地区古代文化的厚重度。

考古证明，我们的祖先给这座城市、这个地区留下了令人骄傲的历史和厚重的文化符号。

我不是蚌埠人，也不是做广告，但我希望大家以后有机会去蚌埠了解大禹文化，观摩大禹遗迹！

⊂ 主讲人简介 ⊃

　　李新伟，中国社会科学院考古研究所研究员，中国社会科学院外国考古研究中心常务副主任，哈佛燕京学社访问学者，国家社科基金重大项目首席专家。承担多项国家科技支撑计划和国家社科基金项目，并获多个奖项。出版中英文专著3部，发表《中国史前社会上层远距离交流网的形成》和《"最初的中国"的考古学认定》等论文50余篇。中国在中美洲地区首个考古项目"玛雅文明科潘遗址发掘和中美文明综合研究"负责人。

⊂ 感悟 ⊃

　　中美洲地区文明为我们提供了一个非常难得的文明标本，我们可以深切感受到人类可以经由多种不同方式达到高度发展的文明。只有在真正了解世界文明灿烂成果的基础上，才能真正了解我们自己的文明，真正做到自美其美、美人之美。这也是我们要走出去，深入遥远的中美洲腹地去探索玛雅文明的真正原因。

⊂ 推荐书目 ⊃

［美］林恩·V.福斯特：《探寻玛雅文明》，王春侠译，商务印书馆，2007。

［美］吉尔·鲁巴尔卡巴：《玛雅诸帝国》，郝名玮译，商务印书馆，2015。

［美］林恩·V.福斯特：《古代玛雅社会生活》，王春侠译，商务印书馆，2016。

［法］雅克·马丁：《时光传奇：玛雅》，尹明明、苏湘宁译，北京美术摄影出版社，2018。

肖石忠：《看得见的世界史·玛雅》，石油工业出版社，2018。

［美］雪莉·贝尔－雷沃尔特：《不可思议的玛雅文明》，李炜娇译，湖北人民出版社，2018。

［美］约翰·斯蒂芬斯：《玛雅秘境：失落的四十四座尤卡坦古城》，周灵芝译，中国工人出版社，2019。

［美］道格拉斯·普雷斯顿：《失落的猴神之城》，吴真贞、邓菁菁译，重庆出版社，2019。

［意］达维德·多梅尼西：《玛雅：太阳的神殿》，张淑伶、李延辉译，河北教育出版社，2019。

走出国门，梦回玛雅——玛雅⅃ 名城的"中国龙"

李新伟

大家好！很高兴能跟大家分享我们走出国门，在玛雅进行考古工作的一些心得。玛雅虽然离我们很远，但可能是很多人非常熟悉的一个文明。大家可能都听说过玛雅，如玛雅神奇的历法，像图1显示的这样，专用于祭祀的260天的历法，特别像我们的天干地支。我们是10个天干配12个地支，玛雅是13个数字，配20个天的名字，260天一个循环。

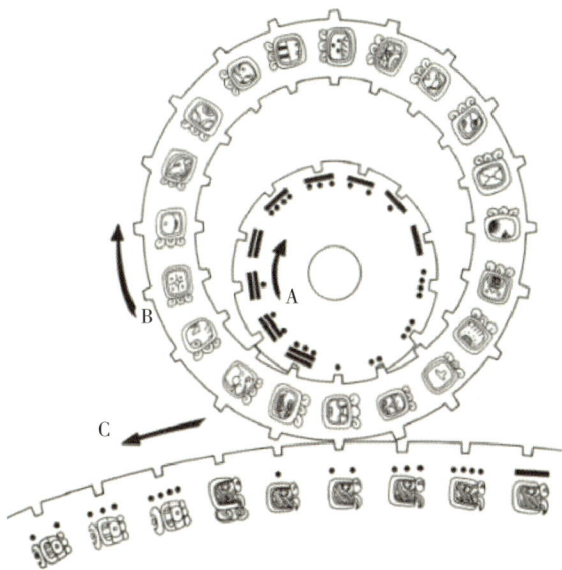

图 1　玛雅 260 天祭祀历法示意图

图片来源：Susan Taube Evens 2015: Ancient Mexico and Central America, Thames & Hudson.

图2　San Bartolo 遗址壁画反映的玛雅神话中的英雄孪生兄弟

图片来源：Saturno, William, Karl Taube, and David Stuart 2010, *The Murals of San Bartolo, El Petén, Guatemala, Part 1: The North Wall*. Boundary End Archaeology Research Center, Barnardsville, NC.

此外还有其他的更复杂的历法。

大家可能还都知道 2012 的传说，即关于世界末日的传说也来自玛雅。玛雅的祭祀在我们看来非常血腥，但是是他们文明的结晶之一。图 2 是很有名的，是前几年发现的 San Bartolo 壁画里面的玛雅神话中英雄的孪生兄弟，深入冥界去拯救他们的父亲时自我牺牲的场面。

玛雅的祭祀经常会把人的心剖出来敬献给太阳神，这个可能大家都有所耳闻，这也是玛雅文明让大家印象非常深刻的一个方面。

还有关于玛雅文明和中华文明关系的猜想。20 世纪 30 年代的时候，就有学者提出，是不是中国人最先发现了美洲？甚至在玛雅文明刚被发现的时候，就有人提出这样的质疑。最近有人在中美洲的奥尔梅克（Olmec）文明发现一些刻画符号，觉得它跟中国商代的甲骨文非常相似。包括玛雅文明在内的中美洲文明，是非常重视玉器的文明。世界上只有两个文明非常重视玉器，一个是中华文明，

图3　石榻上的雕刻

图片来源：Barbara W. Fash 2011, Copan Sculpture Museum, Peabody Museum.

还有一个就是玛雅文明，所以会有人提出上述观点。我们在科潘发掘的遗址中，发现一个石榻，就像我们北方的土炕，但这个"炕"的前面是用石头镶嵌的。这个石榻上，有一个很有意思的雕刻（图 3），这是月亮女神，她怀里抱着一只玉兔，跟中国非常相似。

玛雅文明到底是一个什么样的文明？我们先看其他的重要文明，包括中华文明、两河流域的文明，还有印度河文明、古希腊罗马文明、埃及文明……这些文明它们都在旧大陆，相对是比较集中的，而且这些文明之间都发生过密切的交流。只有玛雅文明与所有的文明都相隔万里。这样的一个文明到底有什么样的独特性？与中国文明到底有什么样的关系？我们中国考古学家为什么要远渡重洋到中美洲的丛林里去发现、发掘这么遥远的一个文明遗址？

我先把整个中美洲文明的发展做一个简单的梳理。很多人想到中美洲文明的时候，可能会提到玛雅文明。甚至有的人认为，中美洲就是一个玛雅文明。实际上中美洲有多个文明，大家最熟悉的玛雅文明只是其中的一个。距今3500年前后，大约相当于我们的商代，中美洲孕育出第一个文明，叫奥尔梅克文明，主要在墨西哥湾地区，它被称为整个中美洲文明的母文明。这个文明最有名的，就是这种巨石人头像（图4）。有些考古学家认为，他是武士的形象；有些考古学家认为，这个就是当时统治者的形象。这个头像非常巨大，雕刻起来非常复杂。那个时候根本没有金属工具，完全是用石质的工具来雕刻这些石像。现在有一些考古学家试着去仿制雕刻这个石像，都没有成功，说明当时的那些雕刻家有很高超的技艺。

奥尔梅克文明（图5、图6）最开始有一个中心叫圣劳伦佐（San Lorenzo）。在公元前3000年左右的时候，圣劳伦佐这个文明中心就衰落了。奥尔梅克文明转到了另一个中心，叫作La Venta。La

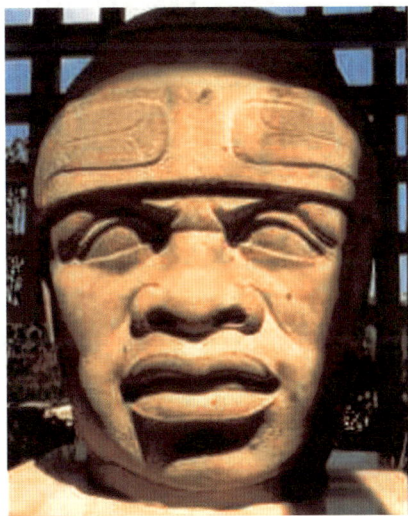

图4　巨型石雕人头

图片来源：Susan Taube Evens 2015: Ancient Mexico and Central America, Thames & Hudson.

Venta 这个遗址非常大，像一座城市一样，有 200 多万平方米，里面就有各种各样的建筑，包括这个金字塔。这个金字塔是用土堆起来的，高达 30 米，在当时整个中美洲是最高大的建筑。整个城市都有一定的布局，有举行仪式和活动的中心，还有生产生活的地方。

图 5 奥尔梅克文明玉雕人形美洲豹

图片来源：Karl Taube 2004, Olmec Art at Dumbarton Oaks, Dumbarton Oaks Library and Collection.

图 6 奥尔梅克文明玉雕玉米神像

图片来源：Karl Taube 2004, Olmec Art at Dumbarton Oaks, Dumbarton Oaks Library and Collection.

在 La Venta 遗址中，发现了非常有名的大型祭祀坑。这个祭祀坑非常大，边长有 23 米，里面有 28 层，用了 1000 吨的蛇纹石摆成各种各样的神秘图案。蛇纹石在中国古代，其实也算一种玉。图 7 是一位考古学家做的复原图，表现当时人们摆放这个图案然后再举行祭祀的情况。奥尔梅克的大型石雕，像城市一样的大型遗址、高大的金字塔，还有巨大的祭祀坑，都说明了当时的社会已经发展到一个相当高的阶段，所以大家把它叫作奥尔梅克文明，并认为它是整个中美洲的母文明。

奥尔梅克文明在公元前 400 年，相当于我们战国时代的时候消失了。它存在的时候，对周边产生了很大的影响；它消失以后，有几个文明同时兴起了，其中很重要的一个，就是现在墨西哥首都附近的特奥蒂瓦坎文明，还有墨西哥南部的瓦哈卡文明，这些都是玛雅文明的范围。

介绍玛雅文明之前，我们先来介绍一下墨西哥城的特奥蒂瓦坎文明。特奥蒂瓦坎文明在相当于我们的汉代时就兴盛起来了，出现了非常高大的金字塔，形成了一个大规模的城市，面积有 20 平方公里。最主要的有一条大道，考古学家叫它死亡大道，因为边上的很多建筑里面都有墓葬。死亡大道两边，一边有一座月亮金字塔，另一边有非常高大的太阳金字塔，高 63 米，底边长 216 米（图 8）。前几年在月亮金字塔下有很重要的发现，当时是日本考古学家主持的工作，他们用特殊的设备来探测金字塔，发现金字塔底下有墓葬，在墓葬里发现了大量的人骨。有一些人明显是被砍头殉葬的，还发现了鹰和美洲豹的遗骨。这个墓葬，像一个很重要的仪式活动之后留下来的大规模的墓葬。

特奥蒂瓦坎还有一个非常有名的建筑，叫羽蛇神金字塔（图 9）。羽蛇神金字塔下面，也发现大量的墓葬。其中有一批墓葬，

图 7　La Venta 的祭祀复原图

图片来源：Susan Taube Evens 2015: Ancient Mexico and Central America, Thames & Hudson.

图 8　特奥提瓦坎的死亡大道远处的月亮金字塔、中景的太阳金字塔和近景的羽蛇神金字塔

图片来源：Susan Taube Evens 2015: Ancient Mexico and Central America, Thames & Hudson.

墓葬中的人都戴着用人的上颌骨做的像项链一样的装饰品（图10）。考古学家推测，他们就是特奥蒂瓦坎的武士，他们死了以后，在祭祀活动中被埋在羽蛇神金字塔下面。从这里面我们可以感受到这个文明的强大武力，还有对祭祀这些仪式活动的重视。

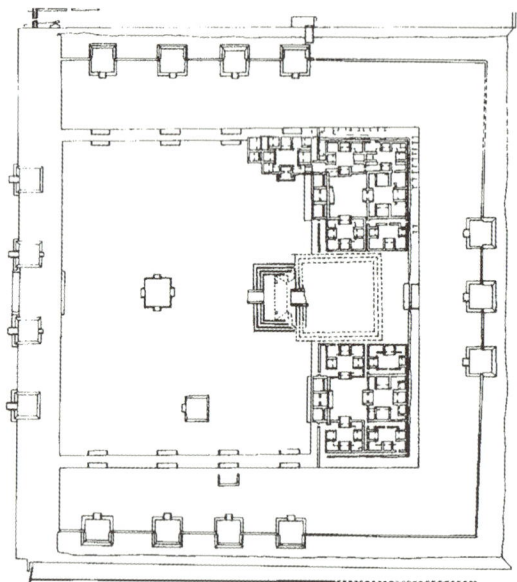

图9　羽蛇神金字塔平面图

图片来源：Susan Taube Evens 2015: Ancient Mexico and Central America, Thames & Hudson.

图10　羽蛇神金字塔内部发现的墓葬

图片来源：George L. Cowgill 2015, Ancient Teotihuacan, Cambridge University Press.

还有一个前几年被评为"世界十大考古发现"的一个发现。在羽蛇神金字塔下面发现了一条隧道，这个隧道的入口在羽蛇神金字塔前面的广场上。有一次下大雨，这个入口塌陷了，考古学家沿着塌陷的入口挖下去，发现有一条长100多米的隧道直通到羽蛇神金字塔的中心下面。在发掘的过程中，发现了大量的玉器、蛇纹石、各种各样的遗物、雕刻得非常精致的海螺，还采集了大量的标本。从这些标本里发现了15000多种植物的种子，说明这条隧道举行过很多次仪式活动。

在特奥蒂瓦坎还发现了像王宫这样的建筑，里面有各种各样的壁画。图 11 这个壁画表现的就是一个特奥蒂瓦坎武士的形象。他的眼睛上有一个圆圈，戴了一个圆环一样的装饰——眼饰。因为特奥蒂瓦坎传说中的战神和风暴神特拉洛克的眼睛就是这种环眼，所以特奥蒂瓦坎的武士都戴着一个双环眼

图 11　宫殿壁画中的武士

图片来源：George L. Cowgill 2015, Ancient Teotihuacan, Cambridge University Press.

镜。他的右手扶着的就是一种投标枪，他的左手举着一把黑曜石弯刀，上面插着一颗人心，人心向下，滴着血，表现了一个很威风的特奥蒂瓦坎武士的形象。

特奥蒂瓦坎强大的武力，以及上述金字塔中所表现出来的那种很强大、发达的宗教，对整个中美洲产生了非常深刻的影响，包括玛雅地区。现在很多考古学家认为，特奥蒂瓦坎强大的扩张，对玛雅地区最初形成的这些城邦国家产生了重要的影响。其中很有名的一个就是，玛雅一个非常重要的遗址叫蒂卡尔（Tikal），在现在的危地马拉境内。根据蒂卡尔遗址玛雅石雕的象形文字记载，在公元 378 年，大概相当于我们的三国两晋时期，特奥蒂瓦坎的将军入侵了蒂卡尔，他扶植了一个政权，他的王子当了玛雅城邦的国王，从此以后蒂卡尔就成了玛雅世界一个非常强大的城邦。图 12 是蒂卡尔一个最重要的广场上的金字塔，金字塔前面有雕刻石碑。

图 12　蒂卡尔广场上的金字塔

图片来源：Susan Taube Evens 2015: Ancient Mexico and Central America, Thames & Hudson.

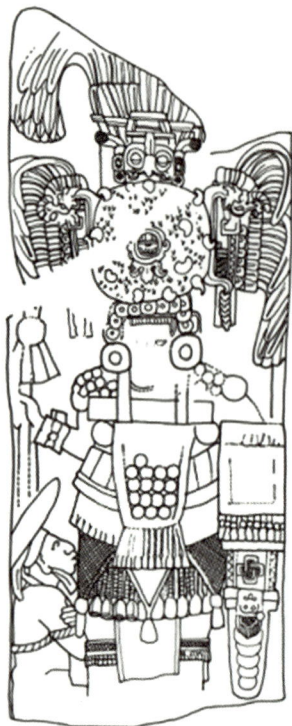

图13 手持长矛俯视俘虏的国王

图片来源：玛雅考古数据库
http://research.famsi.org/schele_list.
php?_allSearch=piedra&hold_searc
h=piedra&tab=schele&title=Schele+
Drawing+Collection&x=15&y=13。

在玛雅世界的西部，也同时形成了叫作帕伦齐（Palenque）的一个城邦。受到特奥蒂瓦坎人强大的影响，出现了大规模的王宫建筑和金字塔。在这里，非常有名的一个国王的墓葬也被发现，里面有大量精美的随葬品，特别是绿色的玉，这是玛雅人最珍视的一种玉，因为绿色代表生命。帕伦齐也在这个时候形成，表现出了强大的武力。图13展示的是帕伦齐的国王手里拿着一柄长矛，前面有一个俘虏跪在他的前面。

科潘在玛雅世界的东南角，并没有在玛雅世界的中心，但是因为科潘控制着非常重要的玉器资源，所以它在玛雅世界中非常强大，而且其艺术非常发达。大家都管它叫"玛雅世界中的雅典"。整个玛雅世界，像希腊世界一样分成不同的城邦，但从没有形成一个统一的强大的帝国。玛雅是有文字的。玛雅的文字，会雕刻在石碑、石祭坛、神庙的墙壁和门楣上，有一些还会雕刻在木质器物、古器，以及陶器上。既有表现各种内容的图像，也有简单的文字记载。当时其实是有书的，那些书，可能是用兽皮或者树皮布做成的，上面抹上白灰，然后在白灰上写上文字或绘成图画。但是，很多书在西班牙殖民者征服玛雅世界的时候被毁掉了，因为当时他们认为这是异教的东西。现在只保存了四本主要的书的残本，英语叫Codex，是一种很厚的折叠的书。我们主要就是从这些残存的文字记载和图像上来了解玛雅的历史的。

我们了解科潘历史的一个重要文献，就是这个祭坛（图14），一个方形的祭坛，考古学家把它编号为 Q 号。Q 号祭坛的顶面记录着科潘的第一王建立科潘国的事迹。这个祭坛是科潘的第十六王制作的，所以周围雕刻着所有十六位王的形象。每一面有四位国王。正面有科潘的第一王，他手里拿着一把火炬，把火炬交给第十六王，表明了第十六王的权力与王位直接继承于第一王。

图 14　Q 号祭坛

图片来源：Barbara W. Fash 2011, Copan Sculpture Museum, Peabody Museum.

科潘的 12 位王的墓葬里随葬了 12 件焚香器。图 15 这个器盖上有科潘的第一王的形象，戴了双环眼饰。第一王到了科潘以后，带动了科潘的飞跃式发展，开始兴建起了保存至今的整个科潘王国的首都，就是现在洪都拉斯科潘省的科潘镇。它主要包括：一是大的仪式广场，广场上立了很多国王的石雕像；第二是球场，是玛雅城邦的一个标配，因为球类的比赛也是很重要的仪式活动；三是其他的建筑，包括大型的金字塔，如很有名的象形文字金字塔；四是国王住的地方——宫殿区。第一王来了以后，就开始兴建整个核心区的这些建筑。我们现在看到的城市，就是从第一王到第十六王不断的建设而形成的。图 16 就是第十六王完成的第 16 号金字塔。我们刚才提到的 Q 号祭坛，就是放在 16 号金字塔前面的。

图 15　有科潘第一王形象的焚香器

图片来源：W. Fash:Scribes, Warriors and Kings - the City of Copan and the Ancient Maya, Thames & Hudson, 2001.

玛雅的建筑，有一个有意思的特点，就是像俄罗斯套娃一样。因为玛雅人认为万物都是有生有死的，所有的东西都要经过一个出生—成长—死亡—

图 16　科潘第十六王完成的第 16 号金字塔

重生的过程。你要把这个建筑拆毁掉，就等于把它杀死；杀死以后把它掩埋，上面再建新的建筑，就等于原来的建筑获得了重生——这是玛雅人的观念。

图 17　第二王为第一王所建造的神庙墙壁上的双太阳神鸟浮雕

图片来源：W. Fash:Scribes, Warriors and Kings - the City of Copan and the Ancient Maya, Thames & Hudson, 2001.

所以他们会拆毁旧的建筑，用一个台子覆盖这个建筑，然后在这个台子上再建新的建筑，让旧的建筑重生。所以玛雅的建筑都是一层套一层，像俄罗斯套娃一样。这些高大的建筑下面，如果打一条隧道钻进去，就会碰到早期的建筑。考古学家也是用这种打隧道的办法，在我们现在保存的大型金字塔下面，发现了很多早期的建筑。

图 17 是第二王为第一王建造的神庙上一个非常精美的雕刻。它是用石灰刷在墙上，然后在石灰上雕刻出来的图案。两只鸟，一只是红色

的，一只是绿色的。鸟嘴中有两个人头，都是太阳神的形象。所以整个图案表现的就是太阳，表现的是第一王的名字，这是第二王为第一王建的神庙。

就在这个神庙的下面，发现了第一王的墓和第一王王后的墓。第一王的墓保存得并不是很好，但是里面的骨头得以保存。通过测一个人骨头中的锶同位素，就可以知道这个人是当地生的，还是从外面迁过来的。从对第一王骨骼锶同位素的分析中，知道他不是科潘本地人。这样就印证了 Q 号祭坛上记录的第一王是从远方来的一位国王；通过对第一王王后骨骼的鉴定，知道她是本地人。我们通过象形文字的记载和考古发现，知道第一王虽然来自远方，但是对科潘可能并不是以血腥的武力征服，而是通过跟当地的贵族联姻的方式，来获得权力，开始他对科潘王国的缔造。所以第一王王后墓的规模，甚至要超过第一王的墓葬，而且里面有很多朱砂。这些红色的朱砂，都是后来的国王来祭祀时留下的。他们会把墓重新打开，然后举行活动，再往遗骨上撒朱砂。这是一种特殊的仪式。第一王王后受到了很多的祭祀，受到了后人非常隆重的祭拜，所以她的身上撒满了朱砂。从这些发现我们知道她的地位也是相当重要。这些发现，都揭示了科潘王国早期的历史。

在第十二王的时候科潘王国发展达到了顶峰，第十二王在位 67 年，按照记载他活到 90 岁。在整个玛雅世界，都算是最长寿的也是在位时间最长的国王之一。他在位的时候，征服了周围的大片地区，包括一个很有名的城邦叫基里瓜，离科潘不远，它控制着重要的玉料。基里瓜变成了自己的一个属国，科潘的发展达到了顶峰，这个时代相当于我们的唐代。

第十三王时，科潘继续发展。第十三王是一个好大喜功的国王，他在位时，科潘的文化发展达到了一个高峰。那时出现了玛雅世界最精美的完全立体的雕像。科潘的广场上，树立的几乎都是第十三王自己的雕像。他在不同的场合，扮演成不同的神话人物来举行仪式活动，表现各种场景。在图 18 这个雕像背面的文字中，第十三王宣布，科潘已经成为玛雅世界最强大的四大天王之一。北有卡拉克穆，西有帕伦齐，东面有蒂卡尔，南面有科潘。第十三王把科潘想

图 18　科潘第十三王（695 ~ 738）

象成一个控制着玛雅世界四方的强大城邦。北方强大的城邦，卡拉克穆算一个，它是非常好战的城邦，也想控制科潘的玉器资源。它原来想与科潘联盟，建立友好关系，然后进行贸易来获得玉器。但是科潘与另一个城邦帕伦齐的关系很好，而且是世代通婚，所以科潘拒绝卡拉克穆联盟的要求。卡拉克穆就转而支持被科潘征服的基里瓜，支持基里瓜的国王反抗科潘，结果基里瓜的国王与科潘发生了一次战争。在这次战争中，第十三王被俘。科潘由盛而衰，进入低谷。

第十四王在位的时间很短就死去了。第十五王继位，他开始了科潘的复兴。第十五王建成了非常有名的第 26 号金字塔，又称文字台阶金字塔（图 19）。

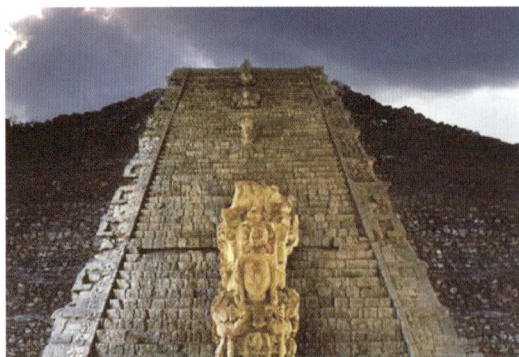

图 19　第 26 号金字塔和著名的文字台阶复原图

图片来源：Barbara W. Fash 2011, Copan Sculpture Museum, Peabody Museum.

因为在这个金字塔的台阶上，每一块石头上都雕刻着文字，一共 2200 个字，是玛雅目前保存的最长的文字记录。这些文字，记录着科潘第一王到第十五王的光荣历史，包括重要的成绩、仪式活动等。台阶上还有六尊科潘著名国王的像，台阶两侧，像弯弓一样的形象，模仿的是黑曜石的弯刀。

整个形象又像蜈蚣一样，蜈蚣因为能够钻到地下再钻上来，所以玛雅人对蜈蚣是很崇拜的，认为蜈蚣是能够沟通的一种神奇的昆虫。他们经常把蜈蚣的脚描绘成弯刀的形状，以表现它的武力，这也是与祭祀活动有关的一个标志。第十五王时期，科潘已经逐渐走向复兴，而且表现出强大的武力和强大的沟通天地、沟通祖先的能力。要通过这些来重建王国的信心，也重建整个科潘王国的威望，这就是那些文字中反映的细节。虽然现在已经受到了严重破坏，但是值得庆幸的是，哈佛大学最初开始做考古工作的时候，就给这些遗存拍摄了清晰的照片，所以我们现在能够对这些文字进行深入研究。

第十六王继承了第十五王的尚武且强调祭祀活动的传统，继续领导科潘复兴。科潘此时又达到了一个相当高的发展水平。第十六王也兴建了很多重要的建筑，包括第 16 号金字塔和它前面的 Q 号祭坛。但是不仅是科潘王朝，即使是整个玛雅世界都没有逃脱衰亡的命运。科潘第十六王在位的时间是763 年到 820 年，在 800 年到 900 年之间的 100 年之间，玛雅所有的城邦陆陆续续地开始衰落了。科潘王国也是，在第十六王以后，再没有建设新的金字塔，再没有树立新的国王雕像，也没有新的祭坛。虽然还有人在这里生活，但是好像国王已经消失，王室已经消失，整个王国解体了。到 1000 年前后的时候，整个玛雅世界的人口都急剧地减少，又回归到了没有国家的那种社会，在丛林里过着简单的生活。只是在北部的尤卡坦地区，还有一些城邦继续发展、演变，还保持着原来玛雅城邦的规模。同时在墨西哥特奥蒂瓦坎地区，又兴起了一个新的文明叫作阿兹特克文明，并达到了相当高的发展水平。但它不是在玛雅的世界里，而是在现在的墨西哥首都墨西哥城墨西哥高地的范围内。阿兹特克成为中美洲最强大的一个霸主，控制了周围很多地区。1521 年西班牙的殖民者征服中美洲的时候，他们面对的就是阿兹特克的国王。以上这些就是中美洲文明的简要历史。在对整个中美洲文明有一个基本的认识后，再进一步介绍一下科潘，介绍一下我们在科潘的考古工作和一些有意思的发现。

科潘的考古工作，在 1892 年的时候就开始了，但那时正是中国最悲惨的时代、不断签订屈辱条约的时代。那个时代西方世界快速发展，开始对世界各地区的文明进行研究，包括各种探险活动。就是在这样一个时代背景下，整个玛雅世界被重新展现在世人面前。这个时期有一位英国探险家，在美国获得了外交官的身份。他带着一位非常好的画家，开始了对中美洲的游历。他们参观科潘遗址、帕伦齐遗址和奇琴伊察遗址，出版了非常精美的画册。画册出版以后，大家就好像重新发现了一个失落的非常精彩的文明。哈佛大学碧波地博物馆从1892年开始对科潘进行系统的、长期的考古工作，到现在已经100多年了。

2014年我们去科潘进行了第一次考察。当时考古界正在进行一个很大的学术项目，叫"中华文明探源工程"，我是这个项目的秘书长。当时设计了一个课题，就是中国文明和世界文明的对比，让我们通过对比来认识中国文明的特征。做这个课题时，大家都深深感到，我们对世界文明的研究非常薄弱，特别是出自考古学家的研究几乎没有。我们有一些埃及学家和研究两河流域古文明、古希腊罗马文明的学者，一般是通过文献来进行研究，还有很多是用外国的基本考古资料进行研究。中国的考古学家，从没有在世界的其他文明地区进行过考古工作。我们是不是可以开始做一些这样的工作？哈佛大学的费什（William Fash）教授是很有名的玛雅学家，当他还是哈佛大学一名博士生的时候，跟我国著名考古学家张光直先生关系非常好。张先生曾任哈佛大学人类学系主任，现在已经去世了。费什对中国学者非常有感情，所以特别热情地邀请我们去科潘访问，并与我们讨论是不是可以开始对科潘的发掘。后来经过多方努力，2015年这个项目就立项了，我们到科潘进行考古工作。这是中国的考古学家第一次在中美洲进行自己主持的项目，甚至也是中国考古学家第一次在另一个世界文明的中心开始自己的考古工作。

科潘河两侧是丘陵、山地，科潘河谷比较开阔，所以科潘王国的首都就设在这里。科潘的核心区有广场、球场、金字塔，还有王宫区。贵族的居址在王宫区附近。我们选择发掘的地方，就是贵族居址，叫Las Sepulturas，就是众坟丘之地，因为以前在这里发现了很多墓葬。我们具体发掘的遗址，就在它的东北角的位置，是贵族居住区里最大的一个院落。图20是我们从空中用小飞机拍摄的照片。可以看到这是一个方形的院落，中间是我们还保留的、四边都有石头的建筑；南面有一个门，从南门进去，是一个广场，依次是北侧建筑、东侧建筑、西侧建筑，南门的两侧是比较低的建筑。

图20　航拍的方形院落

1990年美国宾夕法尼亚大学对东侧部分进行了发掘，包括东侧的主体建筑和附属建筑。这个过程中有很重要的发现，包括石榻。玛雅的房子有点像我国北方农村的房子，进入房子以后有一个土炕。玛雅的房子中有用石头砌成的炕，石头炕的外面，镶嵌着经过雕刻的石头。这个石榻上刻着白天的太阳神、夜晚的太阳神，还有月亮神、金星神的形象，是很有名的精美石榻。图21这

图21　88N-11房址66S（即南殿）正面复原图

图片来源：D. Webster, B. Fash etc., "The Skyband Group: Investigation of a Classic Maya Elite Residential Complex at Copan, Honduras", *Journal of Field Archaeology*, Vol.25, 1998.

图 22　88N-11 房址 66S 正面上部三尊玉米神雕像之一

图片来源：D. Webster, B. Fash etc., "The Skyband Group: Investigation of a Classic Maya Elite Residential Complex at Copan, Honduras", *Journal of Field Archaeology*, Vol.25, 1998.

个建筑上有精美的雕刻，门两侧有风暴神的雕像，上面有三个玉米神的形象。图 22 是其中一个玉米神的形象。他戴着羽毛装饰的帽子，两侧表现的是水莲花的形象，表示复苏和生长，还有下垂的羽毛。玉米神重生以后，带来万物欣欣向荣的景象，这个雕刻表现的是这样一个场面。

有了这些发现，大家都认识到这个院落是非常重要的。我们的这个项目就是要对院落进行全面的发掘，这样就把整个院落全都给解读出来——它的发展、变化，住在这个院子里的贵族家庭，院落主人和王室的关系，他自己的故事……我们从这个贵族家庭的变化中，又会了解科潘王国。

考古第一步工作是测量。我们要对整个遗址做测绘，对地形地貌做记录。我们第一期的工作，是先对北侧建筑进行发掘。

考古上，大家可能都听说过"探方"这个词，我们会把整个发掘区，分成一个一个的方块进行发掘。各个地区的探方面积是不太一样的，根据实际情况会有变化。在科潘遗址，我们用 2 米乘 2 米的方块进行发掘。图 23 中可以看到拉的这些线，用全站仪测量以后，很准确地布置了探方，然后在发掘前先画图，把所有的石头、各个

图 23　拉线布置探方

遗物都要画下来。原来的绘图工用的是比较简单的方法，就是传统的拉水平线，用钢卷尺测量，用那样的画图方法绘制。我们去了以后，介绍了一种新式的照相方法。现在有一种软件可以通过照片生成一个探方的三维图像，而且还可以从中提取正投影像，然后用纸蒙在正投影像上，就可以直接绘图（图24）。绘图以后再到现场进行修改，这样就可以很快地获得准确的探方图案，极大地提高工作效率。每一个探方都会有大量的资料。发掘之前画图，往下挖一层以后再画图，这样要对整个发掘做很详细的记录。我们发掘出土的遗物，都要系上标签，上面写上编号，进行详细的记录；对所有清理出来的土，都要过筛子，看里面有没有细小的器物或者动物的骨骼。我们对这个建筑也采取了打隧道的办法。虽然这不是像金字塔那样很高大的建筑，但是我们为了了解它下面的早期建筑，也采取打小隧洞的办法。通过一系列的发掘，完成了对整个北侧表面建筑的发掘，还完成了对这些隧道的发掘，这样我们就对整个北侧建筑的发展演变有了比较清楚的了解。

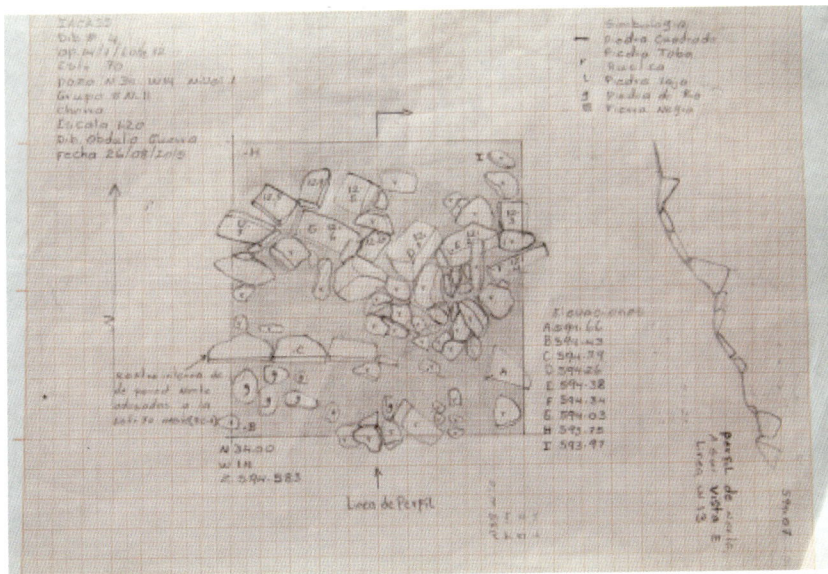

图24　对探方的绘图

北侧建筑一带，当时什么都没有。这个贵族家庭来到了这里，准备在这里兴建一个重要的建筑，作为这个家庭的主要居住地。他们按照玛雅人的传统，先埋上一个很重要的人物，这个就是圆坑的情况。用石头砌墙壁，里面填充卵石，顶部用大石头封盖住。这里经过清理，我们发现了人骨，保存得不太好，身子是弯曲的，还可以看到一些玉器的情况。图25是最后发掘完成以后，发现的三件陶杯。还有五件玉器，其中有两件都是耳饰。这个死者应

图25　发掘中的发现

该是相当重要的一个人物。在墓葬外面，有一个小坑，里面放了两件陶器，底下是一个大盘子，盘子里面放了一个带把的像壶一样的器物。图26是一件彩陶大碗，上面有彩绘的图案，还有特殊的符号。

（外部）

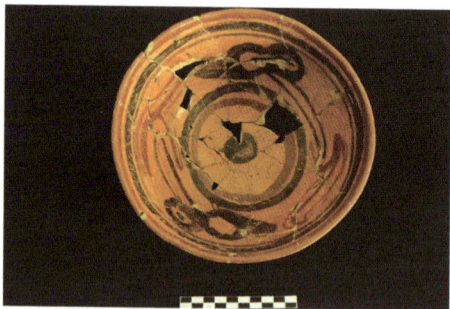

（内部）

图26　彩陶大碗

在完成了这个墓葬以后，这个贵族家庭就开始了兴建。兴建了两个建筑，一个是西侧台子的建筑，还有一个是东侧的建筑。过了一段时间以后，他们在北侧又建了一个矮的台子，使用了一段时间。我们不知道建这个台子有什么作用。

后来这个贵族家庭又开始了第二次大规模的建筑。在这一次建筑之前，他们又埋了一个重要的人物。这次的规模比第一个墓葬要大，图 27 是用石头砌的一个墓圹之下的墓室，用大的条石把它封盖了。图 28 就是当时条石起开时的情况。起开以后，进行了非常仔细的清理，可以看到墓室的两边是用石头砌起来的，上面盖着条石。

图 27　墓圹之下的墓室

图 28　起开墓圹的条石

从图 29 可以看到，墓葬里发现了两具人骨，还有周围摆放的陶器、玉器。还发现了一颗牙齿，这颗牙齿被钻了一个小洞，在小洞里又嵌了一颗小的玉珠，这是体现玛雅贵族身份的一个标准装饰。图 30 是墓葬里发现的几件彩陶器。还有一件没有彩，但是有漂亮的刻画图案，应该是装烟草的一个小烟壶，还有几件玉器。

图 29　墓葬中发现的人骨

图 30　墓葬中发现的彩陶器

在第二次建筑第二期，贵族家庭埋了重要墓葬以后，就把以前的建筑拆除了。拆除以后就把这些分离的建筑连成一个大的台子——用石头新砌了一个台子，把原来的台子都盖住，然后在上面又建了3个建筑：中心、东侧、西侧的建筑，这是第二期主要的兴建情况。

最后一期也就是第三个时期，又进行了一次大规模的建设，同样还是先埋了一个墓葬，正好在这个建筑的中部，与第一个墓在同一条中轴线上。

在完成了这个墓葬以后，他们又拆毁了第二期的3座建筑，然后立了8根矮的柱子，先建了一个临时性的建筑；后来临时性建筑也被盖住了，就扩建了整个台基，形成了一个长长的新台基，又把台基的中间部分抬升起来；在台基的中间部分，建了第二层和第三层的台梯，把它继续抬高；然后在中间建了一个重要的建筑，在两侧又建了第三期建筑。这个就是整个建筑的发展情况。对于早期的建筑，我们只能通过这些残留的台基，知道它的大概范围、规格。我们现在在地表能看到的，只有最晚期的建筑。图31这个建筑就是这样的情

图31 坍塌的建筑

况，前面一共有12级台阶通到顶部。但是要进入室内，还要迈上一个台阶，这样一共有13层台阶。13在玛雅是很神圣的数字，因为玛雅人认为天是有13层的。玛雅260天的历法中的一个核心数字就是13，所以这个是很讲究的13层台阶的建筑。这个建筑已经完全塌掉了，只能看到它地面的情况。

在发掘中一个很重要的发现就是在最顶部台基的周围，发现了13组雕刻。台基两侧各1个，东西两侧各3个，后面有5个，又是一个"13"。如图32，这些雕刻中我们可以看到像一个人脸的情况，还有像两捆柴火一样交叉火炬的图案，上面还有一些其他的图案，复原以后的就是这样的。中间是

图 32　台基周围发现的雕刻

图片来源：Barbara W. Fash 2011, Copan Sculpture Museum, Peabody Museum.

交叉火炬，中间像一个人面，上面像一个绳子结。在玛雅研究里，墨西哥纪年的符号实际也是一种绳子结。这个符号是很有名的，也是科潘的一个符号，因为它跟科潘王族的起源有关。

　　图 33 是 Q 号祭坛的线图。线图中记载，第一王就是在以交叉火炬为标志的一个圣殿里获得了权力，获得了太阳神的称号，这样他才经过150 多天的跋涉来到科潘。这是一个关于国王起源的记载。

图 33　Q 号祭坛的线图

图片来源：玛雅考古数据库 http://research.famsi.org/schele_list.php?_allSearch=piedra&hold_search=piedra&tab=schele&title=Schele+Drawing+Collection&x=15&y=13.

科潘王国经过第一王时期的建设，逐步走向繁荣。这个时期的这个贵族家庭也获得了相当的权力，可以建立自己的庭院。第二期的建筑大概建于科潘最兴旺的第十二王时期，这个时候王国也在发展。最后一个时期，也就是第十六王或者第十五王的时期，正是科潘王国复兴的时候。根据记载和建筑上表现出来的特征，我们知道第十六王为了王国的复兴，采取了一些措施，其中一个措施就是和其他贵族共享权力，因为他想有一个更牢固的统治基础。所以我们看到这个贵族家庭有王宫才有的符号，他可以拥有与王国的起源以及第一王有关的交叉火炬这样神圣的符号。这个可能就是十六王和其他贵族家庭共享权力的表现。

虽然我们只是进行一个阶段的发掘，且只是对北侧建筑的发掘，但是我们已经获得了丰富的信息。我们能够看到这个贵族家庭的发展，与整个科潘王国的发展是相当合拍的。在这些主体发掘的过程中，我们还在中心主台基和边缘建筑的夹道，及房屋的后侧发现了丰富的遗物。有的时候遗物布满了探方，陶片一片挨一片，还有黑曜石器和其他石器。北侧建筑是很重要的神圣的建筑，所以很难想象在使用过程中，贵族家庭会把垃圾扔到边上。我们通过这些陶片的纹式、形状，知道贵族家庭已经离开了这个建筑，后来一些居民又生活在这里。他们就没那么讲究了，可能会在周围随意地扔垃圾，陶片就可能是他们遗留下来的。有一些很有意思的发现，如人面形的焚香炉等一些与仪式活动有关的发现。这些发现让我们了解到，在科潘王国衰落以后，在王室解体、贵族逃离了以后，到底发生了什么样的情况，包括什么样的人在这里居住、他们进行了什么样的活动。这些发现对我们探索科潘王国的衰落原因是很重要的信息。

北侧发掘完成以后，我们进行了重建工作。因为根据洪都拉斯的有关法律，我们在发掘完成之后要进行重建。在重建的同时，我们对西侧建筑的北部附属建筑进行了发掘，在这个过程中也有很重要的发现。在门两侧的墙上，发现了很重要的雕刻，是镶嵌在墙上的十字雕刻。图 34 中这个雕刻表现的是玉米神的形象。玉米神的头饰是一个抽象的蜈蚣装饰，也就是蜈蚣的两个犄

图 34　表示玉米神死亡后沉入地下的雕刻

角，这表示玉米神已经进入地下世界。他的鼻子前边有一个小圆点，表示他生命的气息已经离开了他的鼻子，生命的气息正在消失。他的眼睑是下垂的，表现的是玉米神死亡，沉入冥界。脸的两侧是海螺壳一样的装饰，因为玛雅人认为地下世界是水的世界，海螺也是地下世界的标志。这个雕刻整个表现的是玉米神死亡后沉入地下。

　　我们在继续发掘过程中，突然发现一条赤链蛇，它是中美洲最毒的蛇之一。蛇藏在乱石里，在我们发掘过程中突然窜出来，把大家吓一跳，工人把它赶走了。我们有些后怕，因为被蛇咬非常危险，当地的医疗条件又很差。蛇走了以后，我们在它盘踞的地方发现了大量的雕刻，包括这件我们所说的玛雅民族的"中国龙"，确实很像中国的龙（图 35）。但是在玛雅，人们管它叫羽蛇神。我们后来又发现了玉米神，还发现了像鸟爪一样的大爪子（图 36）。后来，我们在哈佛大学专门为拼刻雕刻建的一个大沙盘里拼出了完整的形象。整体上像一只鸟，但是头是我们看到的"中国龙"——羽蛇神的头，两侧的翅膀是剖开的，像海螺壳形状的翅膀。这是一只神鸟，玉米神在鸟的腹部，像两只爪子。

　　在玛雅文明中有一本很有名的神话书叫《波波尔·乌》，是现在生活在危地马拉山地的玛雅族群的基切人流传下来的。当时西班牙人占领这个地区

233

图 35　玛雅民族的"中国龙"

图 36　玉米神和"大爪子"

的时候，当地的玛雅祭司就用西班牙文把这个神话给记录下来。后来逐渐被人发现研究，其中保存了大量的 16 世纪的神话，它和几百年以前的玛雅神话有很密切的联系。我们通过《波波尔·乌》这本书可以了解到很多玛雅的神话故事，有一些故事还真的与考古发现相对应。在一个故事里，玉米神死了以后，又被冥王杀死，然后骨头被磨成了粉，投到了河里。后来河里的鲶鱼把他的骨头粉吃掉，就把他的身体聚合到自己的身体里。之后神鸟又把鲶鱼吃掉，这样就把玉米神的身体全都吸收到自己的身体里。但是因为鸟的头太小，玉米神出不来，他只能完成他的重生——将神鸟的头又变成了羽蛇神的头，脖子变粗了，嘴也变大了，玉米神才完成了重生。图 37 是玛雅的一件彩

图 37　玛雅彩陶（一）

图片来源：科尔玛雅陶器数据库 http://research.mayavase.com/kerrmaya_list.php?_allSearch=K6181&hold_search=&vase_number=&date_added=&ms_number=&site=&x=24&y=7.

绘陶，我们可以看到相似的情况。羽蛇神头形状的鸟头，还有海螺壳的翅膀和他的爪子。不过在这个故事中，玉米神是风暴神的形象。图 38 是另一件玛雅彩陶，我们可以看到神鸟在吃鱼，然后在它的腹部，玉米神重生了。

图 38　玛雅彩陶（二）

图片来源：科尔玛雅陶器数据库 http://research.mayavase.com/kerrmaya_list.php?_allSearch=K6181&hold_search=&vase_number=&date_added=&ms_number=&site=&x=24&y=7.

科潘的玛雅国王，经常会装扮成玉米神来表演舞蹈。图 39 是科潘的第十三王装扮成玉米神，来表现玉米神重生的场景。图 40 是道斯皮拉斯遗址的国王，装扮成玉米神舞蹈的形象。在这个线图上，可以看到有一只鸟叼着一条鱼献给国王，这样就是在帮助他重生，即把玉米神的身体部分，交给玉米神，让玉米神重生。

玉米神的重生，在玛雅世界是最重要的一件事。在每年的重要时刻，国王都会装扮成玉米神来表演玉米神重生的

图 39　装扮成玉米神的科潘第十三王

图 40　玛雅陶杯上绘制的重生后舞蹈的玉米神

图片来源：湖北省博物馆编《自然的力量：洛杉矶郡艺术博物馆藏古代玛雅艺术品》，文物出版社，2018。

场景，这样使得万物能够自然生长，天体运行能够保持常态。所以我们的发现也是相当重要的一个发现。以前在科潘的其他地方，也发现了过类似的龙头形象，但是没能够复原。在科潘的一个神殿上，也发现了神鸟吃鱼的图样，但是没有得到很好的解释。我们的这些重要发现，使我们能够更了解这些雕刻的真实意义，而且我们也知道了这个贵族院落与王宫区的深刻联系。

宾夕法尼亚大学发掘了东侧，现在我们发掘了北侧全部，还有西侧的部分建筑。虽然还有很多没有发掘，但我们已经知道，这是一个很特殊的院落，它至少三面都有雕刻，在表达一个完整的故事。北侧表现祖先的崇拜，是对第一王的追念，有我们现在宗庙的性质；西侧在玛雅世界里是冥界的象征，表现的是玉米神死亡又重生的场景；东侧表现的是玉米神重生以后，戴着水莲花的头饰，欣欣向荣、万物生长的状态。这样就使得这个院落成为一个非常独特的院落。因为在其他的贵族院落里，一般都是在主要建筑上有一组雕刻来表示贵族的身份，但是这个院落是用三面雕刻表达了更丰富的主题，所以我们这些发现又提升了对这个重要建筑的认识。

发掘还在进行中，我们期望还有更多新的发现。作为中国考古学家，我们通过这些发现，第一次真正地去触摸一个和我们不一样的文明，这与看书、看电影的感觉是完全不一样的。通过到现场亲自发掘，去触摸、去打隧洞、去探测、去研究它发展演变……这些使我们对这样一个遥远的文明有了非常真切的认识。

按照现在考古学家一般的观点，大约在距今 15000 年的时候，东北亚的人群可能因为追逐猎物——或在陆地上追逐驯鹿等大型猎物，或在海洋中追逐鱼群而来到了美洲。先到北美，又逐渐向中美洲和南美洲扩散。现在的美洲人，很可能在旧石器时代以及晚期与我们有着共同的祖先。旧石器时代晚期已经是一个具有相当发展程度的阶段，那时候很多的基本宗教观念，可能已经形成了。在这种情况下，我们东亚的文明和北美洲的文明，就有了共同的文化基因。所以张光直先生说，中华文明和中美洲文明，实际上是同一祖先的后代在不同时代、不同地点的文明，他把这个背景叫玛雅－中国文化连续体。简单地回答一下开始我们提出的一些疑问，就是中华文明和玛雅文明到底有什么样的联系？为什么会有相似性？考古学支持的一个解释，就是二者有共同的旧石器晚期的祖先，有共同的文化基因。玛雅文明为我们提供了一个非常珍贵的、独一无二的文明标本。中华文明在与旧大陆其他文明的交往中，形成了自己的特色。玛雅文明在美洲大陆孤立地生存发展，形成一支独特而奇异的文明之花。他们没有金属器，没有驯养过牛马，没有发明过车轮，没有车辆来帮助他们运输，但是他们形成了高度发达的艺术、宗教信仰和天文知识体系，这是它的独特魅力。

科潘是西班牙一个美丽的小镇。16世纪西班牙一位国王的使臣发现了科潘，所以说它历史悠久。当地保存了玛雅的遗风，也保存了早期西班牙殖民地的风格（图41至图44）。

图41　晨雾中的科潘

图42　暮色中的科潘

图 43　科潘的中心广场

图 44　复活节游行彩路

科潘最有名的是咖啡。咖啡是西班牙人传入的，但是中美洲的咖啡也非常有名。中美洲为世界贡献了很多重要的物资，如玉米、西红柿、土豆、烟草、可可。

我们生活在中华文明中，然后去发掘中美洲的古老文明，确实是一种很新鲜的感受。我们和当地人民结下了深厚的友谊。我们培训他们的技工使用我们的新型仪器，为他们讲解电脑及软件还有小飞机的操作方法，所以我们的考古发掘也是两个国家人民文化交流的活动。

各种文明要各美其美，美人之美，美美与共。我们现在正在"美人之美"，因为我们在说其他文明之美时，其实是没有第一手资料的，我们使用的经常是西方学者的研究成果。我们现在在世界各地建立孔子学院，传播中华文明之美，并以文化的胸怀去观照世界上的其他文明。而我们在真正了解世界其他文明的基础上，再来传播自己的文明，这才是与我们这个新兴经济大国的地位更加相配的一种文化大国的心态。

我是中国做玛雅研究的第一人，我们开展这样的项目的想法就是，我们这一代人开始的工作能够持续下去，希望更多的年轻人能够从事这方面的研究，使我们的学术界和公众对世界文明有更大的兴趣，让我们有更广阔的世界文化视野！

⊏ 主讲人简介 ⊐

　　朱延平，中国社会科学院考古研究所研究员。1982 年大学毕业后进入考古研究所，曾在内蒙古、河北、河南、山东、甘肃等地进行考古发掘和调查。主要研究领域为中国史前至青铜时代考古，并从事东北亚考古研究。著有《半支箭河中游先秦时期遗址》等考古专刊报告和《红山文化箍形玉器探源》《辽西区冶金考古初识》《试论林家遗址马家窑文化房址的性质》等论文，参与编撰《中国考古学·新石器时代卷》等书。

⊏ 推荐书目 ⊐

水野清一：《日本の美術 4·法隆寺》，平凡社，1965。
芹沢长介：《石器时代の日本》（第七版），築地书館 1973。
户沢充则编《縄文人の時代》，新泉社，1995。

G 日本考古与文化遗产

朱延平

　　大家好！今天我在此简单介绍一下日本的考古与文化遗产，主要涉及日本的考古、古都、古建和庭园。

　　日本由北海道、本州岛、四国、九州岛这 4 个主要岛屿和周围数千个小岛组成，这里所说的日本列岛系指上述 4 个主要的岛屿。日本列岛处在太平洋西侧的第一岛弧中。按李四光先生的总结，这个岛弧是在太平洋板块和欧亚大陆板块不断挤压的过程中缓慢隆起的，它的东面是太平洋，西面则是欧亚板块东端的第一沉降带，这个沉降带位于日本西侧的部分即日本海。那么，日本列岛是何时与亚洲大陆脱离的呢？大约是第四纪的更新世晚期，即距今两三万年前。在此之前，朝鲜海峡、对马海峡和宗谷海峡尚未形成，那时日本的这几个主要岛屿和大陆是连接在一起的。

　　日本列岛以山地为主，火山地貌尤为丰富。最高的地段是本州岛中部的飞騨山脉，呈现为一道纵贯南北的凸脊。17 ~ 18 世纪欧洲人到日本时，感觉很像欧洲的阿尔卑斯山，便直呼"日本阿尔卑斯"。位于这条山脉东南侧的富士山是日本最高峰，山顶海拔 3776 米。与层叠的群山相应，日本的河流均较短促，从飞骊山脉东侧向东北流入日本海的信浓川是日本最长的河流，流程仅 350 千米。

日本的历史分为先史、古代、中世、近世四个时段。

先史时代　这是日本的史前时代或原始社会时期。其中又分"先土器时代"（"土器"意为非硬质的陶器）、"绳纹文化"（或"绳纹时代"）、"弥生文化"（或"弥生时代"）、"古坟时代"四个时期，分别为 30000 年前～ 15000 年前（大约相当于中国的旧石器时代晚期）、15000 年前～ 2500 年前（相当于中国的新石器时代至青铜时代）、2500 年前～公元 3 世纪（相当于中国的战国时期至晋初）、公元 3 ～ 7 世纪初（相当于中国的西晋至唐初）。

古代　指有文献或文字资料可考的天皇执政的历史时期。主要分为前后相续的三个时代，即飞鸟时代、奈良时代、平安时代。

飞鸟时代为 6 世纪中后叶～ 710 年，相当于中国的南北朝后期至唐代前期，在此期间以天皇住所为标志的政治中心主要在"飞鸟"这个地方（今之奈良县橿原市南面的明日香村一带），故有此名。这期间也是日本和中国交往频繁，不断向中原学习政治、文化的时期。645 年，孝德天皇改元大化，迁都难波（今之大阪，9 年后又迁回飞鸟），效法唐朝政治制度，举国施行中央集权的律令制新政，史称"大化改新"。大化改新之后的飞鸟时代又称"白凤朝"或"白凤时代"。因此，整个飞鸟时代也常被称作"飞鸟·白凤时代"。白凤朝期间天皇逐渐放权于家臣，自 697 年起，作为重臣的藤原不等比逐渐掌控实权。

奈良时代系指天皇定都奈良的时期，为 710 ～ 784 年，相当于中国的唐代中期。都城主要在平城京（今之奈良县奈良市附近），有时也迁往别处。这一时期日本广泛地受盛唐的影响，中央集权制国体愈益巩固和完善，经济繁荣，文化兴盛，佛教得到弘扬，留下了一大批珍贵的历史遗产。2004 年在西安发现卒于 734 年的日本遣唐使井真成的墓志，墓志铭曰"国号日本"，可知日本这一国名的出现至迟可上溯到奈良时代。

平安时代主要指从天皇定都平安直至镰仓幕府开始的这段时间，为 784 ～ 1192 年，相当于中国的唐代后期至南宋后期。奈良时代末期，平城京已成为权贵旧势聚集的中心，关系错综复杂，纠葛不断。为了摆脱这样的局面而使君主律令制进一步稳固，784 年恒武天皇迁都山背国之长冈（今之京都府南部，称长冈京），并下诏再迁山背国之国野，以此为新的都城，即平安京（今之京都市），794 年终于定都平安。迁都后的恒武天皇革除旧弊，整肃官纪，重振律令制，并向东、北用兵，拓展领地。但从 9 世纪中叶开始，藤原氏摄政，实权又落入权贵集团。后虽有嵯峨天皇等君主旨在重建和维持律令制的新政，但就总体而言，天皇的地位在整个平安时代始终未能得到强化。平安后期，武士的势力渐强，1185 年，在战乱中源濑朝最终赢得胜利，掌控了全国的政局，1192 年在镰仓（今之神奈川县镰仓市）开设幕府，自此，天皇沦为傀儡，日本进入幕府执政的时代。

中世　亦称"镰仓·室町时代"，系指幕府执政的时代，分为镰仓时代和室町时代两大阶段。镰仓时代指镰仓幕府从 1192 年设立至 1333 年灭亡的这段时间，相当于中国的南宋后期至元朝后期。在成功抵抗了蒙元的两次袭击后，镰仓幕府走向衰落，最终足利高在响应后醍醐天皇征讨幕府的战争中消灭了镰仓幕府最后的执政者北条氏。此后的 3 年中，后醍醐天皇施行新政，但 1336 年被足利尊逼走，同年足利尊在京都的室町设立幕府，拥立光明天皇即位，后醍醐天皇则逃至吉野，重持朝政，日本由此经历了有两个天皇的南北朝时期。室町幕府的创立也即室町时代的开端，足利义满当政期间步入全盛阶段，1392 年促成了南北朝的统一。15 世纪中叶随着各地大名先后崛起，相互攻伐，幕府走向分裂，日本实际上已被分成众多的地方割据政权，史称"战国时代"。1573 年，织田信长最终摧毁了幕府，宣告室町时代的结束。

近世　也称"安土桃山·江户时代"。指大名割据之后到明治维新前的统一日本的时代。1573 ~ 1590（或 1593）年织田信长和丰臣秀吉先后为继，终于完成了统一日本的大业。因织田信长和丰臣秀吉所筑之城分别称"安土城"（今之滋贺县近江琵琶湖东南岸的安土）和"桃山城"（即"伏见城"，今之京都市南部），所以，这段历史被称作"安土桃山时代"。1598 年丰臣秀吉逝世，日本再度陷入混战，最终取得胜利的德川家康于 1603 年在江户（今之东京）开创幕府，由此进入"江户时代"。1867 年，明治维新兴起，幕府被彻底推翻，天皇始得回归，称"大政奉还"，日本从此步入近代。

日本的考古学不仅起步比中国早，而且积累了自身的经验和方法，在世界考古学上应有独特的地位。在日本，以田野发掘揭示地层为标志的近代考古学始于 1877 年。但在这以前通过《常陆国风土记》《续日本后纪》等古代典籍，可了解日本列岛存在过很古的人类，有比他们所知道的天皇更早的先人。中世、近世以来，日本也发生过为收集古物而进行的挖掘古墓的活动。1877 年 6 月，前往东京大学任教的美国生物学者莫斯（Edwand Sylvester Morse）教授在从横滨到东京的列车上，发现大森车站附近（今之东京都品川区大井 6 丁目）的一处贝丘（古代先民将食用后的贝壳集中弃置而形成的贝壳堆）。当年 9 月，莫斯在此做了考古发掘。除贝壳外，还出土了陶器、石器、骨角器，以及鱼类、野猪和鹿等动物的遗骸，并发现带有砍痕的人骨，这是日本考古学史上的第一次科学发掘。1879 年，莫斯发表了 *Shell Mounds of Omori*（《大森贝丘》）这部考古发掘报告，Omori 就是大森，他认为大森贝丘是石器时代先民留下的遗存，并且推测这些先民有可能就是当时分布在北海道和日本东北地方的虾夷人（阿伊奴人）的祖先。总之，大森贝丘的发掘首次让世人了解到，日本列岛也是石器时代古人类生存的地方。

大森贝丘发掘之后，日本开始涌现出本土的考古学者，早期考古学的代表人物是坪井正五郎。1884 年，以坪井正五郎为首，在日本成立了人类学会。随着考古事项的增多和研究的深入，独特的考古类型学研究方法在日本逐渐植根，其中最值得称道的是山内清男 1937 年发表的《縄文土器型式の大别と细别》。他经过反复的摩挲和大量的模拟实验，提出日本石器时代陶器上常见的绳纹，是用绳子直接捻搓器表而形成的，即所谓"回转绳文"。根据这些绳纹因时间变化而产生的不同式样，可将縄文土器（绳纹陶器）分为前后相续的种种类型。由此入手，将石器时代的绳纹文化分成早期、前期、中期、后期、晚期 5 个阶段。这也是绳纹文化研究的奠基之作。

二战结束后，日本考古学进一步发展。1949 年发掘的岩宿遗址，将日本的史前文化上溯到了旧石器时代。1955 年，因イタスケ（音：伊塔思凯）古坟面临破坏而引发的文化财产保存运动，增强了国民的文物保护意识。另外，碳十四测年、热释光测年等自然科学方法也越来越多地应用到考古研究中。火山灰堆积层的编年则是日本判断考古地层年代的重要依据。日本的考古报告尤其注重资料性，这一点很值得借鉴。进入 21 世纪后，更致力于考古资料的电子化，使域外的研究者也能及时分享日本考古的成果，甚至参与研究。

下面按时代顺序简介日本考古学的主要收获。

1. 先土器时代

对旧石器时代遗存的确认始于岩宿遗址 1949 年的发掘（图 1）。该遗址位于群马县笠悬町。此次发掘揭出的地表堆积层中含有绳纹文化早期的陶片，其下则是早于绳纹文化早期的红色火山灰层，该层细分为 2 层，均有石器而不见

图 1　群马县岩宿遗址

图片来源：杉原莊介著《群马县天岩宿发见の石器文化》，吉川弘文馆，1956。

陶片，典型石器是打制的刀形石器和局部磨制石斧，后者与西伯利亚等地旧石器时代晚期的同类器有相似之处。这样，即可确认这两层应是旧石器时代晚期的文化遗存。刀形石器与局部磨制石斧代表了日本旧石器时代晚期独具特色的石器组合，这种石器组合在其他地域很少见到，因此可以推断，日本旧石器晚期的遗存与外来人群的迁徙及其文化传播应该关系不大，它的主要来源很可能是日本列岛更早的土著文化。

后随资料的积累，更加丰富了对日本旧石器时代晚期石器群的认识。例如，还有一种双面打制的桂叶形两端尖状器，日本称"石枪"，这种石器广布于东北亚，出现的时间不早于 2 万年前（图 2）。

图 2　日本旧石器时代晚期的石器

图片来源：小林達雄（監修）《縄文の力》，平凡社，2013。

　　迄今为止，日本能够确定的旧石器时代遗存绝大多数属于不早于3万年前的旧石器时代晚期。虽然许多考古学者深信不疑在日本肯定会存在更早的遗存，但这样的遗存的确很少。目前可以确认的如岩手县金取遗址，该遗址的石器形状不很固定，也就是说，可能这时还没有能力产生定型工具。关于它的年代，目前一般认为至迟可以达到4万年前。

　　日本先土器时代的石器特点明显，这一点也突出地反映在石器的质料上。日本列岛火山富集，流纹质熔岩流的上部常骤凝成黑曜岩外壳，故而日本也是重要的黑曜石产地。黑曜石是一种天然玻璃，硬度与玻璃相近，用作石器之刃部则是理想的材料。日本各主要地区均不乏史前时期的黑曜石产地，最重要的产地集中于两个地域，一个是长野县飞驒山脉东侧以和田峠为中心的地带，这里的黑曜石基本都是黑色的。另一个是北海道以十胜岳为中心的石狩山地－北见山地一带，这里出产的黑曜石颇具特色，除黑色之外，尚有茶褐色和鲜红色的（图3）。当然，后两种颜色的黑曜石多数是黑、褐相杂或黑、红相间的。茶褐色的黑曜石也见于日本以外的其他地域，日本将其称作"花十胜"。鲜红色黑曜石比较稀少，日本称"红十胜"。兼有以上3种黑曜石的最著名的产地是白滝村附近的赤石山。

花十胜　　　　　红十胜

人工打击的黑色
黑曜石断块

流纹质熔岩流中的黑曜岩

图三
**两个主要的
黑曜石产地**
上：石狩山地－北
见山地
下：和田峠

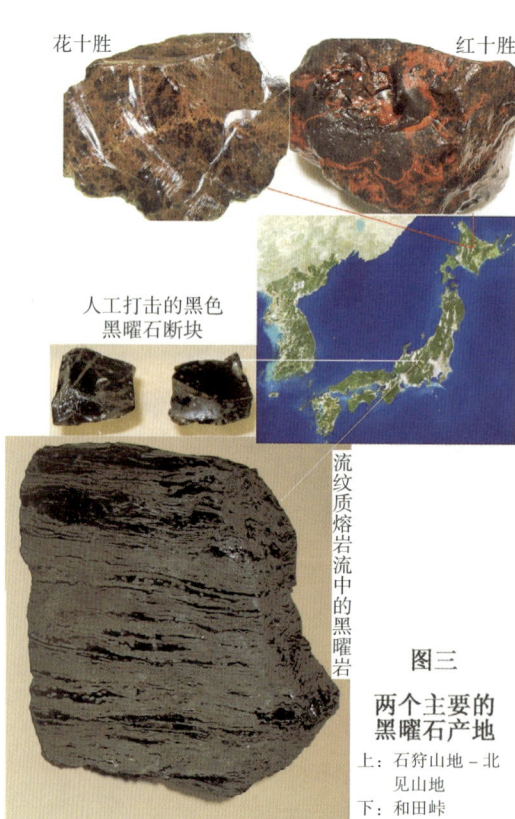

图3　黑曜石产地与黑曜石

以白滝村为中心的涌别川沿岸一带密集地分布着旧石器遗址，这些遗址中的黑曜石制品皆出自赤石山。

　　制作石器方面也显示出独特的加工技艺。和研究陶器施纹技法一样，日本考古学者对石器的成型方式也详加分析，尤其致力于对石制品的拼对。经过大量琐碎的拼对，终于从剥取石片（或石叶）的种种方式中总结出两个有代表性的重要技法。一个是"濑户内技法"，另一个是"涌别技法"。以涌别技法剥取石叶，需将扁体的石片预先制作成桂叶状或舟形，若是桂叶状则需侧置后而将上面凸弧的部分去除以制成缓平的台面，此时的"原体"侧视如舟形，剥片时自舟体的两端依次向内切取石叶，最终留下的石核呈多棱锥状或楔形（抑或短舟形）。所以，如有多棱锥状石核，一般即可确认制石者采用的是涌别技法（图4、图5）。

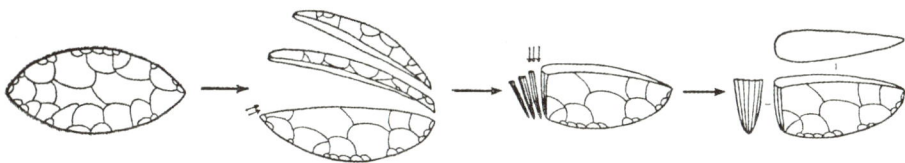

图4　"涌别技法"剥离石刃示意图

图片来源：杉原莊介著《日本の考古学Ⅰ：先土器時代》，河出書房新社，1964。

　　总之，日本列岛旧石器时代晚期的文化反映了明显的土著性，其根源仍应在日本本土寻找。

2. 绳纹文化

　　东亚史前时期的陶器纹饰经常会出现绳纹，但施纹技法因地而异。中国黄河流域及其以北的绳纹多以陶拍拍印而成，也有用缠绳圆棒之

图5　"涌别技法"剥片过程中产生的石核（新潟县樽口遗址）

图片来源：小林達雄（監修）《縄文の力》，平凡社，2013。

类的物体在陶器表面连续滚轧而成；东西伯利亚则是将泥坯置于网兜中晾干，如此留在器表的绳纹印痕可称网袋纹。究其功用，以上这些绳纹多少都会和制陶过程中压紧器壁有关。日本的绳纹却不是这样，如前述是在器表直接捻搓绳子而形成的"回転縄文"，这样的绳纹并非制陶所需，而只具有装饰性或是某种符号象征，所以，绳纹文化的绳纹陶器反映了与众不同的地域文化特色。富有装饰性的"回転縄文"在发展过程中衍生出多种形式的纹样，这些纹样实际上是以编成各种形态的绳结在器表捻搓的结果。早在 20 世纪 30 年代，山内清男就复原出多种绳结的"原体"（图 6）。

图 6　绳纹文化的"回転縄文"陶器

图片来源：芹沢长介著《陶磁大系（第一卷）·縄文》，平凡社，1975。

20 世纪 50 年代后期至 60 年代之初，又发现了以"隆起线文"为特征的圆底罐。后经研究，这是绳纹文化最初阶段的陶器，根据以往对绳纹文化编年序列的认识，这个阶段被称为"草创期"。草创期的年代和旧石器时代晚期彼此相接，而前述旧石器时代晚期那些颇具特色的石器在草创期也得到传承，如局部磨制石斧和桂叶形两端尖状器在草创期仍较流行。草创期的后段，已开始出现一定的压印绳纹，可视作回转绳文的前身。因此，草创期的发现，使人们有理由相信，日本先土器时代的文化和新石器时代的绳纹文化是一脉相承的。以过去确认的 5 期再加上草创期，绳纹文化共有 6 个期别，它们的年代如表 1 所示。

表 1　绳纹文化的分期和年代

期别名称	年代	黄河流域－华北对应的文化遗存或时期
草创期	15000～10000 年前	北京东胡林遗存
早　期	10000～7000 年前	裴李岗文化
前　期	7000～5000 年前	仰韶文化
中　期	5000～4000 年前	龙山文化
后　期	4000～3000 年前	二里头文化至商文化
晚　期	3000～2500 年前	西周至春秋时期

通过图 7 可以看出，从草创期到晚期，绳纹文化陶器的纹饰随着时间的推移而呈现为有规律可循的演变序列。简而言之，流行隆起线文的草创期尚未出现回转縄文；早期主要是纹样单一、风格古朴的回转縄文；前期的绳纹纹样趋于复杂和繁缛；中期在绳纹之上又加添泥条等其他纹饰，绳纹逐渐被分割，在纹饰布局中的比重开始降低；后期的绳纹已经退化到次要地位，甚至作为某种图形的填充纹；晚期的绳纹陶器已经明显减少。

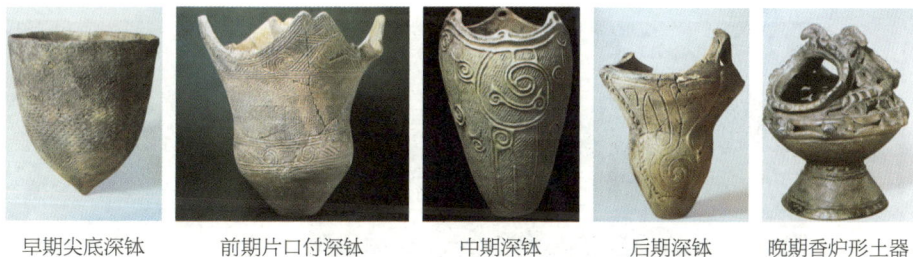

| 早期尖底深钵 | 前期片口付深钵 | 中期深钵 | 后期深钵 | 晚期香炉形土器 |

图 7　绳纹文化陶器的演变

图片来源：小林达雄编《日本原始美术大系 1・縄文土器》，讲谈社，1977；小林達雄著《日本原始美術 1・縄文土器》，讲谈社，1979。

绳纹文化时期尚未形成以大田垦殖为标志的农业，但由于日本列岛拥有丰富的自然资源，所以史前时期的渔、猎和采集业十分发达。众所周知，日本列岛的东南侧是来自赤道的黑潮暖流流经的海域，在列岛的东北角与南下的亲潮寒流交汇，大量鱼卵、幼鱼随两股海潮北上和南下，同时，暖流和寒流的汇合引发海水涌动，深层的营养物质被扰至浅层，从而促进浮游生物繁殖，这些都是鱼群聚集的天然因素。绳纹文化常见的渔具是各种骨器，如镖、铦、钩和鱼卡（图8），独木舟、木桨和碇石则是水域作业的实证（图9），最早的独木舟出现在绳纹文化早期。令人惊奇的是，位于能登半岛日本海岸边的真胁遗址，仅在有限的发掘区内就发现属于绳纹文化前期的成百具

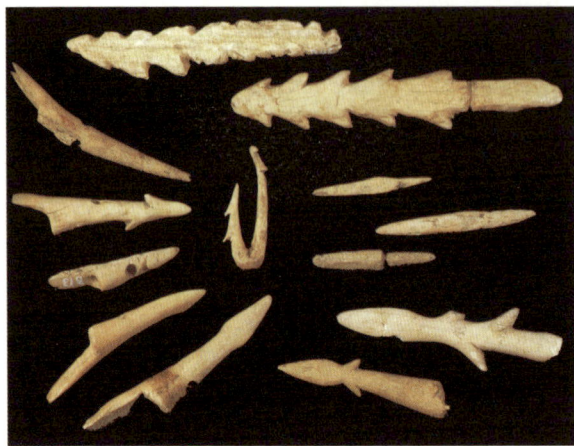

图8　宫城县沼津贝塚绳纹文化晚期骨制渔具（镖、铦、钩）

图片来源：小林達雄（监修）《縄文の力》，平凡社，2013。

图9　独木舟、木桨和碇石（网坠）

图片来源：同志社大学文学部文化学科编《伊木力遗迹——长崎县大村湾沿岸における縄文时代低湿地の调查》，1990。

海豚遗骸，可能是出于某种特殊礼仪的需要，这些海豚的头骨往往得到较好的存留（图10）。在这个遗址还发现有鲸的骨骸。这些高级哺乳动物是如何被捕捞的，至今仍是个谜。

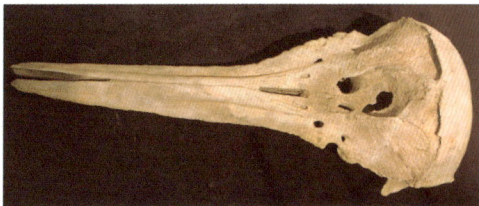

图10　海豚的头骨

　　狩猎对象主要是野猪和鹿。作为狩猎工具的石镞和锛形式繁多，砂岩质的箭杆研磨器（或箭杆整直器）于草创期就已出现。北海道船泊遗址还见有连接着骨柄的锛头，黏合剂是沥青。这种沥青产自日本列岛北部近海的海底，使用前应当经过一定的提炼，北海道的豊崎N遗址就出土过储藏沥青的陶罐（图11）。

图11　用沥青粘牢的石锛与骨柄以及盛装沥青的土器

图片来源：小野正文、堤隆（监修）《縄文美术馆》，平凡社，2013。

　　能够保存至今的植物采集证据主要是坚果类，如橡子、栗子等，还有少量的桃核。栗子的个体要大于现代栗（图12）。树皮编织的筐篓被认为是一种采集工具（图13）。另外，有些遗迹很可能是坚果脱涩的相关设施。

图 12　新潟县青田遗址绳纹文化栗与现代栗

图 13　以桧（刺柏）科针叶树之树皮编织的篓筐

图片来源：小野正文、堤隆（监修）《绳文美术馆》，平凡社，2013。

在工艺品方面，绳纹文化先民也多有建树。玉器的种类虽不算多，但起步很早，并不晚于中国东北最早的玉器。过去一般认为长江下游是漆器的发源地，因为浙江河姆渡遗址出有6000年前的漆器。但日本20世纪60年代以来，陆续发现了绳纹文化的漆器，如福井县鸟浜遗址的绳纹文化前期的漆木器，与河姆渡漆器的年代相仿。青森县向田遗址也出有绳纹文化前、中期之交的嵌螺壳漆木器。2000年，北海道垣之岛-B遗址还发掘到一座绳纹文化早期前半段的土坑墓，随葬了一件形似垫肩的朱漆植物纤维编织品。另外，2012年对鸟浜遗址1984年出土的12600年前的炭化木进行了树种鉴定，确认为漆树。而近期对绳纹文化及其之后的漆制品的鉴定表明，日本的古代漆种甚是独特，与中国古漆多有不同。因此可以认为，日本的漆器应该具有原生性。

还有与漆器有关的螺钿器。众所周知，唐代是螺钿水平达到顶峰的时期，中国迄今为止发现的最早的螺钿器可能在3000多年前。如前述，日本向田遗址出土的那件嵌螺壳的朱漆木器，应该就是最早的螺钿器了，它的年代在 5000 年前左右（图 14）。

3. 弥生文化

弥生文化源于 1884 年在弥生町（今之东京都文京区弥生二丁目东京大学东北门外）发现的"壶形土器"，与当初所知晓的"贝冢土器"（即后来命名为绳纹文化的陶器）和"土师器"（即后来认识的古坟时代软质陶器）均不相同，故名"弥生土器"，后来衍生为弥生文化。

相对于绳纹文化晚期的陶器而言，弥生文化陶器群的面貌的确发生了质变。此时东北地方以西的日本几乎不见绳纹陶器，取而代之的是一群素面红陶或褐陶的陶器，陶质也比绳纹文化晚期的坚固，典型器类是壶、瓮、高足钵或杯（图 15），而不同于绳纹文化系统的深腹罐。这种变化被解释为是受朝鲜半岛文化影响所致，稻作、

图 14 向田遗址绳纹文化前中期之交的"螺钿"漆木器

图片来源：小野正文、堤隆（监修）《縄文美術館》，平凡社，2013。

图 15 弥生文化的素面红色陶器

冶金等重要的生产技术也是在此期间传播到日本的。按照这样的认识，九州岛北部理应是弥生文化最早的发祥地。一般认为弥生文化的存续时间是公元前5世纪~公元3世纪，亦即弥生文化最初的年代不早于公元前5世纪。但2000年以来，又发起对弥生文化起始年代的重新探讨，结果将这一时间提早了两三百年，即弥生文化起始年代在公元前8世纪左右。当然，这个问题尚待进一步的研究。

弥生文化较此前的时期究竟发生了哪些变化呢？粗略而论，大体可归纳为以下几个方面。

（1）稻作的普及。如前述稻作农业在此时迅速推广。有理由认为，至少在东北地区以西的地域已经全面实行稻作。不少遗址都发现了稻田以及与稻作农业相关的遗迹。

图 16　日本最大的铜铎

图片来源：东京国立博物馆编《特别展·日本の考古学》，1988。

（2）冶金的崛起。绳纹文化时期尚未产生冶金制品。弥生文化不仅有铜，还有铁，说明以冶金为标志的生产力水平跃入新的阶段。铜铎这个典型的铜器述说了冶金技术来自朝鲜半岛的史实。朝鲜半岛曾流行一种小铜铎，弥生文化之初这类小铜铎传至九州岛，继而产生出以裙部饰纹为特色的日本式小铜铎，其后不久，作为弥生文化代表性礼仪用器的大型铜铎终于脱颖而出。滋贺县野洲市小筱原大岩山古墓1881年以来出土数十件铜铎，最大的一件高134.7米，重45.47千克，为日本最大的铜铎（图16）。铜铎主要分布于西日本，东日本多见仿铜的陶制品。

（3）超大型环壕遗址的出现。在遗址主体部分的外围挖掘环形土壕，这是日本绳纹文化时期就有的现象，即所谓"环壕集落"。进至弥生文化，大型的环壕集落频频出现。最著名的是佐贺县的吉野里遗址，该遗址从弥生文化前期 3 万平方米的小型环壕集落发展而来，到弥生文化后期，已成为超过 40 万平方米的超大型环壕集落，它有"内郭""外郭"之分，重要遗迹有瞭望楼、仓库、祭台（图 17）和贵族坟墓等。现已辟为历史公园。九州岛北部毗邻对马海峡，这种超大型遗址出现的背景显然和朝鲜半岛经济文化的影响有着密切的关联。

"北内郭"的瓮棺   北部的祭坛

图 17 吉野里遗址

（4）集中的茔域和特殊的坟墓。绳纹文化时期很难见到成规模的墓地，而弥生文化时期因社会之发展，往往会营造集团性的茔域，一些较大的墓地得以存留。经济水平的提升也导致社会阶层进一步分化，凸显地位的贵族坟墓开始登场。这些，在吉野里遗址都可见到。

（5）兵器的涌现。金属品生产的推进首先反映在礼仪和军事领域，除了前面提到的铜铎外，此时还出现了较多的铜、铁兵器，如剑、矛、戈等。这些兵器大多数都和大陆方面的同类物如出一辙，也有个别的属于本地特有的形制，还有用于防护的铠甲，但非金属所制（图 18）。

（6）与大陆交往加深，朝鲜半岛先民及其用品融入日本。大陆方面的用

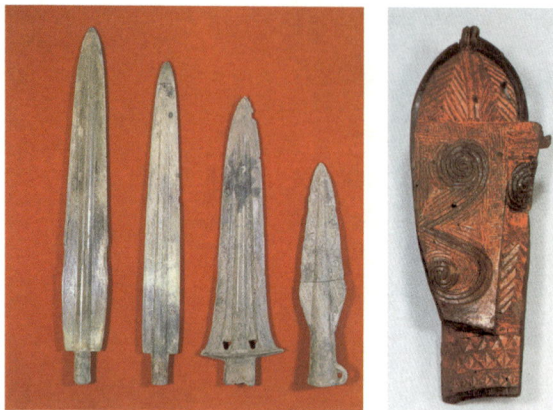

图 18　浜松市伊场遗址出土的兵器与木制短铠甲

图片来源：东京国立博物馆编《特别展·日本の考古学》，1988。

器直接传入日本的，除前面涉及的之外，最具意义的是铜镜和铜币（图19），这些输入品对判定弥生文化具体遗存的年代起到无可替代的作用。引人关注的还有"汉委奴国王"金印，这枚金印1784年发现于博多湾中的志贺岛，后转由福冈藩主黑田家收藏，1978年捐福冈市。印铭与《后汉书》载光武帝中元二年（公元57年）"印绶"奴国王的历史正相吻合。唐《翰苑》载"中元之际紫绶之荣"，或许当初这枚金印上的蛇纽还系有紫带。此印方形，重108克，高2.236厘米，边长2.347厘米，约合汉代的一寸（图20）。20世纪50年代在云南晋宁县（今昆明市晋宁区）石寨山遗址发现的金质"滇王之印"与其形制相同，边长一致，可见这枚金印反映了汉代赐封金印的

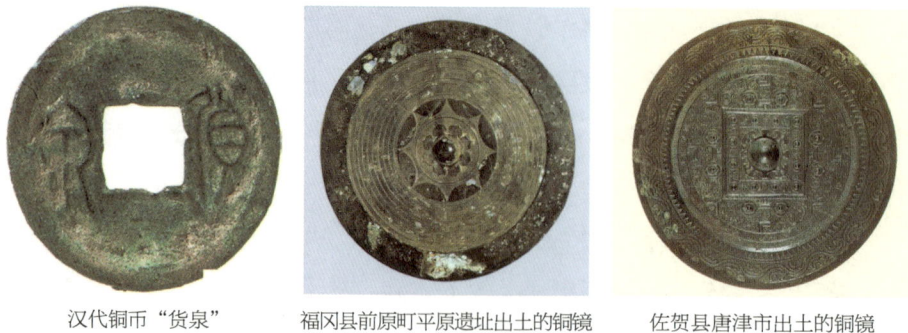

汉代铜币"货泉"　　福冈县前原町平原遗址出土的铜镜　　佐贺县唐津市出土的铜镜

图 19　铜币与铜镜

图片来源：国立历史民俗博物馆编《新弥生纪行》，1999；东京国立博物馆编《特别展·日本の考古学》，1988。

图 20 "汉委奴国王"金印

图片来源：国立历史民俗博物馆编《新弥生纪行》，1999。

规制。据考证，奴国的范围大约在今之福冈市到春日市的福冈平原一带。

4. 古坟时代

古坟时代是日本先史社会最后一个时代的名称，因为这个时期日本大部分地区都可以见到凸起于地表的坟丘，盛行这样的坟丘是时代特征，故有此名。但不是说这个时代的墓葬都有坟丘，能够在地表堆筑坟丘的只是少数的贵族墓。从目前的调查统计来看，像这样堆筑坟丘的古坟在日本的总数应超过 20 万座。前面提到，日本在很早的时候就有挖掘古坟的行为，后来一再被禁止。田野考古开始之后，擅自挖坟或盗掘古墓的事情就基本不再有了。

就地表坟丘的平面形状而论，古坟可分为圆坟、方坟、前方后圆坟（"前方后円坟"）、前方后方坟等多种形式。其中，最具代表性的是圆坟（图 21）和前方后圆坟，二者贯穿古坟时代始终，前者占了古坟的多数比重，后者的数量虽然明显少于前者，但一般而言均拥有较大的体量和很高的规格。最早的也是最典型的前方后圆坟是在圆台形或截头圆锥形坟丘（"后円"）的前面接有一个长台形坟丘（"前方"），俯瞰酷似一个大钥匙孔，江户时代经史学家蒲生君平首次将其称为"前方后円坟"。

前方后圆坟在西日本出现最多，尤以近畿地方最为密集，规模最大的也

图 21　熊本县鹿央町岩原古坟

在这个地区（图 22）。大阪府堺市的大仙町古坟，长 475 米，高 30 米，外围三道环壕（最外侧的环壕有可能是后来所为），坟丘面积甚至超过秦始皇陵（图 23）。对比《日本书纪》的记载，几乎可以确认大仙町古坟应是建于 5 世纪的仁德天皇陵。由此可见，早在古坟时代，近畿地方就已经跨入了文明中心的门槛。

巨大的古坟当然不会一蹴而就，事实上，弥生文化后期已经出现了体量可观的古坟，如冈山县楯筑坟丘墓是直径 42 米的圆坟。但弥生时代的坟丘墓却不见于近畿地方，这个古

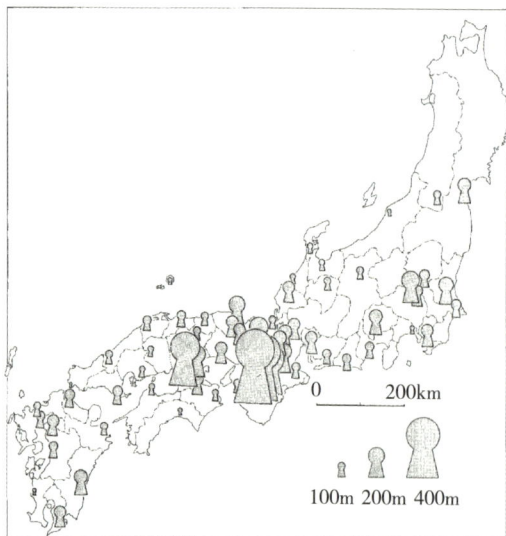

图 22　大阪府藤井寺、羽曳野市古坟群

图片来源：国立历史民俗博物馆编《再现·古代の豪族居馆》，1990。

文明之地在古坟时代以前的文
化表现为何平而不显，一直令
人迷惑不解。

古坟的坟丘周围常摆放一
周陶质明器，习称"埴轮"。
埴轮通常是一种无底中空的陶
器，如长野县更埴市森将军古
坟所展示的那样（图24），也
有少数是人或动物形象的埴轮
（图25）。

经科学发掘的古坟并不
算多，奈良县斑鸠町藤之木
古坟的发掘曾颇受关注。这
是6世纪后半叶（飞鸟时代
初期）的一座圆坟，在法隆
寺以西500米处。坟丘直径
48米，高8米（图26）。坟
丘外围散布着圆筒形埴轮的
残片，其下为横穴式石室墓，
墓道和墓室的底部遍铺砾石，
墓道以内5米的空间堆满砾
石，墓室长6.31米、宽2.7
米，石棺长2.35米、宽1.26

图23　大仙町古坟

图片来源：1994年以前的展示材料。

图24　长野县更埴市森将军古坟

米、高1.54米，棺内壁涂朱，葬两具人骨，皆男性。此墓出土了很多金属器，
有刀剑类、铠甲、马具、农具等，铜质鎏金的步摇冠、步摇履、鞍桥堪称绝
世精品（图27）。

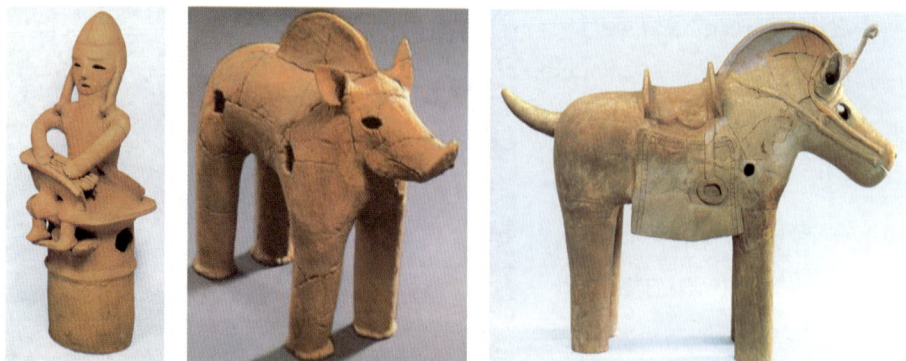

图 25　人与动物形象的埴轮

图片来源：朝日新闻社编《日本列岛发掘展》，1988；大阪市教育委员会、（财）大阪市文化财协会编《よみがえる古代船と 5 世纪の大阪·特别展图录》，1989。

图 26　奈良县斑鸠町藤之木古坟

古坟时代最常见的遗物仍是陶器，此时的陶器种类与弥生文化时期相比更为复杂。尤需注意的是，从中后期开始，出现两种风格截然不同的陶器，考古学家后藤守一将它们分别称作"土师器"和"须惠器"，因古典文献中有关于"土

图 27　步摇冠、步摇履、鞍桥

图片来源：朝日新闻社编《日本列岛发掘展》，1988。

师部"和"须惠"的记述，这两个名字又都和制陶不无关系。"土师器"即软质陶，烧成火候不高，质地较粗，成型方法较为原始，陶器颜色不甚均匀，或红或褐，一望即知，这是弥生文化主体陶器群发展的继续。也就是说，"土师器"是由日本本土采用传统技艺烧制的陶器。"须惠器"即硬质陶，是指以异域（朝鲜半岛）传来的技艺制作的陶器，与土著的传统陶器有别，这种陶器质地细腻，火候颇高，皆轮制成型，陶色高度一致，呈灰或黑色。这两个系统的陶器形态也完全不同（图 28）。"须惠器"出现于古坟时代中后期，说明此时期日本制陶工艺开始发生改变，手工业系统融入了先进的生产方式。"土师器"和"须惠器"在古坟时代后期并行发展，这样的情形一直延续到平安时代。

图 28 "土师器"和"须惠器"

图片来源：大阪市教育委员会、（财）大阪市文化财协会编《よみがえる古代船と 5 世纪の大阪·特别展图录》1989；国立历史民俗博物馆编《再现·古代の豪族居馆》，1990。

5. 古代

在古代这个部分主要讲述日本古代的都城和代表性的古代建筑。

从飞鸟时代到平安时代，日本营造过若干都城。各主要都城的兴替的时间如表 2 所示。

表 2　各主要都城的兴替时间

年　份	694 年	710 年	784 年	794 年
都　城	飞鸟京	藤原京	平城京	长冈京	平安京

按照现行的说法，694 年以前，飞鸟时代的都城主要稳定在飞鸟京。但飞鸟京的布局尚不清楚，只是在明日香村这个地方发现了几处宫殿遗址，这里出土的木简可以印证，有舒明天皇的"冈本宫"、皇极天皇的"板盖宫"、齐明天皇的"后冈本宫"、天武天皇的"飞鸟净御原宫"。

日本最早按中原里坊制打造的都城是考古发现的"藤原京"（图 29），该城由藤原氏主持设计，持统天皇 9 年（694 年）由飞鸟净御原宫迁来至此，历持统、文武、元明三代，710 年由此再迁平城京。1934 年以来的考古工作，已查明这处都城的范围在今之奈良县的橿原市到樱井市乃至明日香村一带，其中心是藤原宫这个边长 1 千米的正方形宫城，而集中发掘的则是宫中的"大极殿"（太极殿）。以藤原宫为中心，此城规划了 10 条 10 坊，构成边长 5.3 千米的正方形城区，个别条坊揭示得比较完整（图 30）。这是按中国古代城市的理想规制而营造的典型的纵横十里坊（"条坊"）制都城，日本考古学者将其概括为"十里四方"。因历时短暂，都城虽已初具规模，但规划内的条坊显然并未全部建成。

平城京是奈良时代主要的都城，710 年自藤原京迁此，其后虽然圣武天皇于 740～745 年间曾移驾恭仁京（今之京都府加茂町一带）、难波宫（今之大阪市）、紫香乐宫（今之滋贺县甲贺市信乐町），但直至 784 年迁长冈京

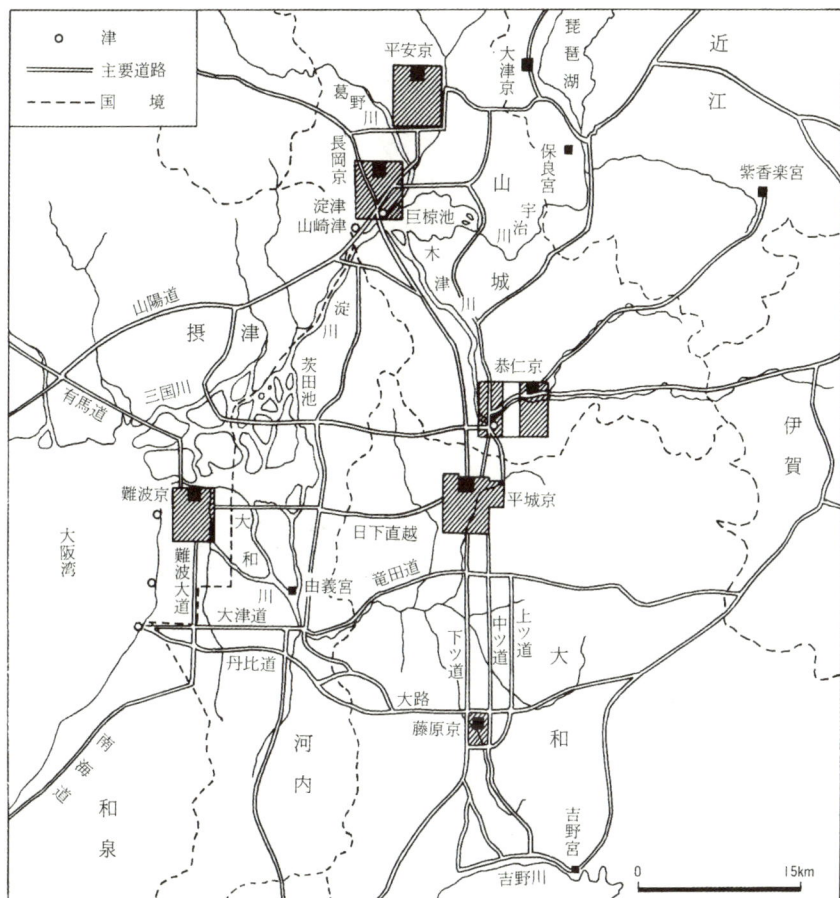

图 29　古代都城的位置

图片来源：1994 年以前的展示材料。

前这里一直是常态化都城。对平城京的研究和保护始自明治维新前的 1852
年，20 世纪 50 年代专门成立了"奈良国立文化财研究所"，旨在发掘、保护、
研究和展示平城京。平城京地处奈良盆地北部，位于藤原京的北侧，其范围
涉及今之奈良市和大和郡山市的一部分。都城的布局因袭唐长安城（图 31），
于城内中央北端设"平城宫"，平城宫南门（朱雀门）至都城南门（罗城门）
为 3.8 千米长的南北向中央大道（朱雀大路），大道东西两侧各有平行的 4 条

图 30　藤原京左京六条三坊

图片来源：奈良国立文化财研究所编《四十年の春秋》，1993。

道路（"坊"），与 10 条东西向路（"条"）垂直相交。"条"和"坊"围成一个个 500 余米见方的"坊"，坊内以纵横小路分割成 16 个"坪"。京城东邻五条以北的地方为后来扩建的"外京"。类似的都城规划也见于同时代的渤海国都城——上京城（龙泉府）。平城京的重要建筑有平城宫内的大极殿、朝堂院、朱雀门，以及城内的东大寺、药师寺。迁都长冈京后，平城京大部分的地方废为水田，东大寺、兴福寺、药师寺犹存。

　　恒武天皇经过在长冈京的短期驻留，最终于 794 年定都平安京。实际上，从那时起到东京作为首都的 1869 年，京都一直是日本的政治和文化中心。在效仿唐长安的都市规划方面，平安京更加追求完美。京城平面为长方形，南北向长约 5.4 千米，东西向长约 4.5 千米，宫城设于北端中央，城内其余的地方以纵横道路逐一分割成方形小区，称"町目"（图 32）。这样，南北纵向有 38 町，东西横向为 32 町。每隔 4 町（纵横皆如此）为大路，与宫城各门相通的

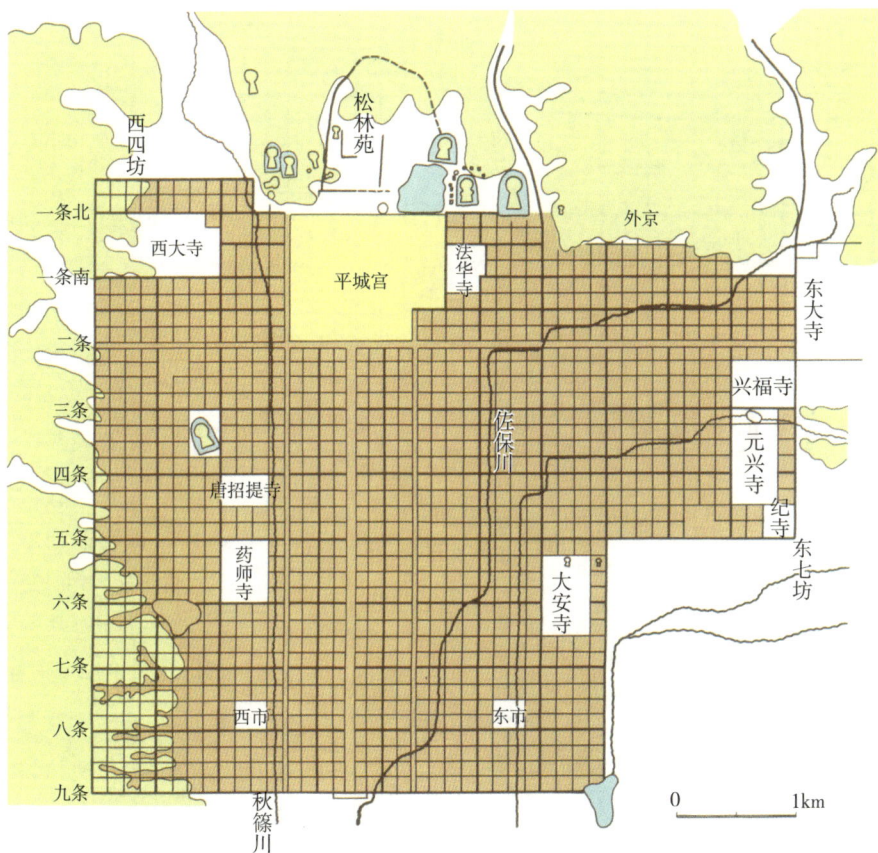

图 31　平城京复原图

图片来源：奈良国立文化财研究所编《これは藤原京だ》，1995。

也都是大路，余皆小路。连接宫城南门（朱雀门）和京城南门（罗城门）之间的南北向中轴大道称朱雀大路，路东为"左京"，路西为"右京"。城内的东市、西市、东寺、西寺、神泉苑和朱雀院等特殊设施占有 4 町或更大的面积。左京尤其是贺茂川以东的白河之地为繁华区，右京相对寂平。応仁之乱（"战国时代"之始）以后，京城渐趋荒颓，当初的地名和町间之路则流传至今。

　　近畿地方存留了众多的古代遗迹。奈良的古寺更是备受关注。其中，经考古发掘的当首推飞鸟寺。这是日本最古之寺，位于明日香村一带，即《日本书

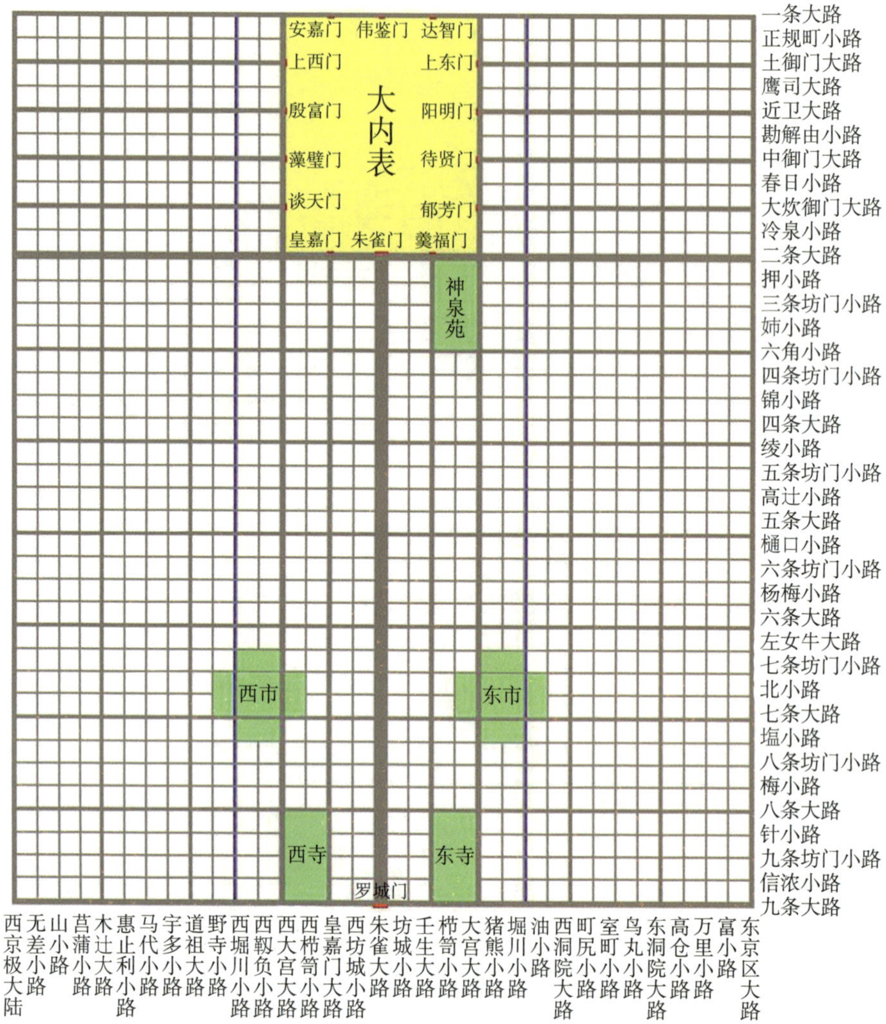

图 32　平安京复原图

图片来源：1994 年以前的展示材料。

纪》所载之崇峻天皇元年（588 年）始建、推古天皇四年（596 年）建成的法兴寺（亦作元兴寺），传为百济工匠建造，以至于该寺的瓦当也和百济的相同。主要建筑从南端起依次为南大门、中门、塔、中金堂、讲堂。中门和讲堂之间为寺之主体，其格局是塔居中心，北、东、西侧分别为中金堂、东金堂、西金堂（图33）。这种以塔为中心，三面环围金堂的"一塔三堂式"伽蓝配置比较罕见，应反映了佛寺的早期布局结构。中国以塔为中心的佛寺遗址如建于6世纪的洛阳永宁寺和河北临漳县赵彭城佛寺，但这些寺的塔之左、右均非金堂。中金堂供奉的本尊"金铜释迦如来坐像"（俗称飞鸟大佛）完成于606年，高275.7厘米，是日本有纪年的最早的佛像，今仍存于世（图34）。

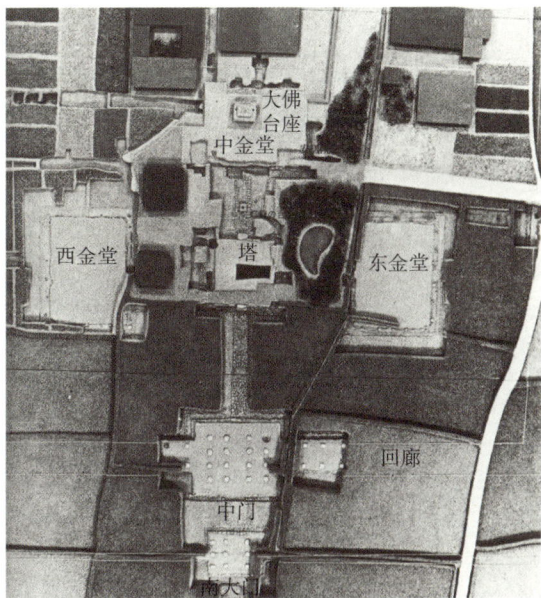

图 33　飞鸟寺俯瞰图

图片来源：奈良国立文化财研究所飞鸟资料馆编《飞鸟资料馆案内》（系1994年以前的简介）。

图 34　飞鸟大佛铜像

图片来源：水野清一著《日本の美术4：法隆寺》，1965。

作为佛寺建筑本体留存至今的则是著名的世界文化遗产法隆寺。该寺坐落于奈良县斑鸠町。主要的建筑为以金堂、五重塔为中心的西院伽蓝和以梦殿为中心的东院伽蓝这两部分（图35）。

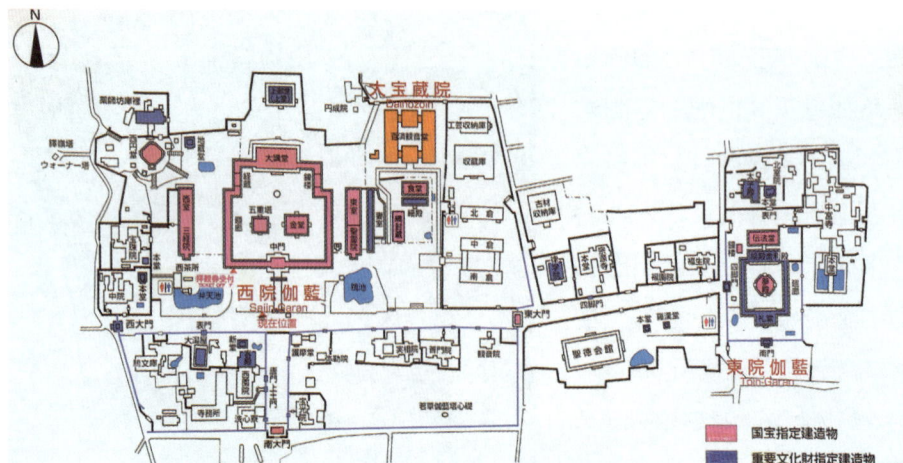

图 35　法隆寺平面图

法隆寺的缘起是用明天皇因祈福祛病而发愿建寺（586年），翌年驾崩，7年后推古天皇（日本史上首位女皇）时的圣德太子开始建寺，607年建成。有的文献记载其后曾遭火灾，尤其是670年的这场火灾导致"一屋无存"，708年得以重建。于是，学界就法隆寺是否经过重建的问题进行了长期的辩论。不过，无论有关火灾的记述是否可靠，法隆寺都堪称留存于世的最早的木构建筑。现存的飞鸟时代建筑共有4处，即金堂、五重塔和中门及部分回廊，一般认为它们反映了中国南北朝时期佛寺建筑的风格，被誉为"飞鸟样式"（图36），

图 36　金堂与五重塔

268

如中门的梭形柱，金堂上层的云形拱、云斗、人字形补间铺作、卍形勾栏（图 37）。再如金堂下层插接在立柱上的"肘木"，这应该是最早的华拱，用来支撑探出立柱外的桁檩，屋檐的重量通过这些华拱传递到每个立柱上（图 38），而比法隆寺更早的华拱只能通过汉代壁画和作为明器的陶仓楼模型方可窥知（如河南荥阳河王水库 1 号墓随葬的东汉陶仓楼）。高 32.5 米的五重塔

中门之梭形柱

金堂上层木构
a.人字形补间铺作 b.卍形勾栏 c.云形拱 d.云斗

图 37　中门的梭形柱与金堂上层的木构

图38 肘木

图39 释迦如来及两胁侍像

图片来源：（株式会社）便利堂发行
《法隆寺》（系1994年以前的简介）。

也是世界现存最古的木塔。

法隆寺的独特之处还在于西院伽蓝以金堂和五重塔为中心的伽蓝配置，这和前述飞鸟寺的一塔三堂有所不同，非单纯地以塔为中心，而是塔、堂并重，说明随着时间的推移，堂的地位上升，而到后来则发展为金堂成了整个寺院的中心，塔被移至寺外了。所以说，法隆寺在解读寺院布局的沿革史上具有关键性的展示作用，因为在现实中不借助考古发掘而能看到此时期佛寺建筑实体布局的仅此一例。

法隆寺供奉着许多珍贵的佛教造像，仅飞鸟时代的"国宝"级造像即有7组（尊），尤以金堂的"铜造释迦如来及两胁侍像"（图39）、"铜造药师如来坐像"、"木造四天王立像"和梦殿的"木造救世观音立像"最值得称道。前者系推古天皇为前一年去世的圣德太子所造，背铭显示623年铸成，主尊与圣德太子本人同高，其造型被认为可溯源于洛阳龙门石窟的宾阳中洞之主尊像。

东大寺、唐招提寺也是奈良著名的佛寺。东大寺为奈良时代所建，主体建筑"大佛殿"是江户时代重建的，其高度虽然仅及奈良时代原作的三分之二，但仍有48.7米之高，堪称世界现存最大的木构建筑（图40）。1907年在大佛须弥座之下的填土中发现了可能是建寺时埋入的"东大寺镇坛具"，其中的镀金银壶饰有希腊风格的狩猎纹，壶内置水晶盒，盒中有象征七宝的珍珠等物（图41）。

图40　东大寺

图41　东大寺镇坛具

　　唐招提寺为唐朝高僧鉴真而建，该寺御影堂内奉有奈良时代的鉴真像，此像为干漆夹纻造，高80.1厘米，与真身同大，显现了763年鉴真圆寂时的姿态（图42）。

　　日本的古代不仅在政体上效法中原王朝，文化艺术也因融合了中原的某些元素而不断开启崭新局面。"奈良三彩"就是在模仿和借鉴唐三彩的基础上创出的新品（图43）。毋庸置疑，奈良三彩在采选土料、烧制、配釉、施釉等基本工序上，可以说完全是唐三彩的移植。同时，奈良三彩的胎质不如唐三彩细腻纯净，特别是缺乏像唐三彩那样在施釉前涂饰化妆土（或护胎釉）

图 42　唐招提寺金堂与鉴真像

图片来源：芸術新潮编集部编《国宝》，新潮社，1993。

图 43　奈良三彩

图片来源：京都国立博物馆编《畿内と东国》，1988；京都市埋藏文化财研究所编《平安京迹发掘资料选》，1980。

的技艺，以至于釉色不似唐三彩光鲜亮丽，花纹也显得单调沉凝。但奈良三彩的制器技法和器形种类大都与古坟时代至奈良时代日本固有的须惠器系统有着直接的继承关系，甚至也有一些器类源自土师器。另外，三彩器一般都要先烧成素坯，施釉后再次烧制。而为获得白色器坯以确保施釉前器表的素白，奈良三彩在施釉前烧成素坯时即采用了低温（800 摄氏度）还原焰，这样可以使含锰、铁成分的石英颗粒不致烧融，从而避免了深色素的生成。施釉后则以同样低温的氧化焰再加烧制，这种独到的烧制工艺与奈良三彩不够纯净的胎质正相适应。总体而论，奈良三彩由绿、白、褐三种釉色搭配而成，所见较多的则是绿、白两色的"二彩"，"单彩"则一律是绿色，是知绿釉是奈良三彩的主色，某种程度上与日本故有的素淡、清冷之艺术风格正相吻合。总之，奈良三彩从造型到烧制乃至釉饰都不失其地域特色。

6. 中世、近世

日本的中世、近世也存留了丰富的文化遗产，庭园是其中的重要部分。日本庭园出现的时间尚不可考。从古代的庭园已可窥出某种演变轨迹。中世后期到近世，随着大名的崛起，各地的庭园竞相争艳。日本主要的庭园分 4 种样式，即寝殿造样式（平安时代至镰仓时代流行）、枯山水样式（镰仓时代至室町时代形成）、书院造样式（室町时代至桃山时代形成）、回游式样式（江户时代）。寝殿造和书院造样式在中国唐宋以来的园林中均可找到与之相近的成分，所以，最能反映日本地域特征的庭园应该是其他两种样式，尤其是枯山水，突出地表现了个性和特异性，而回游式庭园最富综合性。园林学家白幡洋三郎概括近代西洋学者和日本学者的认识，将日本庭园表述为"是这个国家自然风景的日本式再现"，这主要是就回游式庭园做出的评语。

目前多数学者认为枯山水庭园的出现和日本禅宗有关，也就是说这种样式的庭园是佛教传到日本以后才形成的。不过，还有进一步解释的空间。我认为它的起源可能很早，佛教理念对它的发展有着重要的促进和转化作用。由于时间关系，我只对回游式庭园做些介绍。

所谓回游式庭园，顾名思义，围绕一片水域，漫步环游，无论走到哪个角度，都能看到不同的景观。因园中必有池，池水源自瀑泉，故亦称池泉回游式庭园。这类庭园多借景于西湖，而在构图上标新立异，浓缩成适合造园者心境的庭园盆景。通常具备这样几个要素：池水、池中岛（蓬莱岛）、悬瀑、桥堤、曲径、茶亭。兼六园是这种庭园的代表作。16世纪加贺藩前田利家统领金泽、能登，1676年第五代藩主前田纲纪于金泽城内始建庭园，当初的名胜有莲池（即瓢池）、翠泷和夕颜亭。至19世纪初第十二代藩主前田齐广之时初具规模。1822年，以宋代诗人李格非《洛阳名园记》中宏大、幽邃、人力、苍古、水泉、眺望此名园六胜而题名兼六园（取六胜兼备之意）。现今该园面积11万平方米，内设池、泉、瀑、溪，回游一周，步换景移，梅、樱、枫、松，象征四季更迭，与冈山的后乐园、水户的偕乐园并称日本三大名园（图44）。

图44　兼六园平面图

兼六园内较大的水域是霞池，池之东岸枫树下的琴柱灯笼（即徽轸灯笼）和对岸的内桥亭在构图上呈现绝佳的空间搭配关系（图45），池之东端的唐崎松将长枝垂于水面，伸向池中的蓬莱岛。偏居西隅的莲池，为兼六园的发祥地，因池呈瓢形，故亦作瓢池，池面承接着东岸的瀑布——翠滝（图46）。夕颜亭是造园之初所建的茶室，为园内最古之建筑，因茶席后的亭间侧面通透的部分呈葫芦形，而葫芦是晚间开花的植物，故有"夕颜"之名。

图45　霞池、蓬莱岛、徽軫灯笼

图46　翠滝、瓢池、海石塔

　　广岛市的缩景园也是有名的回游式庭园。它的建造至迟可上溯到18世纪初的第五代广岛藩主之时，传世的《御泉水总绘图》大体反映了滥觞期的缩景园：庭园在神田川（今之京桥川）西南岸，泉池被"照明桥"一分为二，这样的格局一直流传于今（图47）。19世纪的《安芸国广岛缩景园全景图》所展示的庭园概貌和现在的缩景园已经没有多大差别（图48）。

图47　广岛市的缩景园

园内一泓碧水，名"濯缨池"①（图49），"跨虹桥"显然是模仿了西湖的苏堤，桥端刻意营造了"清风馆"②。池域被堤桥两分，园内诸景也考虑到左右照应的构图理念：左侧池中的"超然居"与右上方池畔的"悠悠亭"③恰好连成对角线，左上方的红叶林（"丹枫林"）和右下方的淡粉色樱花丛（"樱

图48　19世纪缩景园图

图49　濯缨池

---

① "濯缨"取自《孟子·离娄》（上）中的"沧浪之水清兮，可以濯吾缨。沧浪之水浊兮，可以濯吾足"。

② "清风"取自苏轼《赤壁赋》中的"清风徐来，水波不兴"。

③ "悠悠"取自《诗经·郑风·子衿》中的"青青子衿，悠悠我心。纵我不往，子宁不嗣音？青青子佩，悠悠我思。纵我不往，子宁不来？"

花巷")也以对角之势隔池相望。

从 19 世纪的《缩景园八胜图》还可看出，步换景移的观赏效果甚至扩展到了园外。"潇湘八景"^①是日本绘画和庭园常见的主题，借此"八景"，缩景园生出"八胜"。"八胜"与"八景"大致的对应关系如表 3。

表 3 "八胜"与"八景"的对应关系

缩景园八胜	潇湘八景及景地
陇亩烟雨	潇湘夜雨（永州）
长堤桃花	平沙落雁（衡阳回雁峰）
池亭纳凉	烟寺晚钟（衡山县城北清凉寺）
晴窗眺望	山市晴岚（湘潭、株洲、长沙三市交界处的昭山）
连峰积雪	江天暮雪（橘子洲）
前川行舟	远浦归帆（湘阴城湘江边）
松间明月	洞庭秋月（洞庭湖）
宫岳彩云	渔村夕照（桃源县附近）

《缩景园八胜图》描绘的是 19 世纪的地貌，现今缩景园外的景观已有巨大的改变，虽然"前川行舟"这个名胜还能通过缩景园及其北邻京桥川的位置关系来进行某种还原，但"连峰积雪"的山峰和积雪是断然不复再现了。当然，后来还是尽可能对缩景园八胜图的某些景致做了些恢复，比如，在京桥川沿岸遍植桃树，这样，从缩景园眺望，仍不失"长堤桃花"之名。至于那些更多的胜景，只好根据画面去浮想联翩了。

---

① 沈括《梦溪笔谈》所述宋迪画作中的"八景"。

图书在版编目(CIP)数据

文明探源：考古十讲 / 中国社会科学院离退休干部
工作局, 首都图书馆编. --北京：社会科学文献出版社，
2020.9
　　ISBN 978-7-5201-6279-1

　　Ⅰ.①文…　Ⅱ.①中…②首…　Ⅲ.①考古学－中国
－文集　Ⅳ.①K870.4-53

中国版本图书馆CIP数据核字（2020）第028733号

文明探源：考古十讲

编　　者 / 中国社会科学院离退休干部工作局　首都图书馆

出 版 人 / 谢寿光
责任编辑 / 蔡莎莎

出　　版 / 社会科学文献出版社（010）59367220
　　　　　地址：北京市北三环中路甲29号院华龙大厦　邮编：100029
　　　　　网址：www.ssap.com.cn
发　　行 / 市场营销中心（010）59367081　59367083
印　　装 / 三河市东方印刷有限公司

规　　格 / 开　本：787mm×1092mm 1/16
　　　　　印　张：17.75　字　数：251千字
版　　次 / 2020年9月第1版　2020年9月第1次印刷
书　　号 / ISBN 978-7-5201-6279-1
定　　价 / 88.00元

本书如有印装质量问题，请与读者服务中心（010-59367028）联系